INTERNET ET APRÈS ?

Du même auteur

Le Nouvel Ordre sexuel, Le Seuil, 1974.

Les Dégâts du progrès. Les travailleurs face au changement technique (en collaboration avec la CFDT, J.-P. Faivret et J.-L. Missika), Le Seuil, 1977.

Les Réseaux pensants. Télécommunications et société (en collaboration avec A. Giraud et J.-L. Missika), Masson, 1978.

L'Information demain. De la presse écrite aux nouveaux médias (avec J.-L. Lepigeon), La Documentation française, 1979.

Le Tertiaire éclaté. Le travail sans modèle (en collaboration avec la CFDT, J.-P. Faivret et J.-L. Missika), Le Seuil, 1980.

L'Illusion écologique (en collaboration avec J.-P. Faivret et J.-L. Missika), Le Seuil, 1980.

Raymond Aron, spectateur engagé. Entretiens avec R. Aron et J.-L. Missika, Julliard, 1981, LGF, 1983.

Raymond Aron, spectateur engagé. Trois émissions de télévision (3 x 52 min) avec R. Aron et J.-L. Missika, diffusion octobre 1981, Antenne 2.

La Folle du logis, la télévision dans les sociétés démocratiques, avec J.-L. Missika, Gallimard, 1983.

Terrorisme à la une. Médias, terrorisme et démocratie, avec M. Wieviorka, Gallimard, 1987.

Le Choix de Dieu. Entretiens avec J.-M. Lustiger et J.-L. Missika, Éd. de Fallois, 1987, LGF, 1989.

Le Choix de Dieu : la mémoire – l'histoire n'est pas finie. Deux émissions de télévision (2 x 52 min) avec J.-M. Lustiger et J.-L. Missika, diffusion octobre 1988, Antenne 2.

Éloge du grand public. Une théorie critique de la télévision, Flammarion, 1990, coll. « Champs », 1993.

War Game. L'information et la guerre, Flammarion, 1991.

La Dernière Utopie. Naissance de l'Europe démocratique, Flammarion, 1993, coll. « Champs », 1997.

Jacques Delors. L'unité d'un homme. Entretiens avec J. Delors, Odile Jacob, 1994.

Penser la communication, Flammarion, 1997, coll. « Champs », 1998.

DOMINIQUE WOLTON

INTERNET ET APRÈS ?

Une théorie critique
des nouveaux médias

suivi d'un glossaire

Flammarion

© Flammarion, 1999.
ISBN : 2-08-211807-X

Pour D., El., Ed.

Introduction

Une nouvelle ère de la communication

Depuis vingt ans, j'essaie de comprendre le statut de la communication dans nos sociétés. Si la communication est une très vieille question de l'humanité, l'explosion des techniques depuis un siècle en a considérablement modifié le statut. Celle-ci est devenue de plus en plus efficace en passant du téléphone à la radio, de la télévision à l'informatique, et aujourd'hui aux multimédias. Du coup, la dimension technique de la communication a supplanté la dimension humaine et sociale. Au point d'ailleurs que beaucoup voient dans la société de demain une « société de la communication » où serait résolue la plus grande partie des maux de l'humanité.

Simultanément, à ce puissant mouvement de technicisation, une autre dimension de la communication s'est développée, liée à la liberté d'information, aux combats pour la démocratie et pour une société ouverte, faisant finalement de l'idéal de la communication une des grandes valeurs de nos sociétés. En quelques siècles, la communication, réalité anthropologique fondamentale, au cœur de toute expérience individuelle et sociale, a donc évolué dans deux directions fortes, les techniques et les valeurs de la société démocratique.

C'est pour cela que je poursuis depuis longtemps ces recherches car il s'agit là d'une des questions les plus intéressantes, et les plus compliquées, des sociétés contemporaines. Du point de vue des valeurs, la communication s'enracine dans toute la tradition religieuse et culturelle de l'Occident avant de devenir un des liens normatifs les plus puissants des luttes pour les libertés et la démocratie. Simultanément, son instrumentalisation dans des techniques sans cesse plus sophistiquées en a changé radicalement le statut et l'a fait entrer dans l'ère des intérêts et des profits.

Tout l'intérêt de la communication comme objet de recherche théorique réside dans le mélange de ces deux sens, valeurs et performances techniques, idéal et intérêt, au point qu'aujourd'hui avec la mondialisation de la communication et le règne d'Internet, on ne sait plus très bien quelle logique l'emporte, des valeurs ou des intérêts, des idéaux ou du commerce. C'est en cela, de mon point de vue, que la communication est un enjeu théorique et scientifique fondamental mais aussi politique et culturel car il mêle de manière inextricable les dimensions anthropologiques, les idéaux et les techniques, les intérêts et les valeurs.

Perspective théorique

Dans *Penser la communication*, j'ai essayé, en proposant un cadre théorique d'ensemble, de comprendre le statut de la communication dans notre société. Partant de la *dualité* fondamentale de la communication qui hésite toujours entre un sens *normatif* (de l'ordre de l'idéal) et un sens *fonctionnel* (de l'ordre de la nécessité), j'ai essayé de montrer comment la communication partie prenante de notre patrimoine occidental avait été une des conditions centrales de l'émergence de la société moderne. La communication est au cœur de la modernité, c'est-à-dire inséparable de ce lent mouvement d'émancipation de l'individu et de la naissance de la démocratie. Aujourd'hui, elle est centrale pour trois raisons : elle suppose des êtres libres pour lesquels la liberté d'information et de communication est au cœur de tous les rapports sociaux et politiques. Elle doit gérer, en permanence, au sein de notre société individualiste de masse les deux sens contradictoires issus des deux héritages politiques du XVIIIᵉ et du XIXᵉ siècle, la liberté individuelle et l'égalité de tous. Enfin elle est la condition de la démocratie de masse.

Partant de ce statut théorique et de ces trois hypothèses [1] concernant sa place dans la société contemporaine, j'ai étudié son rôle, dans les médias de masse et les nouvelles techniques, l'information et la presse, l'espace public et la communication politique et, enfin, la construction politique de l'Europe. Sans prétendre à l'exhaustivité, ce livre essaie de montrer qu'à partir d'hypothèses précises, on comprend mieux certains enjeux de la modernité, notamment ceux qui visent à distinguer, dans l'explosion de la communication, ce qui relève de la logique des intérêts ou de la logique des valeurs. Distinction fondamentale à préserver, au moment où l'instrumentalisation de la communication, sous l'effet de techniques performantes et de l'ouverture de marchés considérables, conduit les acteurs politiques et industriels au rêve de pouvoir confondre normes et intérêts, en identifiant tout simplement la société de demain aux techniques qui y sont dominantes. Et ce, avec d'autant plus de bonne conscience, que ces techniques portent sur la communication.

Je dirai que, pour moi, dans une société où l'information et la communication sont omniprésentes, l'enjeu ne concerne pas le rapprochement des individus ou des collectivités, mais au contraire la gestion de leurs différences ; non la célébration de leurs ressemblances, mais celle beaucoup plus complexe, de leurs altérités. Il n'y a rien de plus dangereux que de voir dans la présence de techniques sans cesse plus performantes la condition du rapprochement entre les hommes. C'est même le contraire. Plus ils sont proches les uns des autres, plus les différences sont visibles, plus il faut garantir certaines distances pour supporter les dissemblances et réussir à cohabiter. Analyser les phénomènes de communication dans leurs dimensions technique, culturelle et sociale, et les confronter à une vision d'ensemble de la société, cons-

---

1. Pour plus de détails concernant les hypothèses liées au statut de la communication dans notre société, on lira, outre les chapitres 1 et 2 ci-après, *Penser la communication,* première et troisième parties, Champs-Flammarion, 1998.

titue le centre de mon travail. Car il n'y a pas de théorie possible de la communication sans une représentation de la
société : toute théorie de la société implique un modèle de
communication à l'échelle individuelle et collective. C'est en
cela que théorie de la communication et théorie de la société
sont liées, d'autant que l'on évolue vers un modèle de société
ouverte, dans laquelle les relations et la communication
jouent un rôle essentiel.

Bref, on l'aura compris, les enjeux d'une théorie de la
communication sont considérables. Comme toujours, une
perspective théorique aide à démêler les enjeux fondamentaux des faux problèmes, surtout quand les événements vont
vite, ce qui aujourd'hui est le cas avec les nouvelles techniques, où tout semble de plus en plus évident. Les décalages
de temps jouent un rôle primordial, car le temps technique
n'est jamais le temps économique et social. Il n'y a pas un
sens à l'histoire qui irait de la technique à la société, c'est
même plutôt l'inverse. L'histoire économique, sociale et
culturelle donne le plus souvent son sens à l'histoire technique, non l'inverse, et cela au travers de diachronies différentes. Cela est essentiel à rappeler au moment où les responsables politiques, relayés par les médias, ne cessent de
répéter que les nouvelles techniques de communication sont
en avance sur la société avec l'arrière-pensée que celle-ci
devra bien « s'y adapter [1] ».

L'objet de ce livre

L'objet de ce livre est d'appliquer cette théorie aux nouveaux développements de la communication : *l'avenir d'In-*

---

1. Ce thème du « retard » est constant dans la presse. La nécessaire
adaptation de la société est, par exemple, l'argument central du programme d'action gouvernemental « Préparer l'entrée de la France dans
la société de l'information » présenté par Lionel Jospin au colloque
d'Hourtin en août 1997. Cet argument du retard est du reste utilisé aussi
bien par les gouvernements de gauche que de droite depuis vingt ans,
avec pour seule référence la logique technique : la société doit s'adapter
aux techniques.

ternet [1] et *la guerre des médias*. Jamais, en effet, les médias de masse, et en premier lieu la télévision, n'ont été autant dévalorisés par rapport aux médias individualisés et interactifs. Les innovations techniques nous feraient tout simplement passer de « la société industrielle » à « la société de l'information » (ou de la communication, ou encore des réseaux, selon le vocable employé). En tout cas à une société où l'essentiel des structures reposerait sur une logique de l'information et de la communication. Y a-t-il vraiment une rupture dans l'économie de la communication quand on passe de la radio et la télévision à Internet ? La révolution technique entraîne-t-elle une révolution du contenu de l'information et de la communication, du même ordre que, par exemple, celle observée avec le passage des incunables à l'imprimerie ? Le passage d'une logique de l'offre à une logique de la demande change-t-il radicalement le statut de la communication, c'est-à-dire la manière dont les hommes communiquent entre eux, ainsi que les modèles culturels et sociaux de la communication ? Le Net est-il finalement « supérieur » à la télévision ? Cette question aux conséquences sociales, culturelles, et évidemment industrielles considérables, mérite un examen sérieux. Mais *pour cela* il faut *une théorie de la communication, qui ne réduise pas celle-ci à l'analyse des performances techniques*. Sans quoi il y a longtemps que le livre comme technique de communication aurait disparu ou, tout au moins, perdu de son importance, puisque d'autres techniques sont apparues depuis. En d'autres termes, j'essaie de comprendre

---

1. Précisons d'emblée les termes du débat.

Internet : réseau constitué par les différents réseaux interconnectés dans le monde. C'est le précurseur des autoroutes de l'information. L'Association française de la télématique propose de parler de *l'Internet*. Le débat est de savoir s'il s'agit d'un nom commun, ou d'un nom propre. Cela concerne l'usage de l'article et la majuscule.

Intranet : réseau privé d'une organisation fonctionnant avec les mêmes logiciels qu'Internet.

Hypertexte : texte sur support informatique, composé de mots dont certains peuvent être liés à d'autres textes ou documents, et dont la structure est non linéaire. Les liens sont indiqués à l'écran par des couleurs, des soulignements, des notes ou des images qui permettent de passer d'un texte à l'autre.

Web : sous-ensemble d'Internet reliant des pages par des structures d'hypertextes.

pourquoi l'idéologie technique a saisi avec autant d'efficacité la communication. Pourquoi cette idée naïve selon laquelle l'omniprésence de l'ordinateur et de la télévision changerait radicalement les rapports humains et les rapports sociaux s'est-elle imposée avec tant de force et de séduction ? Pourquoi assiste-t-on à une telle technicisation de la communication et de la société ?

Opinion et connaissance

Cette question est évidemment indépendante du plaisir que l'on peut avoir, ou non, à utiliser les nouvelles techniques. Une telle distinction est fondamentale à rappeler tant ces questions mobilisent de passions, chacun tenant ses opinions et ses expériences pour une réflexion générale. C'est peut-être cela l'enjeu théorique majeur de la communication pour les décennies à venir : desserrer *l'étau des trois discours* qui aujourd'hui enserrent la communication, celui des entrepreneurs, des journalistes, des hommes politiques. Aucun n'est faux, mais aucun ne souhaite fondamentalement situer la communication dans une logique de la connaissance.

La question est donc : y a-t-il une place pour une logique de la connaissance ? Le discours des sciences sociales pourra-t-il un jour *enfin* se faire entendre sur cette question de la communication ? Quand pourra-t-il être confronté aux discours si facilement légitimes des acteurs, des hommes politiques et des journalistes ? Certes, pas plus qu'un autre, le discours des sciences sociales n'a prétention à la vérité. Au moins peut-on admettre que, pour sauver une certaine conception de la communication, il faut la penser. Et pour cela la logique des connaissances n'est pas de trop, à côté de celle des intérêts économiques, de l'action politique, et de l'information. D'autant que cette logique est aujourd'hui la plus faible, tant la fascination pour les techniques, leur économie et les prospectives, les modes et les conformismes renforcent la pensée unique. Celle-ci, si proche des intérêts et si éloignée des valeurs, identifie la « révolution de la communication » au progrès et à la modernité !

En tout cas, que l'on ne demande pas à un chercheur de penser comme un entrepreneur, un homme politique ou un journaliste. S'il n'est pas plus qu'eux détenteur de la vérité, au moins son regard est-il différent. Dans un secteur où tout va vite, et de manière si standardisée, préserver une place pour une réflexion théorique et un peu plus de distance critique, est fondamental. C'est la fonction de la recherche qui, par définition, consiste à aller au-delà de ce qui est évident et visible, pour penser autrement et produire des connaissances.

Chacun admet cette fonction de liberté intellectuelle et d'innovation pour d'autres secteurs de la recherche, en sciences de la vie, sciences de la nature et sciences de la matière... mais curieusement on s'en méfie pour les sciences sociales. Sans doute souhaiterait-on que les sciences sociales confortent finalement les discours existants, ceux des hommes politiques, des experts, des acteurs économiques ou des journalistes. Or l'intérêt des sciences sociales, et de la recherche, est justement d'introduire d'autres problématiques, d'autres logiques, de penser différemment, à côté. Il n'y a pas de connaissance sans pensée critique, c'est-à-dire sans mise à distance et questionnement des discours et des techniques. Produire des connaissances, c'est nécessairement regarder autrement le monde et ne pas se satisfaire des évidences. La question pour la recherche est : y a-t-il réellement une *rupture* du point de vue d'une théorie de la communication entre les médias de masse et les nouvelles techniques ? S'agit-il d'un changement substantiel dans l'économie de la communication, tant dans les modèles de relation individuelle et collective, que sur la place que la société accorde à la communication ? Telle est la question centrale, et non celle de savoir si l'on est pour ou contre les nouvelles techniques. D'autant que chacun est *pour* l'innovation technique, surtout dans la communication, car les techniques décuplent les performances humaines. Ces nouvelles techniques, venant après la naissance de la radio et celle de la télévision, sont évidemment plus sophistiquées qu'elles. Mais l'efficacité et le sens d'un système de communication ne se réduisent pas à sa performance technique. Il faut reformuler la question si l'on veut réfléchir sérieusement, et sortir de la logique d'opinion, et de l'idéologie technique.

Définir la communication

Comprendre la place et le rôle de la communication dans une société, signifie analyser des relations entre les trois caractéristiques de la communication : le système technique, le modèle culturel dominant, le projet qui sous-tend l'organisation économique, technique, juridique de l'ensemble des techniques de communication. S'il est évident que, depuis le XVIᵉ siècle avec l'invention de l'imprimerie, les techniques qui ont donné naissance à la communication médiatisée à distance ont joué un rôle essentiel, avec l'apparition successivement du télégraphe, du téléphone, du cinéma, de la radio, de la télévision et de l'informatique, chacun sait aussi qu'il est impossible de réduire la compréhension de la communication, *à chacune* de ces époques, à la performance plus ou moins grande des techniques du moment. Il y a même la plupart du temps un *conflit* entre ces trois logiques, technique, culturelle et sociale. L'intérêt des recherches est de montrer que, si les techniques sont évidemment ce qu'il y a de plus spectaculaire, l'essentiel n'est pas là, ni dans des performances toujours séduisantes, mais dans la compréhension des liens plus ou moins contradictoires entre système technique, modèle culturel et projet d'organisation de la communication. C'est, chaque fois, ces trois éléments qui font comprendre le statut de la communication d'une époque. *Du point de vue d'une théorie de la communication*, c'est-à-dire du lien entre technique, modèle culturel et projet social, la question est donc : y a-t-il un réel changement entre les médias de masse et Internet ? L'innovation des nouvelles techniques est-elle en relation avec un changement culturel dans les modèles de communication individuels et collectifs ? Y a-t-il, à l'occasion de cette nouvelle génération technique, un autre projet d'organisation de la communication, et une autre vision de son rôle dans une société ouverte ? C'est cette question qui est importante et non celle de la performance technique.

De nombreuses théories reposent sur une vision matérialiste et technique de la communication, et vont même jusqu'à établir un lien direct entre l'histoire de la communication et celle de ses grandes étapes techniques. Cette vision matérialiste de la communication est commode. Pourtant l'histoire des techniques, qui est une discipline essentielle mais sous-valorisée, prouve le contraire. L'histoire des techniques qui ont transformé la matière et la nature, et plus encore celle de la communication, montre qu'il existe toujours une auto-nomie entre ces trois logiques. Les moments dans l'histoire sont rares, où il existe une certaine correspondance entre les trois dimensions. Les décalages ne sont pas seulement chro-nologiques, mais souvent dus à des conflits de valeurs. Aujourd'hui un nombre étonnant d'auteurs considèrent par exemple qu'Internet est une véritable révolution qui va donner naissance à une « nouvelle société », tout simplement parce qu'ils supposent que la technique va *directement changer* la société et les individus [1]. Ils se rallient en fait à la thèse du *déterminisme* technique selon laquelle une révolu-tion dans les techniques provoquerait une révolution dans la structure globale des sociétés. On passe ainsi d'une concep-tion matérialiste de la communication à une véritable idéo-logie – l'idéologie technique – de la communication. Pour-tant, l'histoire prouve les limites des thèses déterministes. Les techniques de communication n'échappent pas au *devoir*

---

1. Les rapports parlementaires et les rapports aux autorités politiques, en insistant toujours sur le caractère irrémédiable et fondamental de la « révolution de l'information de la communication », contribuent à cette idéologie de la communication à laquelle leurs auteurs n'adhèrent sans doute pas systématiquement. Mais l'absence de cadre d'interprétation, la confusion entre les logiques industrielles qui obligent à agir vite et les problématiques de société qui sont plus lentes, et plus complexes, la volonté d'être moderne (car les hommes politiques craignent toujours de rater une évolution importante) et enfin l'absence de culture théo-rique sur ces questions expliquent que ces rapports alimentent la plupart du temps l'idéologie technique ambiante. D'autant que les médias les commentent et légitiment ainsi leur propre fascination pour les nou-velles techniques. On retrouvera la liste de ces rapports, d'ailleurs plus nombreux depuis une vingtaine d'années, dans la bibliographie du cha-pitre 3. Cela dit, l'idéologie technique n'est pas seulement alimentée par la presse, les rapports officiels, et naturellement les industriels ; elle est aussi nourrie, depuis une vingtaine d'années, par un grand nombre d'ouvrages, construits sur le même modèle intellectuel, qui insistent sur le caractère vital de cette révolution technique, l'émergence d'une nou-velle société et le retard de l'Europe. On mentionne certains de ces ouvrages en fin de chapitre.

épistémologique qui consiste à ne pas confondre technique, culture et société. Constater que les techniques évoluent plus vite que les modèles culturels et l'organisation sociale de la communication ne suffit pas, en effet, à définir un sens au « progrès » de la communication, lequel irait de l'évolution technique vers le changement des pratiques culturelles, puis vers des projets de société.

L'enjeu d'une théorie de la communication et des recherches que je mène sur ce territoire gigantesque de la communication, balayé depuis un siècle par les vagues successives de techniques toujours plus performantes, est justement de ne pas réduire la communication à un exploit technique. Ni de supposer que l'innovation technique, toujours plus rapide que l'innovation culturelle ou sociale, modifiera à terme le statut général de la société. Tout le sens de mon travail de chercheur, dans la filiation d'une tradition certes minoritaire mais dynamique sur le plan intellectuel et théorique [1], est d'essayer *d'expliquer pourquoi l'essentiel, dans un système de communication, n'est pas la technique*. On retrouve avec les techniques de communication l'idéologie technique qui a largement sévi depuis un siècle dans d'autres secteurs industriels, mais qui est ici particulièrement prégnante. Pour ma part, cela fait plusieurs années que j'essaie de mettre en valeur les caractéristiques culturelle et sociale de la communication. C'est en ce sens que je rappelle souvent *qu'il n'y a pas de théorie de la communication sans une théorie implicite, ou explicite, de la société*, et qu'il n'est jamais possible de penser un système technique de communication, sans le relier aux deux autres caractéristiques culturelles et sociales. C'est en ce sens, aussi, que l'enjeu pour les nouvelles techniques de communication est de les socialiser, et non de techniciser l'homme ou la société. En un mot, sortir la communication d'une problématique de la performance.

---

1. Avec par exemple les auteurs suivants, dans le strict secteur de la communication : F. Balle, R. Barthès, W. Benjamin, J.-G. Blumler, R. Cayrol, L. Dumont, J. Ellul, R. Escarpit, G. Friedmann, J. Habermas, J.-N. Jeanneney, E. Katz, P. Lazarsfeld, J.-F. Lyotard, H. Marcuse, A. Mattelart, B. Miège, É. Morin, E. Neveu, J. Perriault, P. Schaeffer, E. Veron, Y. Winkin.

L'enjeu d'Internet n'est alors pas tant de savoir si tout le monde s'en servira, ni de s'étonner de ce qu'il permet de faire, il est plutôt de comprendre s'il existe un lien entre ce système technique et un changement de modèle culturel et social de la communication. Si ce lien entre les trois existe, il s'agira d'une réelle révolution de la communication comme l'Occident en a au moins connu deux depuis la Renaissance. Du XVIᵉ au XVIIIᵉ siècle, en effet, l'imprimerie a favorisé l'émergence du modèle individuel et la construction d'un espace public pour l'expression et la circulation des opinions. Du XIXᵉ au XXᵉ siècle, le téléphone puis la radio et la télévision ont été en relation avec le triomphe de l'individualisme et de la démocratie de masse. Dans les deux cas, l'innovation technique n'a pris sa réelle dimension que parce qu'il y avait dans un *espace-temps similaire* des évolutions radicales dans l'ordre culturel et social. La question aujourd'hui, si on prend Internet comme le symbole des nouvelles techniques, est de savoir si cette innovation rencontre ou non une évolution substantielle dans les modèles culturels de la communication et dans les projets sociaux de la communication. S'il y a rencontre entre les trois, même avec des rythmes différents, cela veut dire qu'Internet ouvre un troisième chapitre dans l'histoire de la communication en Occident. Si, en revanche, il n'y a pas de lien substantiel entre l'innovation technique et un changement de modèle culturel et social, cela signifie que les nouvelles techniques, si séduisantes et performantes soient-elles, ne suffisent pas à être le symbole d'une révolution dans l'économie générale de la communication. Et encore moins à devenir le symbole d'une nouvelle société. La différence entre les deux positions est essentielle.

Trois objectifs

Dans ce livre je poursuis donc trois objectifs :
1. Contribuer à une *revalisation théorique* de la communication, en montrant qu'il ne s'agit pas seulement de techniques, ni aujourd'hui d'un marché en pleine expansion,

mais aussi d'une *valeur* essentielle de notre patrimoine culturel. Je continue ainsi le travail qui consiste à expliciter les
liens existant entre théorie de la communication et théorie
de la société. En partant de la distinction fondamentale
entre *communication normative* et *communication fonctionnelle* [1], je suggère que la communication est un concept de
même niveau et de même importance dans notre système de
valeurs occidentales que ceux de liberté et d'égalité. Et que
ce *concept comporte toujours trois caractéristiques* : un
système technique, un modèle culturel de relations individuelles et sociales, un projet de société. En un mot donc,
prendre la communication au sérieux, c'est reconnaître
l'intérêt des *théories* de la communication pour la compréhension des sociétés contemporaines et la nécessité de
défendre la différence fondamentale entre communication
normative et *fonctionnelle*. C'est reconnaître aussi qu'il
existe des mots maudits à réhabiliter. C'est évidemment le
cas du mot communication, mais aussi, comme on le verra,
celui du mot *réglementation*, sans oublier par exemple
deux autres mots aussi importants et injustement dévalorisés, comme *rituel* et *stéréotype*. Aujourd'hui le mot
d'ordre pourrait être : oui à la communication, comme
enjeu théorique ; non à la communication comme idéologie.

2. *Le deuxième objectif : défendre une réflexion sur la
télévision* qui est le média essentiel à la démocratie. Non
par « acharnement théorique » mais du fait de son rôle central au sein d'une théorie de la communication dans la
démocratie de masse, et ne pas croire que tout change en
trente ans. Les techniques, certes, évoluent, mais cela ne
suffit pas à faire changer les sociétés. Rien dans le contexte
actuel ne laisse prévoir un changement de problématique du
rôle de la communication dans la société individualiste de
masse, si ce n'est que le désintérêt théorique dont elle est
l'objet depuis toujours est aujourd'hui renforcé par la mode

---

1. Pour plus de détails sur la définition de la communication fonctionnelle et de la communication normative, et sur les différentes
fonctions théoriques concernant la communication, voir le glossaire
et les chapitres 1 à 3 de *Penser la communication, op. cit.*

des nouvelles techniques. Répondre une fois de plus aux objections récurrentes contre la télévision illustre le poids des résistances existant à l'égard de la *question du nombre* dans la démocratie de masse, question que les médias généralistes, au premier rang desquels la radio et la télévision, abordent de front. Au travers de ce dénigrement constant de la télévision, hier au titre de l'influence abêtissante et uniformisatrice qu'elle aurait exercée sur les publics, aujourd'hui au nom des bienfaits des nouvelles techniques individualisantes, on retrouve non seulement l'ancienne hostilité, classique, aux médias de masse, mais aussi à la culture et à la démocratie de masse. Faites « au nom de la démocratie », ces critiques contre la télévision traduisent en réalité la méfiance des élites [1] à l'égard de la problématique du nombre et de la communication grand public.

Le paradoxe est pourtant que, dans les trois grands types de régime qui se sont succédé au XXᵉ siècle, le communisme, le fascisme et la démocratie, c'est le troisième, sous la forme de la démocratie de masse, qui a apporté la réponse la plus juste et la plus pacifique à cette question. *Cette faible légitimité de la démocratie de masse*, qui est pourtant une victoire de l'Occident, se reflète dans l'attitude à l'égard des médias généralistes. Pourtant, la radio et la télévision prennent de

---

1. Il est depuis toujours malaisé de définir les élites. « Ensemble des personnes, les meilleures, les plus remarquables d'un groupe, d'une communauté », dit *Le Robert*. Cela est encore plus difficile en régime démocratique où existent une grande diversité d'élites et une appréciation contradictoire de ce que l'on appelle « les meilleurs ». En outre, il n'y a plus d'unité culturelle de ce groupe social, ni de point de vue commun puisqu'une des caractéristiques de la société moderne est l'existence d'une pluralité d'élites reflétant l'hétérogénéité sociale. Néanmoins, il existe pour certains domaines des attitudes et des dispositions communes. C'est le cas en ce qui concerne les médias et la communication, parce que les élites depuis près de cinquante ans se sentant, à tort, menacées ont une réaction défensive. Qu'il s'agisse des élites politiques, administratives, académiques, liées à la fonction publique, aux grandes entreprises, à l'armée ou à l'église, on retrouve le même discours. Deux arguments dominent. D'une part, tout ce qui concerne les médias de masse est simpliste et de mauvaise qualité. D'autre part, cette culture de masse menace la « vraie » culture.

front cette question du nombre, dont les démocraties ne savent pas bien quoi faire, tout en gérant simultanément la dimension individuelle, qui séduit aujourd'hui tant dans les nouvelles techniques. La force des médias généralistes est justement de tenir les deux bouts de la communication, l'échelle individuelle et l'échelle collective, tandis que les nouveaux médias se situent principalement à l'échelle individuelle. Par ailleurs, les médias généralistes privilégiant la logique de l'offre rappellent l'importance, pour une théorie de la culture, d'une position normative, qui souligne, contrairement à l'idéologie actuelle de la demande, combien l'émancipation culturelle passe largement par l'offre, qui est justement une manière de penser le rapport entre l'échelle individuelle et collective.

3. *Troisième objectif : tirer la sonnette d'alarme pour l'Europe.* Difficile d'ailleurs de tirer la sonnette d'alarme, dans un tel désert en matière de communication. Pourtant tout y est présent : de la tradition historique qui fait de l'Europe le berceau de la théorie de la communication liée au modèle démocratique, la force et l'originalité de sa presse écrite, de sa radio et de sa télévision, l'organisation, contrairement aux États-Unis, de la communication sous un régime mixte service public-secteur privé et, surtout depuis quarante ans, la volonté de réaliser ce projet inouï d'une construction d'un espace économique et politique neuf. Bref, tout est présent, non seulement pour favoriser des débats théoriques sur le statut de la communication dans la société moderne, mais aussi pour réfléchir au rôle des nouvelles techniques dans des sociétés et des cultures anciennes. L'Europe pourrait ainsi définir une position originale par rapport à la déréglementation, afin d'éviter d'être assimilée aux États-Unis. Nul doute que, demain, la communication mondialisée sera facteur de conflits, comme l'ont été les matières premières, les colonies et le pétrole depuis cent cinquante ans. Bref, qu'il s'agisse des médias traditionnels, des nouvelles techniques, de la réglementation, de l'organisation de l'espace public et de la communication politique, de la communication interculturelle et des rapports entre communication et système philosophique et religieux différents, *l'Europe est une terre*

pionnière en matière de communication. Ce foisonnement inouï lui permettrait de faire entendre sa partition, de casser le monopole américain, d'offrir à d'autres aires culturelles la possibilité d'aborder différemment la question des rapports entre communication, culture, politique et société. Au lieu de cela, l'Europe se cantonne dans un suivisme frileux. Suivisme puisque, officiellement, l'Union européenne a repris à son compte le pire des discours idéologiques sur les nouvelles techniques en se fixant pour objectif, comme les États-Unis, de devenir « la première société de l'information et de la communication ». Suivisme aussi pour la déréglementation, avec une incapacité à défendre l'idée que l'information et la communication ne sont pas des industries comme les autres. Suivisme enfin, par l'absence d'ambition à faire reconnaître une autre conception de la communication interculturelle que celle existant en Amérique du Nord. Pourtant, le projet de l'Union européenne doit permettre d'inventer une *autre* forme de coopération culturelle à partir de quinze peuples qui parlent onze langues, ont de très vieux passés culturels, de fortes identités, et poursuivent depuis Maastricht l'objectif de l'Europe politique sur la base du suffrage universel.

Bref, ce qui se joue pacifiquement et démocratiquement en Europe n'a rien à voir avec ce qui s'est passé aux États-Unis et intéresse le monde entier pour une des questions les plus importantes de l'avenir : l'organisation d'une communication interculturelle. *L'exception culturelle*, que l'Europe devrait mettre en avant, et qui est si importante pour la communauté internationale, est déjà toute présente dans le projet de l'Union européenne, et dans le concept de la communication normative qui en est une des conditions. On peut donc faire l'hypothèse suivante : le jour où les questions de communication deviendront réellement l'objet de débats théoriques et culturels contradictoires, cela constituera l'indice de l'appropriation, par les Européens, de leur destin politique.

Deux enjeux théoriques

• Rétablir *le lien* entre théorie de la communication et théorie de la société. Cet enjeu concerne directement le statut du *récepteur*. Si les individus, contrairement à tout ce qui a été prédit depuis l'avènement de la presse, puis de la radio, et encore plus de la télévision, n'ont pas été manipulés par des messages reçus, cela signifie de leur part une aptitude critique dans la réception. Il faudra bien un jour *tirer la conséquence théorique* de ce constat empirique : la capacité du récepteur à ne pas être manipulé par les messages. Et reconnaître le lien entre cette capacité critique des citoyen, dans l'ordre de la communication, avec celle qui leur est depuis longtemps reconnue dans l'ordre de la politique. S'il est admis en politique que les citoyens ne sont ni passifs, ni manipulés par les messages des hommes politiques, pourquoi refuser cette même compétence dans l'ordre de la communication ? Pour cela, il suffira d'admettre que *c'est le même individu* qui reçoit les messages politiques et communicationnels. Pourquoi serait-il libre, actif, critique et intelligent en matière politique, et passif, influençable, dupe en matière de communication ? Une réflexion théorique s'impose sur les liens que l'on n'a jamais voulu voir entre politique et communication.

C'est aussi plaider pour que la communication soit enfin reconnue comme une *grande question théorique de la démocratie*. Il y a une disproportion écrasante entre la légitimité qui depuis toujours entoure la politique, la culture, la science et la faible légitimité de la communication. Réduire ce décalage est crucial au moment où la séduction des techniques et la taille des marchés risquent de faire définitivement basculer la communication du côté des intérêts, aux dépens des valeurs, pourtant premières, puisque la communication concerne en effet d'abord l'homme. Valoriser enfin la communication du point de vue théorique, c'est aussi permettre de changer de regard par rapport à l'idée de *réglementation*. Celle-ci ne doit évidemment pas être vue comme un « frein » à la liberté de la communication, mais au contraire comme une protection de cette liberté. Une fois reconnue la communication comme une des grandes questions de la société, la légitimité de l'intervention publique s'impose, comme pour n'importe quelle autre fonction collective de la société. La rupture la plus importante à faire aujourd'hui est donc d'ordre théorique : *faire entrer enfin la communication dans le domaine des grandes questions politiques, sociales et culturelles.* Cette rupture consommée, l'idée de réglementation s'imposera à tous, et il n'y aura plus d'inquiétude à avoir à l'égard de la tyrannie croissante des nouvelles techniques. Encore faut-il que cette rupture ait lieu...

En un mot, pour la communication, les théories sont toujours plus importantes que les techniques. Rien ne sert de communiquer d'un bout à l'autre du monde, si une vision de l'homme et de la société n'oriente pas les prouesses techniques. C'est pour cela, notamment, que le comportement du récepteur est à réexaminer, ainsi que les liens entre théorie politique et théorie de la communication, pour intégrer enfin la communication au sein des grandes théories politiques. Jusqu'à présent d'ailleurs, l'écrasante majorité des théories politiques, y compris les plus « démocratiques », ont superbement ignoré les problématiques de la communication. Elles ont parfois jeté un œil condescendant sur l'information pour y voir un attribut de la démocratie, mais sans jamais aller plus loin, notamment parce que ces questions d'information, et encore plus de communication, n'ont pas obtenu de légitimité culturelle. Et si aujourd'hui on veut bien parler d'information, c'est surtout pour ne pas s'occuper de la communication qui, du point de vue d'une hiérarchie stupide mais bien réelle, est encore plus dévalorisée que l'information. Pourtant, les deux sont évidemment liées ; et surtout, la question de la communication est la seule totalement en phase avec la démocratie de masse. Ce n'est d'ailleurs peut-être pas un hasard si les deux réalités bénéficient d'aussi peu de prestige culturel. Et c'est aussi pourquoi les dégâts de la communication ne sont pas pires que ceux de la démocratie, car ce sont en général les mêmes... En tout cas, la communication, du point de vue d'une théorie de la société, recouvre un domaine beaucoup plus large que celui de l'information, qui reste liée au message. La communication, en revanche, s'occupe d'emblée des *trois logiques* de l'émetteur, du message et du récepteur, ainsi que des décalages existant entre elles. La force et la complexité théorique inouïe de la communication résident dans la compréhension de ces relations.

• Réévaluer la problématique des masses et du nombre. *Le nombre* et plus encore les masses inquiètent depuis toujours les sociétés occidentales, même si celles-ci ont été les premières à réussir la construction d'une démocratie de masse. En dépit de ce succès indéniable, rôde perpétuellement autour de cette question l'ancestrale angoisse des foules. D'autant que les utopies de libération des masses ont ensanglanté le XXe siècle et que la réussite de la démocratie à grande échelle n'a pas permis de rééquilibrage. Repenser le nombre est indispensable aujourd'hui car il triomphe dans ses deux dimensions : *fonctionnelle* avec la mondialisation qui, en ouvrant tous les marchés, construit une économie à l'échelle de la planète ; *normative*, avec l'idéal de l'organisation pacifique de la « communauté internationale ». Le nombre, les masses, la foule restent, comme la communication d'ailleurs, des sujets d'une grande importance sur lesquels les travaux théoriques sont insuffisants. On constate d'ailleurs la même résistance à penser le nombre et les masses qu'à penser la communication. On y retrouve aussi les mêmes stéréotypes.

Là encore, l'Europe, si elle le voulait, pourrait mobiliser une formidable expérience historique, puisqu'elle fut pionnière dans la question du nombre démocratique, comme dans celle de la communication de masse. En tout cas, il n'y a plus de théorie politique sans théorie de la communication et sans intégration d'une problématique du grand nombre et des masses.

Ces deux questions, l'intelligence du récepteur et la problématique du nombre, essentielles pour l'avenir d'une réflexion sur la société contemporaine, illustrent *l'importance des deux dimensions non techniques* de la communication. En effet, l'intelligence du récepteur et la problématique du nombre renvoient aux dimensions culturelles et sociales de la communication, et pas seulement à sa dimension technique. Si la communication était reconnue comme un objet de connaissance scientifique comme les autres, et si, depuis un certain temps, différentes théories de la communication étaient débattues publiquement, l'idéologie technique n'aurait pas l'emprise qui est la sienne depuis une vingtaine d'années. Elle n'a pris cette place que parce qu'il y avait ce vide théorique. La performance technique ne remplace pas la réflexion, elle l'appelle, sinon c'est l'idéologie qui s'installe. Une fois de plus, l'histoire prouve que la *connaissance* – en l'occurrence ici de la communication – reste le meilleur allié d'une compréhension du monde. *Produire des connaissances* est aussi un moyen pour relativiser les promesses et éviter les déceptions qui ne manqueront pas de se manifester demain, quand les individus réaliseront que ni le bonheur individuel et social, ni la société de l'information ne sont au bout des claviers et des terminaux.

Penser les nouvelles technologies n'est possible aujourd'hui que si l'on quitte le terrain des opinions pour les replacer dans une théorie générale de la communication et des médias (chapitre 1 et 2). Ce qui permet de comprendre leurs limites et leurs intérêts (chapitre 3), leur articulation avec les médias de masse (chapitre 4), leurs enjeux européens (chapitre 5).

Ce livre clôt une trilogie commencée en 1990 avec *Éloge du grand public. Une théorie critique de la télévision.* Il s'agissait de montrer l'importance culturelle, sociale et politique de la télévision dans la démocratie de masse. Avec *Penser la communication* (1997), j'ai proposé un cadre théorique d'ensemble concernant le statut de la communication dans nos sociétés occidentales. L'objectif était de montrer la place centrale de la communication dans le patrimoine culturel et politique de l'Occident, et dans toute théorie de la société ouverte.

Ce livre, consacré à une comparaison des avantages et des inconvénients des médias traditionnels et des nouveaux médias, a pour objectif de relativiser le thème de la « révolution de la communication ». Rassurer tous ceux qui se croient, à tort, dépassés par les nouvelles techniques. Et surtout, rappeler que l'essentiel de la communication n'est jamais du côté des techniques. Leurs performances ne sont pas toujours la condition, loin de là, d'une meilleure commu-

nication humaine ou sociale. Techniciser la communication
ou l'humaniser est un des enjeux majeurs du XXIe siècle.

Orientation bibliographique

Idéologie technique

Elle est multiforme, parfois plus visible dans les discours et les
médias que dans les livres. Elle est en tout cas omniprésente dans
l'espace public depuis une vingtaine d'années avec toujours cette
triple dimension : le changement technique est synonyme de progrès,
notamment dans le domaine de la communication ; il est urgent de
s'adapter, car nous sommes en retard ; toute critique est synonyme de
peur du changement et défense des archaïsmes. Voici quelques titres
récents qui renvoient à ce « réenchantement du monde » que permet-
traient les nouvelles techniques de communication.

Castells, Manuel, *La Société en réseaux*, traduit de l'anglais par Phi-
lippe Delamare, Fayard, 1998.
De Kerckhove, Derrick, *Connected Intelligence. The Arrival of the
Web Society*, Toronto, Somerville House Publishing, 1997.
Gates, Bill, *La Route du futur*, traduit de l'américain par Yves
Coleman, Guy Fargette, Michèle Garène et Léon Mercadet, Robert
Laffont, 1997.
Guédon, Jean-Claude, *La Planète Cyberinternet et cyber-espace*, Gal-
limard, coll. « Découvertes » n° 280, 1996.
Lévy, Pierre, *Intelligence collective ; pour une anthropologie du
cyber-espace*, La Découverte, 1997.
Negroponte, Nicolas, *L'Homme numérique*, Robert Laffont, 1995.
Rosnay, Joël de, *L'Homme symbiotique. Regards sur le troisième mil-
lénaire*, Le Seuil, 1995.

Philosophie et technique

Un certain nombre de travaux, insuffisamment lus aujourd'hui,
abordent sur le plan philosophique et anthropologique le rapport aux
techniques. On trouvera ici un certain nombre de ces titres et, par
ailleurs, dans la bibliographie du chapitre 4 les ouvrages d'histoire des
techniques de communication indispensables pour une réflexion sur la
place de la communication dans la société.

Beaune, J.-C., *La Philosophie du milieu technique. Ces machines que
nous sommes*, Champ Vallon, 1998.
Beaune, Jean-Claude, *Philosophie des milieux techniques : la matière,
l'instrument, l'automate*, Champ Vallon, 1998.
Canguilhem, Georges, *Études d'histoire et de philosophie des
sciences*, Vrin, 1979.

Castoriadis, Cornélius, « Technique », in *Encyclopaedia Universalis*, t. 22, 1989.

Dagognet, François, *Écriture et iconographie*, Vrin, 1973.

Daumas, Maurice, *Histoire générale des techniques*, t. 3, PUF, 1969.

De Meyer, Luc, *Vers l'invention de la rhétorique : une perspective ethno-logique sur la communication en Grèce ancienne*, Peeters, 1997.

Francastel, P., *Art et technique : aux XIXᵉ et XXᵉ siècles*, Gallimard, 1988.

Gilles, B., *Histoire des techniques*, Gallimard, coll. « La Pléiade », 1978.

Habermas, Jürgen, *La Technique et la science comme idéologie*, Gallimard, 1990.

Hottois, G., *Simondon et la philosophie de la culture technique*, Bruxelles, De Boeck-Wesmael, 1993.

Leroi-Gourhan, André, *Le Geste et la Parole : la mémoire et les rythmes*, Albin Michel, 1970.

Leroi-Gourhan, André, *Le Geste et la Parole : technique et langage*, Albin Michel, 1974.

Mumford, L., *Le Mythe de la machine*, Fayard, 1973.

Rossi, Paolo, *Les Philosophes et les machines, 1400-1700*, PUF, 1996.

Simondon, Georges, *Du mode d'existence des objets techniques*, Aubier, 1958.

Foule, masses et nombre

Ces mots font peur depuis deux siècles, tout en étant par ailleurs l'horizon du processus démocratique qui a en effet pour objectif d'être étendu à tous les individus. Reste que cette question du nombre, si complexe, a été source de nombreux conflits historiques. Aujourd'hui, avec la mondialistion, il y a une sorte de *gigantesque décalage* entre les deux dimensions normative et fonctionnelle du nombre. On trouvera ici la référence à certains ouvrages qui ont directement abordé cette question qui reste un des grands chantiers théoriques du XXIᵉ siècle.

Adorno, T.W., « La télévision et les *patterns* de la culture de masse », *Réseaux*, n° 44-45, 1990.

Blondiaux, Loïc, *La Fabrique de l'opinion : une histoire sociale des sondages*, Le Seuil, 1998.

Bourricaud, F., *L'Individualisme institutionnel. Essais sur la sociologie de T. Parsons*, Paris, PUF, 1977.

Canetti, E., *Masse et puissance*, Paris, Gallimard, coll. « Tel », 1986.

Deprest, Florence, *Enquête sur le tourisme de masse*, Belin, 1997.

Desrosières, A., *La Politique des grands nombres*, La Découverte, 1993.

Dollot, Louis, *Culture individuelle et culture de masse*, PUF, coll. « Que sais-je ? », n° 1552, 1993.

Dumont, L., *Essais sur l'individualisme. Une perspective anthropologie sur l'idéologie moderne*, Paris, Le Seuil, 1991.

Élias, N., *La Société des individus*, Pocket, 1997.

Hermès, « Individus et politique », n° 5-6, Éd. du CNRS, 1990.

Hermès, « Masses et politique », n° 2, Éd. du CNRS, 1988.

Javeau, Claude, *Masse et impuissance : le désarroi des universités*, Bruxelles, Labor, 1998.

Karsenti Bruno, *L'Homme total : sociologie, anthropologie et philosophie chez Marcel Mauss*, PUF, 1997.

Monnier-Raball, Jacques, *Simuler, dissimuler : essai sur les simulacres de masse*, LGF, 1983.

Morin E., *L'Esprit du temps, essai sur la culture de masse*, 2 t., Le Seuil, 1962.

Moscovici, S., *L'Âge des foules*, Fayard, 1991.

Reynié, Dominique, *Le Triomphe de l'opinion publique : l'espace public français, XVIe-XXe siècle*, Odile Jacob, 1998.

Riesman, D., *La Foule solitaire. Anatomie de la société moderne*, Arthaud, 1964.

Rioux, J.-P., Sirinelli, J.-F. (sous la dir. de), *Le Temps des masses. Le XXe siècle*, t. 4, *Histoire culturelle de la France*, Le Seuil, 1998.

Rouquette, Michel-Louis, *Sur la connaissance des masses : essai de psychologie politique*, PUG, 1994.

Silbermann, A., *Communiction de masse. Éléments de sociologie empirique*, Hachette, 1981.

Tarde, Gabriel, *L'Opinion et la foule*, PUF, 1989.

Tonnies, F., *Communauté et société*, PUF, 1944.

Zylberberg J. (sous la dir. de), *Masses et post-modernité*, Méridien-Klincksieck, 1986.

Chapitre 1

La communication au cœur de la modernité

Un débat théorique fondamental

Peu de secteurs aussi vitaux pour la société contemporaine que la communication technique sont aussi récents puisque, de bout en bout, l'histoire du téléphone, du cinéma, de la radio, de la télévision, de l'informatique, a juste un siècle d'existence. Mais les ruptures introduites par ces techniques ont été si violentes, et menées à un rythme si rapide, qu'elles ont l'air d'être là depuis toujours alors que l'arrivée, dans le grand public, du transistor, date des années 55, de 1960 pour la télévision, et des années 70 pour l'ordinateur. Certes, il y avait auparavant la presse et les librairies mais leur inscription dans la société était plus ancienne et surtout ne touchait pas tout le monde.

La spécificité des techniques de communication[1] du XXᵉ siècle avec la transmission du son et de l'image est d'avoir touché tous les publics, tous les milieux sociaux et culturels. D'emblée, les médias du XXᵉ siècle se sont inscrits dans la logique du *nombre*. Et s'il est un symbole de la société

---

1. Les ouvrages sur ce sujet sont assez nombreux. Une sélection d'un certain nombre de titres disponibles en français se trouve dans la bibliographie du chapitre 2. La France est plutôt en retard en matière de travaux concernant l'histoire des techniques de communication par rapport aux pays de langue anglaise, alors qu'elle a pourtant joué un rôle important dans l'invention de ces techniques.

d'aujourd'hui c'est bien le triptyque : société de consommation, démocratie de masse *et* médias de masse – soit un triptyque qui met au cœur de la société contemporaine la question si essentielle, et si peu pensée, du nombre et des masses.

Les médias de masse sont dans l'ordre de la culture et de la communication le correspondant de la question du nombre apparue avec la démocratie de masse et le suffrage universel ou, pour le dire autrement, le *grand public* des médias de masse est l'équivalent, dans l'ordre de la culture, du *suffrage universel* dans celui de la politique. Ce sont des concepts normatifs centraux, avant d'être des éléments empiriques.

La révolution de la communication est donc à la fois un phénomène récent, une rupture radicale, mais aussi une réalité adaptée à cette société de masse du XXᵉ siècle. Elle en est un peu le symbole. *Rien ne sera plus jamais comme avant l'arrivée des médias de masse.* Mais en même temps, on a l'impression que la révolution de la communication ne s'arrête pas. À peine nous sommes-nous habitués à cette échelle des médias grand public qu'une nouvelle révolution arrive avec les multimédias qui individualisent et permettent d'accéder à un nombre incalculable de chaînes de télévision et de services informatiques. En réalité, la communication depuis un siècle est en plein bouleversement. Après avoir été calme pendant plusieurs siècles, elle a passé une sorte de *pacte* avec les techniques, s'identifiant même à la technique, et obligeant chacun à s'adapter à ce rythme trépidant.

Le paradoxe de la communication est donc le suivant : si l'histoire de la communication est évidemment très longue, aussi longue que celle de l'homme, celle des techniques du même nom est en revanche extrêmement récente. Et à peine les hommes sont-ils habitués à des systèmes de communication qui bouleversent déjà considérablement leur perception du monde, leur manière de vivre et de travailler, qu'ils doivent se préparer à l'étape suivante, où tout ira encore plus vite. Pourquoi y a-t-il alors si peu de discussions et de controverses sur les techniques de communication ?

Tout simplement parce que l'idée centrale est qu'il s'agit là du *progrès*. L'idéal, pour ne pas dire l'idéologie, du progrès tient lieu de réflexion évitant que ne soit posée la question simple : *toutes ces techniques de communication, pour quoi faire* ? Quel rapport entre les besoins de communication des hommes et des sociétés et cette explosion des techniques ? Jusqu'où les hommes ont-ils besoin à ce point de communiquer ? De communiquer quoi, à qui ? Quel rapport y a-t-il entre communication technique et communication humaine ? Quel intérêt y a-t-il à avoir cent chaînes à domicile, ou à pouvoir consulter directement la bibliothèque d'Alexandrie, ou celle du Congrès des États-Unis ? Quels sont le coût et le prix de cette révolution ? Quelles inégalités et quels rapports de force en résultent ? Quels problèmes résolvent les techniques de communication, et quels autres posent-elles ? Face à ces questions de bon sens, le dogme actuel, car il s'agit bien d'un dogme, identifie le bonheur individuel et collectif à la capacité d'être « branché » et multibranché. Avec le corollaire suivant : toute critique, tout scepticisme exprime et révèle un *refus du progrès et de l'avenir*, puisque aujourd'hui l'idée de progrès est strictement identifiée aux nouvelles techniques de communication.

Toute réflexion critique devient suspecte, toute critique déplacée. Dans ce contexte, dépourvu de débat et de controverse, la moindre manifestation de scepticisme est identifiée à la peur du changement et du progrès. Cela explique le décalage considérable qui s'est installé depuis un demi-siècle, entre l'extraordinaire rapidité des changements concernant la communication et le très petit nombre de réflexions et d'analyses, autres qu'apologétiques.

La valse des modes et des révolutions

L'absence de réflexion sur le sens de ces mutations explique l'incessant mouvement de Yo-Yo, des modes et des révolutions, auquel on assiste depuis une trentaine d'années. Les hommes face aux techniques de communication sont, comme le lapin blanc d'*Alice au pays des merveilles*, toujours en retard, toujours pressés, toujours obligés d'aller plus vite.

Pour aucune autre question essentielle, de la société, éducation, santé, ville, défense…, on supposerait que les problèmes les plus fondamentaux changent tous les dix ans, au rythme des techniques, tout simplement parce que chacun admet que ces réalités sociales et culturelles, autant que les théories afférentes, n'évoluent pas aussi vite que les changements économiques et techniques. Ce n'est pas le cas pour la communication. La résistance à l'égard d'une logique indispensable de la connaissance explique que perdure cette idée d'un ballet ininterrompu de « changements radicaux ». *La communication est réduite aux techniques, et les techniques deviennent le sens*, au point qu'on en vient à nommer la société de demain « société d'information ou de communication », du nom de la technique dominante. Étrange compression du sens, à l'image de la compression des données en informatique. Seule l'absence de culture théorique facilite cette idée d'un changement radical de la société au rythme des nouvelles technologies.

Les médias qui commentent ces évolutions ont une responsabilité dans cette course à la révolution de la communication, car ils n'ont pas de distance critique, et reprennent à leur compte ce discours des industriels. La presse, pourtant facilement sceptique, n'est pas ici en reste. Pour aucun autre domaine de la société elle n'accepterait à ce point de se transformer en simple relais des intérêts et des discours des industriels de l'information et de la communication. Et c'est bien ce qu'elle fait depuis une dizaine d'années, en publiant un nombre incalculable de suppléments écrits ou audiovisuels sur les nouvelles technologies, citant constamment les États-Unis comme le modèle à suivre, dénonçant le « retard des mentalités en France ». Ces numéros constituent en réalité ni plus, ni moins que du publireportage. Personne depuis dix ans n'a osé poser le problème de ce suivisme inouï, par peur d'être soupçonné d'hostilité envers cette révolution. Autrement dit, le *dumping idéologique* est tel que même les journalistes ont intégré cette menace : poser des questions, être critique, c'est être hostile au progrès.

Mon hypothèse est simple : tout changement technique, ou structuration d'un nouveau marché, n'est pas une rupture dans une économie généralisée de la communication, car une économie de la communication à l'échelle individuelle ou sociale est bien autre chose qu'une technique. Si une technique de communication joue un rôle essentiel, c'est parce qu'elle symbolise, ou catalyse, une rupture radicale existant simultanément dans l'ordre culturel dans la société. Ce n'est pas l'imprimerie qui, en soi, a bouleversé l'Europe, c'est le lien entre l'imprimerie et le profond mouvement de remise en cause de l'Église catholique. C'est la Réforme qui a donné son sens à la révolution de l'imprimerie, et non l'imprimerie qui a permis la Réforme. De même la radio, puis la télévision n'ont eu cet impact que parce qu'elles étaient liées au profond mouvement en faveur de la démocratie de masse.

Autrement dit, avec une technique de communication, l'essentiel est moins la performance de l'outil que le lien existant entre cette technique, un modèle culturel de relations entre les individus et le projet auquel cette technique est affectée. La technique ne suffit pas à changer la communication dans la société, et c'est pourquoi de nombreuses « révolutions des techniques de communication » n'ont pas eu l'impact attendu [1], tout simplement parce qu'elles n'étaient pas en phase avec un mouvement plus général concernant l'évolution du modèle culturel de communication.

C'est donc bien le refus de *penser* véritablement la communication qui explique l'emprise excessive du discours technique et économique. C'est ainsi qu'on renforce l'idéologie technique actuelle, laquelle considère qu'une révolution dans les techniques est la condition d'une révolution dans les relations humaines et sociales. S'il y avait eu un peu plus d'intérêt accordé aux travaux existant sur la télévision, les médias, les nouvelles technologies et leur rôle dans la société [2], il n'y aurait pas un tel suivisme technologique et économique depuis vingt ans. Ces deux idéologies, qui, aujourd'hui, encombrent la problématique de la communication sont le symptôme le

---

1. Par exemple les visiophones qui devaient se généraliser dans tous les foyers avant l'an 2000, ou encore les casques de réalité virtuelle en 3D.

2. Il faut tout de même rappeler qu'en France, par exemple, la communauté des universitaires et des chercheurs travaillant sur ces questions représente de 400 à 600 personnes et plus d'une centaine de laboratoires de recherche. Ce n'est pas négligeable. Il y a là des savoirs, des compétences, des ouvrages, dont on ne peut pas dire que la société soit trop demandeuse...

plus visible du refus d'accepter que celle-ci soit autre chose
que des techniques et un marché.

Bref, si les techniques sont l'élément visible de la communication, l'essentiel est bien le modèle culturel qu'elles véhicu-
lent, et le projet concernant le rôle et l'organisation du système
de communication d'une société. Mais la fuite en avant dans
les techniques présente l'avantage considérable d'éviter une
réflexion d'ensemble, et d'offrir une compréhension, apparemment immédiate.

Résultat ? On assiste à une succession de modes, toutes
plus éphémères les unes que les autres. Voyons celles de ces
quinze dernières années : ce fut d'abord la séduction pour le
secteur privé. La télévision privée devait tout bouleverser et
rendre définitivement obsolète l'idée de télévision publique.
On serait étonné si on reprenait un certain nombre de déclarations faites il y a quinze ans et qui ne juraient que par la
« liberté » de la télévision privée. Aujourd'hui, on a découvert
les contraintes drastiques des lois du marché, car bien entendu,
le marché n'a pas, comme par enchantement, résolu toutes les
difficultés antérieures de la télévision publique. Ce fut ensuite
l'arrivée des *médias thématiques*. Tout ce que les médias généralistes n'avaient pas réussi à transmettre le serait par la radio
et la télévision thématiques. Que l'on se souvienne déjà de ce
que devait changer la *télévision par câble* dans les années 70-
80. Les rapports humains et sociaux devraient être redessinés,
avec, en prime, l'émergence d'une « vraie » démocratie locale.
Quelques lieux comme Grenoble et le Québec étaient le passage obligé pour tous les héros de cette révolution. Les utopies
d'une société de l'information et de la communication qui se
multiplient de plus en plus ont en fait déjà existé ! Il suffit de
relire les livres, les articles, les rapports. Cette segmentation de
l'offre calquée sur la demande était déjà considérée comme un
« progrès » considérable. Ce fut ensuite l'engouement pour la
déréglementation. Pourquoi continuer à réglementer quand il y
a une telle profusion de techniques ? Le consommateur n'est-il
pas apte à choisir seul ? La dérégulation n'est-elle pas la
meilleure confiance faite au citoyen ? C'est aujourd'hui la fascination pour les nouvelles techniques. Il n'est question que du
Net, chargé de toutes les vertus, et qui constitue l'exact symétrique de tout ce qui ne plaît pas dans les médias de masse.

Avec eux il n'est question que de « domination culturelle » et de « passivité » ; avec le Net il n'est question que de « liberté individuelle », de « création ». Mais a-t-il été une seule fois passif, ce citoyen qui, en cinquante ans, n'a cessé de regarder, filtrer et hiérarchiser un nombre croissant de messages ? Et la liste de ces stéréotypes successifs pourrait être allongée.

Ces quelques modes vont toutes dans le même sens : la soumission à ce qui surgit, la croyance aveugle dans la technique et le marché, la certitude que tout va changer dans la communication humaine, familiale, au travail, dans les loisirs, dans la politique, avec la multiplication des techniques de communication. Le résultat est simple : *la technique définit le contenu de la communication*. En réalité, aucun des enjeux antérieurs de la télévision de masse n'est dépassé, comme d'ailleurs aucun des enjeux de la radio et de la presse écrite même si, là aussi, les changements techniques ont permis d'améliorer l'un et l'autre. Simplement, chaque nouvelle génération technique résout certains problèmes antérieurs, en déplace d'autres et en crée le plus souvent de nouveaux. La mode pour les médias thématiques, puis interactifs, ne constitue pas un « dépassement » de la problématique des médias de masse, elle constitue plutôt une adaptation à l'évolution actuelle, vers une individualisation des goûts et des comportements. Mais ce processus laisse entier les autres problèmes, beaucoup plus compliqués, de nos sociétés qui sont la question du lien social, de la communauté nationale ou de la cohabitation culturelle au sein de la communauté internationale.

Pour comprendre la séduction qu'opère cette fuite en avant vers les nouvelles techniques et cette difficulté à relativiser les promesses d'une meilleure communication, il faut *revenir d'un mot sur le statut de la communication dans la culture occidentale.*

Une antique méfiance envers la communication

L'absence de distance à l'égard de la télévision et des nouvelles techniques est le symptôme d'un problème plus général : celui du malaise et de la difficulté à penser la communication dans la culture occidentale. C'est parce que existe *un réel déficit de réflexion et d'intérêt théorique*, et plus généralement de réflexion épistémologique et culturelle, sur le statut de la communication dans la culture occidentale, que la télévision, hier, et les nouvelles techniques, aujourd'hui, sont l'objet d'un tel suivisme technique et économique. Que l'on porte aux nues les nouvelles techniques de communication ou que l'on disqualifie la télévision, et avant elle la radio et la presse, c'est le même mécanisme, le même symptôme, celui d'un manque de curiosité théorique pour la communication. La télévision et les nouvelles techniques de communication sont le révélateur de la résistance de la culture occidentale à penser la communication par rapport à une théorie de l'homme et de la société. La communication, recherchée au plan individuel, est toujours soupçonnée de se transformer en arme de manipulation au plan collectif. Instinctivement on se méfie de la communication à grande échelle. La radio et la télévision en savent quelque chose, qui ont dû affronter la méfiance ancestrale qui entoure cette communication. C'est cela le paradoxe intéressant du statut de la communication dans notre culture : elle en est une des valeurs centrales, mais *chacun s'en méfie*. Au lieu de reconnaître que, si toute communication est évidemment liée à un rapport de force, mais qu'il n'est pas possible de l'y réduire pour autant, elle se voit, la plupart du temps, ramenée à un processus d'influence, voire de manipulation. On suppose l'émetteur animé des plus noires intentions, et le destinataire toujours prêt à croire ce qu'on lui raconte, sans autonomie ni distance critique. On nie autant la distance critique du récepteur que la dimension normative de l'émetteur, c'est-à-dire la possibilité d'une certaine intercompréhension.

Cette antique méfiance à l'égard de la communication est d'autant plus paradoxale que *la communication est une valeur d'émancipation au cœur de la culture occidentale*. Depuis le XVIe siècle, elle est le complément, et la condition, de toutes les émancipations de l'individu. La revendication de la liberté de communiquer est évidemment le fruit de la longue bataille, commencée à la Renaissance pour la liberté de conscience, de pensée, d'expression, puis à partir des XVIIe et XVIIIe siècles pour la liberté de la librairie et de la presse.

Au XIXe siècle, on la retrouve pour la liberté d'association, de manifestation et de participation politique. Au XXe siècle, elle est directement liée à l'avènement de la démocratie de masse, avec le suffrage universel et l'information pour tous. Bref, les trois siècles précédents, qui ont vu le combat pour la liberté individuelle, puis pour l'égalité, sont indissociables de la problématique de la communication. Pas de société ouverte ni démocratique, sans liberté d'information et de communication, et les batailles pour la démocratie, la liberté de la presse écrite, puis de la radio et de la télévision, ont toujours inscrit leur action dans cette perspective d'une émancipation de l'homme.

Le paradoxe de la communication est donc le suivant : il s'agit d'une des valeurs essentielles de la culture politique occidentale au même titre que les *concepts de liberté, d'égalité et de fraternité*. Mais elle n'en a jamais acquis la légitimité. Les techniques et les médias de masse se sont ainsi trouvés réduits à un processus de transfert d'influence et de manipulation. Au lieu de voir dans les décalages incompressibles entre la logique de l'émetteur, du message et du récepteur, la preuve de la liberté de l'homme, on a cru repérer l'effet d'une « mauvaise communication ». On a donc tout naturellement craint les médias de masse et, oubliant les décalages inévitables entre les trois logiques, on a cru que les médias de masse, par leurs performances techniques, rationalisaient encore plus la communication et établissaient une transmission encore plus efficace entre l'émetteur, le message et le récepteur. Dans le même mouvement, on a cru que cette transmission plus efficace accentuait les mécanismes d'influences, et comme on passait de la société libérale individuelle à la société égalitaire de masse, on a fustigé d'autant plus l'effet de standardisation et de manipulation des médias de masse.

On le voit très nettement avec l'exemple de la *communication politique*. Celle-ci est identifiée au marketing politique, à la publicité, et à la manipulation, alors même que l'existence de la communication politique est directement liée à la démocratie de masse et aux médias de masse. Comment, en effet, imaginer le fonctionnement de la démocratie de masse, sans communication publique à grande échelle ? Comment organiser un débat politique au niveau de tout un pays, résultat chèrement acquis après deux siècles de batailles politiques, sans un espace public, animé par une communication politique ? La communication politique est le troisième pied de la démocratie, avec le suffrage universel et les médias, alors qu'elle est l'objet d'une suspicion constante, qu'alimentent, il est vrai, les publicitaires ou conseillers quand, de manière vaniteuse, ils attribuent à l'application de leurs recettes telle victoire du suffrage universel. Ces bravades inévitables ne devraient pas faire oublier le rôle essentiel joué par la communication politique comme condition de la démocratie de masse. Mais, en dépit de ce rôle essentiel, la communication politique bénéficie d'une très faible légitimité, encore plus faible que celle des médias, tout simplement parce que pèse sur elle, peut-être encore plus qu'ailleurs, ce stéréotype de la manipulation.

C'est d'ailleurs cette insuffisante valorisation des concepts de communication, et cette méfiance récurrente à l'égard des médias généralistes, qui explique la situation actuelle : la séduction à l'égard des nouvelles techniques. Celles-ci sont parées de toutes les vertus refusées aux médias de masse. Peut-être parce que le caractère individuel et ludique semble ouvrir une nouvelle étape, alors même que cet usage individuel suppose une énorme infrastructure, celle-ci est imperceptible pour l'usager qui voit seulement le terminal, alors même que, pour permettre une telle interconnexion, elle est nécessairement très forte. Mais on ne retient que l'usage individuel, on ne voit que le clavier.

On peut maintenant résumer les *quatre temps de cette antique méfiance à l'égard de la communication* :

1. L'échelle individuelle. Ici la communication est consubstantielle à toute expérience humaine, elle fonde notre rapport au monde et à autrui. Elle est simplement vitale, mais crée très rapidement, avant même le langage, de profondes déceptions. La communication ne réussit pratiquement jamais, les ratés sont à la mesure de nos espoirs, faisant de celle-ci une expérience qui met chacun d'entre nous plutôt mal à l'aise, et ce, à tous les âges de la vie, puisqu'elle est chaque fois recommencée, recherchée et décevante. Valorisée et recherchée depuis un siècle comme complément du mouvement de

libération individuelle dans la culture occidentale – car les modèles varient selon les cultures –, elle n'est pas pour autant plus réussie, car elle est toujours aussi difficile. Le paradoxe est donc le suivant : s'il n'y a pas d'expérience individuelle sans communication, et si celle-ci est encore plus présente du fait de sa place dans le mouvement de la libération de l'individu, elle n'est pas pour autant réellement valorisée, tant chacun en éprouve concrètement les difficultés.

2. La communication à grande échelle. La méfiance est ici, comme on l'a vu, ancestrale, nourrie sans doute partiellement par les difficultés de la communication interpersonnelle, et toujours identifiée à une tentative de manipulation, en tout cas d'influence. On ne croit pas à la sincérité de la communication à grande échelle. Autant la presse de l'élite est l'objet de toutes les attentions pendant la fin du XVIIIe siècle et la première moitié du XIXe siècle, autant l'apparition de la presse populaire après 1850 inquiète. On se méfie de son influence et de ce qu'elle dit. La communication à grande échelle qui est pourtant le complément naturel de la bataille pour la démocratie fait peur.

3. Les médias de masse. Ils condensent cette double peur de la manipulation, et du nombre, même si de nombreuses batailles ont eu lieu en leur faveur. La radio fait au moins autant peur qu'elle fascine, et cela sera encore pire avec la télévision. À la fois on rêve d'une communication à grande échelle plus performante que la communication humaine, en même temps, on s'en méfie car elle est justement à grande échelle. On découvre finalement qu'elle nous influence personnellement moins qu'on ne le dit, mais on reste certain, par contre, qu'elle influence le voisin...

4. Le renversement de la problématique avec les nouvelles techniques. Tout semble de nouveau possible. La performance des outils fait oublier les difficultés de la communication interpersonnelle et l'individualisation accentue ce sentiment : c'est enfin l'individu seul, libre, qui initie la communication. On bascule en moins de dix ans de la méfiance à la confiance : les nouvelles techniques, par leur légèreté et performances, vont réussir ce que les hommes n'ont jamais pu réussir. On oublie l'outil pour rêver d'une communication

humaine et sociale directe. D'ailleurs, ne dit-on pas que l'interactivité du Net est « supérieure » à l'interactivité humaine ?

La méfiance constante à l'égard des médias de masse est aussi disproportionnée que la confiance absolue à l'égard des nouvelles techniques, les deux traduisant le problème jamais bien résolu de la communication interpersonnelle et celui de la défiance à l'égard de toute communication à grande échelle.

En fait l'enjeu est toujours le même. La communication, toujours ambiguë au plan de l'expérience, a besoin d'être médiatisée par des connaissances. Construire des théories, comprendre les liens existant entre théorie de la communication et théorie de la société, entre techniques et besoin humain, permet de prendre ses distances à l'égard de trop de promesses. Bref, *faire le tri* entre la communication normative et la communication fonctionnelle, entre les promesses et la réalité, entre l'irréel de la communication et ses difficultés concrètes.

La distinction entre les deux types de communication, l'idéal et la simple nécessité, est fondamentale et ne recouvre d'ailleurs pas l'opposition communication directe et communication médiatisée par la technique. Il peut y avoir autant de communication normative dans un processus de communication médiatisé par les techniques, que de communication fonctionnelle dans des échanges directs. *L'opposition n'est pas entre la « bonne » communication humaine et la « mauvaise » communication technique.* Ce serait faux et trop simple. Elle est dans le *modèle* de communication qui prévaut dans l'échange. Mais l'absence d'intérêt pour les nombreux travaux théoriques sur le statut de la communication dans notre culture a conduit à cette méfiance disproportionnée, surtout de la part des élites, à l'égard des médias de masse, avant que l'on assiste, depuis une dizaine d'années, à un processus tout aussi disproportionné d'adhésion à l'égard des nouvelles techniques. Seule l'accumulation de connaissances permet de penser le *problème essentiel : celui de l'articulation de la communication, comme valeur, à la question du nombre dans les sociétés ouvertes.* En effet, il ne s'agit pas seulement de savoir discriminer dans la communi-

cation, entre ce qui relève du normatif et du fonctionnel, il
s'agit aussi de penser cette dichotomie en relation avec les
deux échelles que sont les relations individuelles et collectives.

Par exemple, quand on affirme que la généralisation des
réseaux d'ordinateurs et de satellites permettra une meilleure
compréhension au sein de la communauté internationale, on
confond, volontairement ou non, communication normative
et communication fonctionnelle. On réduit ainsi la capacité
de compréhension entre des peuples, des cultures, des
régimes politiques que tout sépare par ailleurs, au volume et
au rythme d'échanges entre les collectivités permis par les
réseaux. Comme si la compréhension entre les cultures, les
systèmes symboliques et politiques, les religions, et les traditions philosophiques, dépendait de la vitesse de circulation
des informations !... *Comme si échanger plus vite des messages signifiait mieux se comprendre.* C'est en partie vrai
pour l'économie, et encore, mais cela l'est en tout cas beaucoup moins pour les phénomènes sociaux et politiques. Cela
peut même provoquer, comme je l'ai souvent expliqué,
l'effet contraire : l'accélération de la circulation des messages, des images, des informations rend plus visibles
qu'autrefois les différences entre cultures et systèmes de
valeurs. Et peut créer autant un effet repoussoir que l'inverse.

Le statut de l'image

Cette méfiance envers la communication de masse est
encore plus manifeste quand il s'agit d'aborder la question
du statut de l'image. « Image, image, quand tu nous
tiens [1]... », semble, en effet, crier cette fin de siècle, habitée
et envahie par l'image. Du travail à l'éducation, des loisirs à
la santé, de la jeunesse à l'âge adulte, l'image accompagne
tous les âges de la vie, et les nouveaux médias, sur ce terrain,
sont plus que jamais actifs. Force est pourtant de constater

---

1. Le développement qui suit s'inspire de l'article « Image, image,
quand tu nous tiens », *Hermès*, « Espaces publics en images », n° 13-
14, CNRS Éditions, 1994.

que l'image suscite des réactions contrastées – engouement des industriels de l'image, méfiance des élites – qui semblent assez peu fondées. Comme si, depuis un demi-siècle, n'avaient pas été effectués de multiples travaux en sémiologie, psychologie, psycholinguistique, sociologie, anthropologie culturelle, lesquels insistent précisément sur le caractère composite de l'image et sur la difficulté à en isoler une signification close.

Ce n'est pas en isolant ou en réifiant l'image que l'on pourra mieux asseoir, à son endroit, une logique de connaissance. Celle-ci requiert au contraire, et comme toujours, une mise en relation. Si aucun phénomène culturel ou technique ne se comprend en soi, extrait de tout contexte, pourquoi l'image serait-elle la seule à ne pas relever de cette règle ? Rappelons donc, à titre méthodologique, quatre phénomènes permettant de construire la distance indispensable entre l'objet, l'image et l'analyse.

1. Avant toute chose, valoriser l'importance du contexte, de l'histoire. L'image n'existe jamais par elle-même, elle s'inscrit dans un contexte, avec un avant et un après. Cette inscription opère inévitablement une relativisation.

2. Reconnaître la dimension critique du récepteur. Pas d'image sans contexte, certes, mais pas d'image également sans récepteur, c'est-à-dire sans un sujet individuel ou collectif disposant de par ses valeurs, opinions, souvenirs, expériences, de filtres entre l'image et lui pour l'interpréter et la mettre à distance. Le récepteur est souvent critique et c'est d'ailleurs cette capacité critique qui explique pourquoi, depuis toujours, les individus, tout en consommant des images, s'en sont toujours approchés avec méfiance, comme s'ils pressentaient qu'ils pouvaient perdre pied, oublier la réalité, comme s'ils craignaient d'être pris dans le rets des images. Entre le message et le récepteur, il y a toujours l'histoire du sujet et de ses choix.

3. Ne jamais penser l'image comme un « en-soi ». En ce sens, s'inscrire contre l'idéologie technique qui consiste à valoriser les performances toujours croissantes de l'image, et à les mettre en œuvre indépendamment de leur cible, pour une sorte d'usager universel, être asexué, d'âge moyen, ni urbain, ni rural, bref, pour un utilisateur qui n'existe pas.

L'image est d'autant plus investie d'une toute-puissance qu'il n'y a en face d'elle que cet usager sans identité.

4. Rappeler qu'il n'y a pas d'image sans imaginaire. Cela signifie aussi que l'imaginaire à l'œuvre dans la construction des images a toute chance d'être différent de celui qui opère dans la réception. Cette *économie de l'imaginaire* introduit une liberté, donc une relativisation des deux côtés, et annule par là même l'idée d'une influence univoque. Entre l'intention des auteurs et celle des récepteurs, non seulement opèrent les différents systèmes d'interprétation, de codage et de sélection, mais également tous les imaginaires. C'est, du reste, cette prégnance de l'imaginaire qui explique la méfiance dont l'image est depuis longtemps entourée.

En un mot, le paradoxe de l'image est le suivant. Nous l'aimons et la consommons, parce que nous sommes seuls face à elle. Libre de l'aimer ou de la rejeter. Et cette liberté nous semble relever de notre seul arbitre. En réalité, il en est de l'image comme de toutes les situations de communication : le récepteur n'est pas seul. Toute son histoire et ses valeurs interviennent dans cette perception et analyse de l'image. Elles le protègent, parfois à son insu. C'est l'ensemble de nos souvenirs, valeurs, idées qui nous permet de conserver une certaine distance interprétative à l'égard du message, et donc d'être libres.

Il reste que les nouveaux moyens technologiques introduisent une nuance importance : le virtuel. Il est évidemment essentiel que soit maintenue dans la réception une différence radicale entre l'image de la réalité et celle d'une réalité virtuelle, à l'heure où sont produites des images de synthèse, notamment en trois dimensions. Pour éviter les confusions aux conséquences anthropologiques probablement graves, il faut en permanence inventer des règles permettant à tous les niveaux de la production – diffusion et réception des images – de distinguer dans les images celles qui renvoient à la réalité et celles qui en sont une simulation [1]. Là est assurément

---

1. Même si l'on pense que, dans un cas comme dans l'autre, il s'agit de représentations du réel médiatisées par un langage. Il convient donc de bien distinguer dans la réflexion sur les images virtuelles, d'une part ce qui relève d'une théorie des signes, et d'autre part ce qui renvoie à l'expérience empirique des publics.

le danger le plus sérieux des mutations actuelles car, au-delà du débat philosophique essentiel sur ce qu'est la réalité et l'expérience, un tel mélange des genres risque d'avoir des conséquences culturelles, et surtout politiques, graves.

Or, curieusement, cette distinction essentielle, sorte de « charte sacrée minimale » devant pouvoir faire l'objet d'une réglementation « internationale » s'imposant à tous les acteurs de l'image, n'est pas mise en avant. Comme si, dans la grande tradition de leur rapport à l'image, les hommes trouvaient avantage à laisser s'entrelacer imaginaire et réalité, fiction et réel, simulation et matérialité... Évidemment, une telle charte serait extrêmement complexe : qui pourrait décider ce qu'est une « bonne » image ? À partir de quels critères ? Devrait-elle s'appliquer à toutes les images, même celles produites dans le champ artistique et scientifique ? Si un accord paraît difficile, le débat aurait cependant le mérite d'être lancé, les questions seraient posées, et l'on pourrait au moins tenter d'appliquer les principes généraux du droit au problème des nouvelles images.

On voit le paradoxe d'une telle situation. C'est curieusement sur le terrain le plus mouvant des nouvelles technologies – la distinction du réel et du virtuel – que le silence théorique est le plus assourdissant, alors même que, pour ce qui a trait aux nouveaux médias, personne, semble-t-il, ne songe à remettre en cause leurs performances ni leur utilisation. On se méfie de l'image, et on a tort, sauf sur un point, le virtuel, non identifié comme tel, alors que, parallèlement, on ne se méfie pas des nouveaux médias qui, justement, sont l'un des lieux privilégiés de ce virtuel.

Discours bruyants et silence théorique

Une des difficultés majeures vient du fait que la communication est aujourd'hui l'objet d'un grand nombre de discours. S'ils ont tous une légitimité, ils demeurent, dans l'ensemble, parcellaires. Non parce qu'ils ne traitent qu'une partie du problème, mais parce qu'ils ont tendance à devenir eux-mêmes des « théories », en tout cas à se présenter comme autosuffisants.

Dans l'ordre chronologique, on peut citer le *discours des hommes politiques*, suivi de celui des *juristes*. Qu'ils aient été de gauche ou de droite, les uns et les autres défendaient au départ une orientation, des valeurs, mais, au fur et à mesure des années, le discours d'orientation qui visait à arrimer la radio et la télévision au service public s'est hélas transformé en un discours d'accompagnement. L'idée d'une grande philosophie des médias de masse est apparue après les années 70 « dépassée », et le suivisme économique et technologique l'a finalement emporté. Ensuite est venu le discours des *techniciens et des ingénieurs* qui a accompagné l'explosion technique, suivi de celui des *premiers entrepreneurs* à partir des années 80, avec la création du secteur privé, et l'entrée massive de l'économie dans la communication. Le discours des *publicitaires* n'a pas non plus contribué à la légitimité de la télévision, car il confortait plutôt le stéréotype selon lequel celui qui contrôlait les images régnait sur la société, voire était capable de faire élire des hommes politiques. Les *vedettes du petit écran* ont pris progressivement l'habitude de s'exprimer elles aussi sur le « système ». Si elles ont contribué à la légitimité populaire de la télévision, elles ont aussi favorisé, par leurs commentaires sur le chassé-croisé secteur public-secteur privé, l'idée d'une télévision spectacle plutôt que d'une télévision enjeu de société. En réalité, la télévision en devenant une industrie, ce qui était inéluctable, a progressivement abandonné le discours d'orientation et de valeurs qui avait été le sien dans les années 50-60. On a d'ailleurs confondu fin de la télévision unique et arrivée souhaitable de la concurrence avec la fin d'un discours d'orientation sur la télévision. Comme si la multiplication des chaînes, la mondialisation des industries de la communication et la concurrence sévère public-privé devaient se traduire par l'abandon de tout projet d'ensemble sur la télévision.

Ce n'est pas l'apparition du sixième discours, celui des *spécialistes de l'audience et des études,* qui a pu compenser cette dérive. C'est même le contraire puisqu'une confusion s'est établie entre audience et qualité. Le service public handicapé dans cette course a eu tendance à reprendre cette logique de part de marché, sans rappeler nettement que cette contrainte du marché n'interdisait pas le maintien d'objectifs de service public, comme cela se fait dans d'autres secteurs confrontés à la concurrence.

Les *journalistes,* beaucoup plus nombreux depuis une dizaine d'années à suivre le secteur de la communication, n'ont pas réussi à infléchir ce discours de l'audience, d'abord parce qu'ils s'en sont beaucoup servis, ensuite parce que la presse écrite a toujours eu un rapport ambigu, pour ne pas dire plus, avec la télévision, enfin parce que sans retenue, elle a plongé dans les délices et les miracles attendus des nouvelles techniques. La logique des chiffres s'est imposée au détriment de tout discours de valeur.

Ce ne furent pas davantage les discours des *dirigeants* qui ont pu apporter une nuance. Les dirigeants des secteurs privés ont invariablement adopté, avec plus ou moins de sincérité, les discours des capitaines d'industrie avec, selon les uns et les autres, une pratique plus ou moins forte de la langue de bois. Quant aux dirigeants du secteur public, ils se sont installés eux aussi dans un discours prudent, du fait du jeu de la concurrence et d'une sorte de gêne d'appartenir au secteur public, lequel, il est vrai, a été brocardé pendant une quinzaine d'années pour son côté « ringard ».

Le huitième discours, celui des acteurs liés aux *nouvelles techniques*, n'a pas non plus contribué à revaloriser l'enjeu théorique de la communication, puisqu'il ne cesse au contraire de dire que tout va changer : « Les médias de masse sont les dinosaures de la communication et l'avenir est à l'interactivité et à la créativité individuelle. » Ce qui rejette encore un peu plus dans les « poubelles de l'histoire » une technique, la télévision, dont on ne revendiquera jamais assez l'importance sociale, sans compter que, depuis cinquante ans, les hommes et les femmes qui la fabriquent ont eu un réel amour pour leur travail, et surtout pour le public. En réalité, les décideurs n'ont jamais écouté ces professionnels ni cru le public qui, lui, en dépit de ses critiques naturelles, apprécie la télévision. Quant au *neuvième discours, celui des grands groupes de communication qui se restructurent depuis une dizaine d'années*, il accrédite lui aussi la thèse d'une entrée dans « une nouvelle ère de la communication ». À coups de milliards de dollars, ils font et défont des empires, concentrent et rachètent, fascinant les observateurs comme fascinaient les capitaines des empires sidérurgiques du siècle dernier [1]. Et comme les grands groupes mondiaux de communication ne cachent pas leur volonté de peser aussi sur les opinions, voire sur les décisions politiques, beaucoup voient dans cette évolution des industries de la communication la preuve que l'essentiel, au-delà des mots, concerne la recherche de l'argent, du pouvoir et de l'influence. De toute façon, il n'est plus question que de redéploiement et d'intégration industrielle dans une logique où les projets sociaux et culturels semblent définitivement servir d'alibi pour colloques mondains. La communication est une industrie florissante, une industrie comme les autres, répètent d'ailleurs inlassablement les Américains, qui plaident vigoureusement pour une déréglementation au niveau mondial [2]. Difficile de ferrailler dans ce gigantesque Meccano industriel mondial, et de revendiquer simultanément un rôle social et culturel aux médias et à la communication. On a l'impression qu'il ne reste plus qu'une logique de puissance, bien éloignée de toutes les

---

1. La presse économique ne manque pas, en effet, de métaphores pour distinguer ces derniers : de Ruppert Murdoch, le magnat de la presse, qualifié de « Digital Kane » (*Le Figaro Économie*, 21 août 1998) à Bernard Ebbers, PDG de Worldcom, surnommé le « Telecom cow-boy » (*Le Monde*, 14 août 1998), en passant par Jan Stenbeck, directeur d'une chaîne privée, qui est dépeint en « pirate du satellite » (*Le Monde*, 19 août 1998). Ce même Jan Stenbeck, présenté comme libre et indépendant, pourfend les monopoles et les réglementations étatiques de son pays, la Suède, en diffusant ses programmes depuis Londres. Les motifs d'admirer ces nouveaux héros de la communication ne manquent pas. Dans un vocabulaire guerrier, célébrant leurs conquêtes, la presse fait danser les chiffres vertigineux des mouvements financiers : AOL rachète ICQ pour 1,7 milliard de francs (*Le Monde*, 11 juin 1998), AT & T rachète TCI pour 290 milliards de francs (*Le Figaro Économie*, 25 juin 1998). AT & T devient ainsi le premier empire industriel capable de vendre à la fois du téléphone, de la télévision et de l'Internet. La Rochefortaise abandonne l'agroalimentaire pour lancer une offensive sur la communication (*Le Figaro Économie*, 28 août 1998). Chiffre d'affaires prévu : 2,1 milliards de francs, etc.

2. Par exemple, les déclarations de Microsoft pour qui « l'opération AOL/Netscape/Sun montre combien le paysage concurrentiel de l'industrie peut changer rapidement, ce qui rend les réglementations gouvernementales inutiles et contre-productives » (*Le Monde*, 26 novembre 1998).

valeurs idéalistes de la communication ! Et ce n'est pas le
dixième discours, celui *des Européens*, qui peut contreba-
lancer cette impression de glissement définitif de la télévision,
et plus généralement de la communication, vers une logique
d'économie. Les Européens n'arrivent même pas à opposer
au discours de la déréglementation américaine la spécificité
européenne qui est l'organisation d'une cohabitation entre
secteur public et privé. Ni même à revendiquer pour les
industries de la communication en général un principe
d'exception qui permette de traduire le fait que la communication, au-delà de l'économie, est aussi une des valeurs centrales de notre culture. Les Européens avancent sur la défensive dans les négociations internationales portant sur la
régulation, les droits d'auteur, l'économie de l'audiovisuel,
notamment pour les films et le sport. Tout juste si l'on entend
parfois la référence à l'idée de service public, alors même
que ce concept a été forgé en Europe, et appliqué notamment
à la radio et à la télévision. On observe depuis une quinzaine
d'années une gêne à l'égard des idées de règles, de valeurs,
de quotas, tant l'idée d'un marché florissant s'est infiltrée
dans les têtes, moins du public, que des *élites*. Pour beaucoup
d'entre elles, réclamer une politique d'ensemble de l'audiovisuel a incontestablement un parfum d'archaïsme !

Le plus étonnant est que tout cela a été très vite, en moins
d'une génération, alors que les Occidentaux passent néanmoins entre trois et quatre heures par jour devant le petit
écran, et qu'il s'agira bientôt de cinq à six heures, quand on y
ajoutera les heures devant l'ordinateur. Mais rien n'y fait
pour le moment. La fascination l'emporte sur le désir de
mieux comprendre. Ce n'est donc pas seulement le nombre
de discours qui a étouffé une logique de la connaissance,
c'est surtout une tendance convergente vers l'abandon de
toute politique d'orientation.

Le paradoxe est double. Non seulement la multiplication
de ces discours n'a pas favorisé une logique de la connaissance, mais elle a surtout banalisé la communication. Cette
banalisation s'est doublée du triomphe d'une sorte de discours « empirique » : la télévision devient une industrie, le
spectateur est maître, la défense d'une idée de service public
paraît archaïque. Cela a incontestablement facilité l'essor du

discours sur les nouveaux médias, lequel vantait un message simple : « Tout va changer ; nous allons vivre une réelle révolution ! » C'est un peu : « Circulez, il n'y a rien à penser. »

Le paradoxe est que les travaux des sciences sociales sur la télévision, la radio, la presse, la communication en général sont publiés. Il existe des recherches sur les publics, les programmes, la communication interculturelle, les systèmes audiovisuels, l'utilisation des nouvelles technologies. Les livres ne manquent pas, tout comme les enseignements, mais ils font, hélas ! très peu l'objet d'une demande. La communication est probablement un des secteurs de la réalité où la demande de connaissance est la plus faible. Il faut donc comprendre pourquoi l'on cherche si peu à savoir.

Dix raisons de ne pas vouloir en savoir plus

L'hypothèse est simple : l'insuffisante valeur théorique accordée depuis longtemps à la communication dans notre panthéon démocratique, contrairement à ce qui existe pour les autres concepts de liberté, égalité, fraternité, explique en bonne partie la méfiance persistante, depuis les années 50, envers les médias de masse et symétriquement l'engouement, tout aussi excessif, à l'égard des nouvelles techniques, depuis une vingtaine d'années. S'il y avait une *réflexion autonome* concernant le statut de communication dans ses rapports avec la société civile et la politique, et notamment les rapports entre techniques de communication et démocratie, il n'y aurait pas eu une telle méfiance à l'égard de la radio et de la télévision, ni une telle adhésion aux nouvelles techniques. Les effets ravageurs d'une dévalorisation de la communication, réduite à un processus technique et au statut théorique de second ordre, expliquent le sens de mon travail depuis vingt ans : *contribuer à construire une théorie de la communication dans ses rapports avec la démocratie de masse*. Il faut cesser de mettre la charrue avant les bœufs, c'est-à-dire s'émouvoir ou s'inquiéter des techniques, qu'elles soient anciennes ou nouvelles, au lieu de réfléchir d'abord au statut de la communication.

Nous sommes pourtant un certain nombre de chercheurs et d'universitaires qui, en France et en Europe, essayons depuis une trentaine d'années de ne pas penser la communication humaine et sociale uniquement par rapport aux performances des outils. Mais nos travaux ont beaucoup moins d'influence que les vagues successives de livres et de rapports d'experts, qui proposent pour demain, si ce n'est pour aujourd'hui, la « société de l'information ».

Arrêtons-nous un peu sur cette résistance à la connaissance car la comprendre est nécessaire pour essayer de la dépasser. On vient de voir que de nombreux discours entourent et encombrent la communication, amplifiés par les prouesses des techniques. Mais cela ne suffit pas. Il y a d'autres causes à cette résistance à l'égard d'une connaissance théorique de la communication. Celles-ci sont aussi au nombre de dix.

1. D'abord le *fantasme de la toute-puissance et de la manipulation* a d'abord concerné, ne l'oublions pas, la presse écrite du XIXᵉ siècle, avant la radio, puis la télévision. Aujourd'hui, curieusement, il s'est évanoui avec les nouvelles techniques. En réalité, les deux attitudes opposées expriment le même malaise à l'égard de la communication. À la fois on la souhaite, mais on s'en méfie, d'autant que la performance technique semble résoudre les difficultés de la communication directe, tout en amplifiant ses risques. Autrement dit, la résistance à l'analyse a été la contrepartie du succès rapide, et populaire, des techniques. Une manière déplacée d'exprimer une méfiance à l'égard de la communication.

2. Il y a ensuite la *difficulté d'analyse*. Tout processus de communication dès lors qu'il intègre les relations entre émetteur, message et récepteur, est complexe. Il n'y a aucune continuité, ni complémentarité, entre ces trois logiques, et le plus compliqué à comprendre reste la réception. L'absence de tradition intellectuelle, la difficulté à intégrer les travaux antérieurs en matière de littérature, linguistique, rhétorique, la faiblesse des travaux de pragmatique, les problèmes nouveaux posés par la radio, puis la télévision, et aujourd'hui les nouvelles techniques, expliquent que la communication médiatique soit un domaine encore plus vaste et donc plus compliqué à comprendre que celui de la communication

humaine ou de la communication par textes. D'autant que chaque nouvelle technique est toujours accompagnée d'un discours concernant un lien « nouveau » entre communication et société, ce qui ne simplifie pas l'analyse.

3. La troisième raison concerne le *désir de connaissance* de ces mutations. Il est moins visible qu'il y a trente ans, comme si le succès des techniques avait apporté à lui seul les réponses aux questions posées. « Les marchés ont répondu », pourrait-on dire. Reste-t-il réellement quelque chose de spécifique à penser ? Un exemple de ce faible désir de connaissance : la difficulté à penser le statut de l'*identité*. Hier, l'identité était du côté de l'ordre et de la tradition, la communication du côté de l'ouverture et de l'émancipation. Aujourd'hui, dans une société ouverte, le problème de l'identité se repose avec acuité, car plus il y a de communication, plus il faut renforcer l'identité individuelle et collective. Pourtant, ce chantier théorique, considérable et passionnant, n'est nullement engagé, car on continue de voir dans l'identité, comme il y a un siècle, un frein au progrès. Il faut donc revaloriser la problématique de l'identité et rappeler sans cesse que parler d'identité individuelle ou collective renvoie toujours à l'idée d'une identité dynamique, indispensable à penser si l'on veut comprendre quelque chose à la modernité.

4. La quatrième raison est liée à l'*omniprésence* des techniques dans tous les actes de la vie quotidienne. Dès lors que celles-ci se retrouvent au bureau, à la maison, dans les services comme dans les loisirs, à l'école comme dans l'administration et les commerces, la *banalisation* qui en résulte est rassurante. Mieux vaut apprendre à s'en servir d'autant que ces techniques sont de plus en plus séduisantes, bon marché, performantes et qu'il y aurait mauvaise grâce à les bouder. Pourquoi ne pas profiter de ces services qui nous fascinent ? Ici ce ne sont pas seulement les marchés, ou les discours des industriels qui invalident un besoin de connaissance, ce sont les actes mêmes de la vie quotidienne, dans leur banalité la plus forte. L'usage semble la meilleure réponse aux besoins de connaissance.

5. La cinquième raison de cette résistance à l'analyse vient des *milieux cultivés* eux-mêmes. Ceux-ci se sont sentis, à tort, menacés dans leur culture d'élite, voire dans leur rôle,

par l'arrivée des médias généralistes qui, quasiment mécani-
quement, ont déplacé les frontières entre culture d'*élite*,
culture *moyenne*, culture de *masse* et culture *particulière* [1],
sans remettre d'ailleurs en cause leur rôle. Ils n'ont même
pas vu comment l'élargissement de la communication leur
serait évidemment bénéficiaire, puisque dans un deuxième
temps cet élargissement se traduit par une demande de connaissance à leur égard. En tout cas les milieux cultivés se sont
très vite inquiétés de l'arrivée de la radio dans les années 30
dont ils crurent, déjà, qu'elle était une menace pour le livre et
le journal. Le silence, puis la critique se sont par la suite installés. Quant à la presse écrite qui parlait elle aussi des vertus
de la démocratie, elle s'est largement méfiée de la communication de masse, y voyant essentiellement un concurrent. C'est
peut-être la réticence à l'égard de la question du *nombre* qui
explique, en contrepartie, l'adhésion fréquente à l'égard des
nouvelles techniques.

6. La sixième raison est la *difficulté théorique* à faire le
lien entre des problématiques très anciennes, concernant les
modèles psychologiques, philosophiques, littéraires de la
communication humaine classique, et l'explosion de la
communication technique où les changements ont été pro-
digieusement rapides en un demi-siècle. L'immensité du
champ, la place croissante des techniques, en bouleversant
les données ancestrales de la communication ont provoqué
un phénomène d'attentisme. D'autant que tout cela s'accompagne d'une peur d'être soi-même dépassé, de ne plus être
« dans le coup ». Autant la communication a du mal à
s'imposer comme enjeu scientifique et théorique, autant
l'idéologie de la modernité s'impose avec force. Et c'est
ainsi que les mêmes élites culturelles qui étaient largement
hostiles aux médias de masse se sont bruyamment converties
aux vertus des nouvelles technologies, donnant le sentiment
qu'il n'y avait pas de problématique d'ensemble dans ce secteur et que les innovations techniques permettaient de faire
l'économie d'une analyse toujours difficile à entreprendre.

---

1. Pour plus de détails sur les rapports entre la communication et
ces quatre formes de culture, voir *Penser la communication*, *op. cit.*,
chap. 2 et 5.

7. La septième raison concerne *la communication comme objet de connaissance*. Celle-ci n'est jamais pour nous un objet neutre, car nous sommes toujours « en compte » avec la communication. Constitutive de notre rapport au monde, elle crée autant de projets que de déceptions et d'échecs, de rêves que de désillusions. Là, plus que partout ailleurs, nous sommes partie prenante. L'homme n'est jamais neutre par rapport à une problématique de la communication, et rarement à l'aise, ce qui explique sans doute un peu la fuite en avant dans les techniques. On ne veut pas trop « savoir » sur la communication car celle-ci nous rattrape toujours, avec nos réussites et nos échecs, alors que les techniques, par leur performance et leur rationalité, donnent le sentiment d'une maîtrise possible du temps et de l'espace.

8. La huitième raison est la *faiblesse même d'une demande de connaissance* de la part de la société. Les marchés sont tellement en expansion que les questions posées alimentent plutôt le marché des études : utilisons les services, maîtrisons les marchés, évaluons la demande, occupons-nous de l'image plus que de l'analyse. D'autant qu'il n'y a pour le moment ni crises, ni conflits sérieux obligeant à une prise de distance. C'est un peu la politique de l'autruche, parfaitement compatible avec l'existence d'un secteur en expansion, considéré comme le symbole de la modernité.

9. La neuvième raison est *l'ampleur du mouvement* avec lequel les élites, comme les hommes politiques et les journalistes, contrairement à ce qui s'était passé pour les médias de masse, se mobilisent pour les nouvelles techniques. La mode, la fascination expliquent cette adhésion sans aucune distance critique. Se convertir aux nouvelles techniques, c'est faire moderne, à la page, dans le vent. Et c'est aussi faire oublier une réticence antérieure à l'égard des médias de masse.

10. La dernière raison expliquant cette résistance à l'analyse est sans doute la moins visible mais une des plus déterminantes. *Le public se fait lui-même son opinion*. De même qu'il fut finalement plus favorable à la télévision que ne le souhaitaient les élites, tout simplement parce que la télévision ouvrait les fenêtres sur le monde, peut-être sera-t-il demain moins favorable aux nouvelles techniques que ne le

sont les élites. Autrement dit, il y a un *décalage* entre la rapidité des discours et la lenteur des changements dans les pratiques de communication, l'expérience prouvant qu'en matière de communication les pratiques des publics changent toujours *moins* vite que les discours.

Que faire pour créer un désir de connaissance, avant que les crises consécutives à la mondialisation de la communication et à sa généralisation à toutes les sphères de la société ne créent des conflits ? Sans doute marquer le plus nettement possible la *différence* entre étude et recherche ; insister sur le fait qu'il n'est pas possible de penser les techniques sans une problématique plus générale de la communication ; revaloriser les hypothèses qui obligent à penser au-delà d'une simple description ; reconnaître qu'il n'est pas facile, quand les événements sont si nombreux et si rapides, d'avoir une ou des théories globales ; rester empirique pour regarder concrètement ce qu'il en est des usages ; introduire une perspective historique et comparatiste pour échapper à la tyrannie des changements actuels.

Je dirais que trois caractéristiques de la communication expliquent les contresens dont ont été l'objet hier la télévision, et aujourd'hui les nouvelles techniques de communication.

1. La télévision, comme la communication, n'a jamais eu beaucoup de légitimité culturelle et intellectuelle. Non seulement il n'y a pas eu un grand intérêt pour les théories de la communication, mais ce peu d'intérêt a été redoublé par le peu de légitimité des médias généralistes. Certes, les peuples s'en sont saisis, et servis, du reste plutôt bien, mais sans que soit reconnue, notamment par les élites, une légitimité à cette communication complémentaire de la démocratie. Autrement dit, autant du point de vue d'une théorie générale de la connaissance que d'une théorie de la démocratie, il est dommage que la communication et les médias n'aient jamais obtenu, à quelques rares exceptions près, la bénédiction des élites, cependant que le public, dans sa pratique de la

communication, s'est toujours comporté comme il l'entendait, de manière autonome.

2. Le deuxième constat concerne les *pratiques*. Celles-ci
évoluent moins vite que les innovations techniques et les
modes. En dépit des propos définitifs selon lesquels les
médias de masse sont vécus comme « dépassés » aux États-
Unis depuis plus de vingt ans, et depuis une dizaine d'années
en Europe, il est rafraîchissant de constater que la radio et la
télévision restent de loin les principaux moyens d'information, de distraction, de culture et d'ouverture sur le monde.
La place, largement dominante des médias généralistes, est à
elle seule la réponse à la question du rôle que tiennent ces
techniques dans la démocratie de masse. En dépit des discours, et notamment des journaux et magazines qui ne parlent que du Net, sans constater qu'il n'y a aucune comparaison entre les cinquante millions d'individus concentrés sur
le Net et les trois à quatre milliards de téléspectateurs quotidiens, et plus encore d'auditeurs, les pratiques des médias
généralistes conservent la confiance des publics. Cela ne
signifie pas une adhésion systématique aux programmes,
mais cela signifie qu'il y a une adhésion quant à leur *rôle*.
D'ailleurs un des moindres paradoxes du décalage entre les
mots annonçant la révolution de la communication, et la *réalité* d'une économie de la communication encore dominée
par les médias de masse, se trouve dans le fait que la *télévision publique* a conservé la confiance des publics en Europe.
Il était pourtant clair, il y a dix ans, que la fin de la télévision
publique était imminente. Quelle surprise de constater
aujourd'hui qu'un peu partout, non seulement celle-ci a
cnrayé une baisse d'audience, mais surtout que le public lui
est resté attaché. Dans presque tous les pays d'Europe,
l'audience du secteur public représente, en 1998, entre 40 % et
50 %. C'est d'ailleurs le public qui, jour après jour, a voté
pour les médias publics et plus largement pour les médias
généralisés car de gauche à droite, comme du côté des élites
et des classes politiques, personne ne voyait d'avenir il y a
dix ans au service public. Comme si, dans le *territoire sans
boussole* de cette immense révolution de la communication,
les publics conservaient certains points de repère et refu-
saient de déléguer au seul marché le soin d'organiser totale-

ment l'économie de la communication. Qui aurait prédit il y a dix ans le maintien d'une forte audience du service public en Europe ? Peu de personnes, sinon les théoriciens qui faisaient résonner la problématique des médias publics en écho à une théorie générale de la communication, quelques professionnels qui croyaient à ce concept, et certains hommes politiques souvent traités de passéistes. Bien peu de monde, en tout cas...

3. Enfin, le dernier constat, lié au précédent, rappelle que l'essentiel de la communication n'est pas la performance des techniques, ni l'ouverture des marchés mais *le besoin de penser la communication*. De quel modèle de communication avons-nous besoin dans nos sociétés ouvertes aux identités fragilisées ? À quelle condition la communication, et non les techniques, fil rouge de la modernité, peut-elle rester fidèle à une certaine vision de l'homme et de son émancipation ?

C'est pour contribuer à l'ouverture théorique du chantier de la communication qu'est consacré, comme le précédent, ce livre. La performance des techniques n'interdit pas une réflexion sur la communication, elle la commande, tant les décalages vont croissant entre la « bonne » communication des techniques et la « mauvaise » communication des hommes et des sociétés.

Penser la communication évite de croire que la technique peut venir à bout de ces décalages, et rappelle que c'est finalement toujours du côté de l'*intersubjectivité*, de ses fragilités, de ses échecs, mais aussi de ses idéaux que se jouent les principaux défis de la communication.

Orientation bibliographique

Il s'agit ici d'ouvrages généraux qui permettent de penser les rapports entre théorie de la société, modernité, culture et communication. Un certain nombre d'entre eux seraient utiles à cette « archéologie de la communictaion » qu'il faudrait faire, au sein de la pensée occidentale, pour contribuer à revaloriser la place théorique de la communication dans notre culture.

Arendt, H., *La Crise de la culture*, Gallimard, coll. « Folio », 1989.
Arendt, H., *Le Système totalitaire*, Le Seuil, coll. « Points », 1995.

Attallah, Paul, *Théories de la communication. Sens, sujets, savoirs*, Sainte-Foy, Télé-Université, 1991.

Badie, B., *Culture et politique*, Economica, 1990.

Barthes, R., *Mythologies*, Le Seuil, 1957.

Beaud, P., *La Société de connivence : média, médiations et classes sociales*, Aubier-Montaigne, 1984.

Besançon, A., *Image interdite. Une histoire intellectuelle de l'iconoclasme*, Fayard, 1994.

Besnier, Jean-Michel, *Histoire de la philosophie moderne et contemporaine : figures et œuvres*, Le Livre de Poche, vol. 1 et 2, 1998.

Birnbaum, P., Leca, J. (sous la dir. de), *Sur l'individualisme, théories et méthodes*, Presses de la FNSP, 1991.

Bloom, A., *L'Âme désarmée, essai sur le déclin de la culture générale*, Julliard (trad.), 1987.

Bonte, P., Izard, M. (sous la dir. de), *Dictionnaire de l'ethnologie et de l'anthropologie*, PUF, 1992.

Boudon, R., Bourricaud, F., *Dictionnaire critique de sociologie*, PUF, 1994.

Bougnoux, D., *La Communication contre l'information*, Hachette Littératures, 1995.

Bougnoux, D., *La Communication par la bande, introduction aux sciences de l'information et de la communication*, La Découverte, 1991.

Cabin, Ph. (sous la dir. de), *La Communication. État des savoirs*, Auxerre, Éditions Sciences Humaines, 1998.

Caillois, R., *Les Jeux et les Hommes*, Gallimard, 1967.

Carrilho, M.M., *Rhétoriques de la modernité*, PUF, 1992.

Cascardi, A.-J., *Subjectivité et modernité*, PUF, 1995.

Certeau, M. de., *L'Invention du quotidien*, Gallimard, coll. « Folio Essais », 1980.

Chandler, D., *The Transmission Model of Communication*, University of Wales, Aberystwyth, 1994.

Debray, Régis, *Cours de médiologie générale*, Gallimard/NRF, coll. « Bibliothèque des idées », 1991.

Dictionnaire critique de la communication, sous la direction de L. Sfcz, vol. 2, PUF, 1993.

Dion, E., *Invitation à la théorie de l'information*, Le Seuil, 1997.

Durkheim, E., *Sociologie et philosophie*, PUF, 1974.

Eco, Umberto, *Interprétation et surinterprétation*, PUF, 1996.

Eco, Umberto, *La Structure absente*, Mercure de France, 1972.

Ehrenberg, A., *La Fatigue d'être soi*, Odile Jacob, 1998.

Eliade, M., *Images et symboles*, Gallimard, coll. « Tel », 1979.

Élias, N., *Engagement et distanciation*, Pocket, 1996.

Élias, N., *La Société des individus*, Fayard, 1991.

Escarpit, R., *L'Information et la Communication. Théorie générale*, Hachette Éducation, 1991.

Escarpit, R., *Théorie générale de l'information et de la communication*, Aubier, 1983.

Escarpit, Robert, *L'Écrit et la Communication*, PUF, 1993.

Furet, F., *Le passé d'une illusion : essai sur l'idée communiste au XXᵉ siècle*, LGF, 1996.

Gaillard, F., Poulain, J., Schusterman, R. (sous la dir. de), *La Modernité en questions*, Le Cerf, 1998.

Giddens, A., *The Transformations of Intimacy*, Stanford University Press, 1992.

Goody, Jack, *Entre l'oralité et l'écriture*, PUF, 1994.

Habermas, J., *Le Discours philosophique de la modernité, 12 conférences*, Gallimard, 1988.

Habermas, J., *Morale et communication*, Flammarion, coll. « Champs », 1999.

Hawking, Stephen, *Une brève histoire du temps*, Flammarion, 1989.

Hermès, n° 15/16, « Argumentation et rhétorique », CNRS Éditions, 1995.

Hirschmam, A., *Les Passions et les Intérêts*, Minuit, 1985.

Horkheimer, M., Adorno, T.W., *La Dialectique de la raison, fragments philosophiques*, Gallimard, 1985.

Jocas, Yves de, *Théorie générale de l'information. Assises formelles du savoir et de la connaissance*, Montréal, Logiques, 1996.

Kekenbosch, C., *La Mémoire et le Langage*, Nathan, 1994.

Klinkenberg, Jean-Marie, *Précis de sémiotique générale*, Bruxelles, De Boeck Université, 1996.

L'Année sociologique, « Argumentation dans les sciences sociales », vol. 44, PUF, 1994.

Laforest, G., Lara, P. de (sous la dir. de), *Charles Taylor et l'interprétation de l'identité moderne*, Le Cerf, 1998.

Le Portique, Revue de philosophie et de sciences humaines, « La Modernité », n° 1, 1ᵉʳ semestre 1998.

Lefort, C., *L'Invention démocratique*, Fayard, 1981.

Lemaire, Paul-Marcel, *Communication et Culture*, Québec, Presses de l'université Laval, 1989.

Lévi-Strauss, C., *Anthropologie structurale*, vol. 1, Plon, 1973.

Lévi-Strauss, C., *La Pensée sauvage*, Pocket, 1985.

Lévi-Strauss, C., *Le Regard éloigné*, Plon, 1983.

Lyotard, J.-F., *La Condition postmoderne*, Minuit, 1979.

Marcuse, H., *L'Homme unidimensionnel ; étude sur l'idéologie de la société industrielle avancée*, Minuit, 1968.

Martin, Michèle (sous la dir. de), *Communication informatisée et société*, Sainte-Foy, Télé-Université, 1995.

Mattelart, A., *La Communication-monde. Histoire des idées et des stratégies*, La Découverte, 1991.

Mattelart, Armand, *L'Invention de la communication*, La Découverte, 1997.

Mauss, M., *Écrits politiques*, textes réunis et présentés par Marcel Fournier, Fayard, 1997.

Mesure, S., Renaud, A., *La Guerre des Dieux. Essai sur la querelle des valeurs*, Grasset, 1996.

Meunier, Jean-Pierre, Peraya, Daniel, *Introduction aux théories de la communication*, Bruxelles, De Boeck, 1993.

Miège, Bernard, *La Pensée communicationnelle*, Presses universitaires de Grenoble, 1995.

Miège, Bernard, *La Société conquise par la communication*, Presses universitaires de Grenoble, 1987.

Moles, A., *Théorie structurale de la communication de la société*, Masson, 1986.

Molinier, P., *Images et représentations sociales*, Presses universitaires de Grenoble, 1996.

Mucchielli, A., *Les Sciences de l'information et de la communication*, Hachette, 1995.

Mucchielli, Alex, Corbalan, Jean-Antoine, Ferrandez, Valérie, *Théorie des processus de la communication*, Armand Colin, 1998.

O'Sullivan, Tim *et al.*, *Key Concepts in Communication and Cultural Studies*, New York, Routledge, 1994.

Pailliart, I. (sous la dir. de), *L'Espace public et l'Emprise de la communication*, Grenoble, Ellug, 1995.

Renaut, A., *L'Ère de l'individu. Contribution à une histoire de la subjectivité*, Gallimard, 1989.

Renaut, A., *L'Individu*, Hatier, 1995.

Raison présente, « Avons-nous raison d'être universaliste ? » 2ᵉ trimestre 1997, n° 122.

Sciences humaines, « La communication : état des savoirs », hors série, n° 16, mars-avril 1997.

Shiller, Dan, *Theorizing Communication : a History*, New York, Oxford University Press, 1996.

Sicard, Monique, *La Fabrique du regard (XVᵉ-XXᵉ siècle) : images de science et appareils de vision*, Odile Jacob, 1998.

Touraine, A., *Critique de la modernité*, LGF, 1995.

Vattimo, G., *La Fin de la modernité : nihilisme et herméneutique dans la culture postmoderne*, Le Seuil, 1987.

Watzlavick, P. *et al.*, *Une logique de la communication*, Le Seuil, 1979.

Watzlawick, P., *La Réalité de la réalité. Confusion, désinformation, communication*, Le Seuil, 1984.

Webster, Franck, *Theories of the Information Society*, Londres/New York, Routledge, 1995.

Willett, Gilles (sous la dir. de), *La Communication modélisée. Une introduction aux concepts, aux modèles et aux théories*, Ottawa, Éditions du renouveau pédagogique Inc., 1992.

Winkin, Yves (sous la dir. de), *La Nouvelle Communication*, Le Seuil, coll. « Points », 1984.

Winkin, Yves, *Anthropologie de la communication : de la théorie au terrain*, Bruxelles, De Boeck Université, 1996.

Wolton, Dominique, *Penser la communication*, Flammarion, coll. « Champs », 1998.

Chapitre 2

Médias généralistes et grand public

Télévision généraliste : une victoire sans légitimité

La force de la télévision ? Son succès populaire. Sa faiblesse ? Son absence de légitimité pour les élites culturelles. Cela dure hélas depuis un demi-siècle, même si les élites, tout en revendiquant plus de démocratie culturelle, n'ont jamais réalisé que la télévision correspondait en partie à cet idéal démocratique en permettant l'accès du plus grand nombre à l'information, à la culture, ou au divertissement. En réalité, et quoi qu'en disent les élites, la télévision leur a fait peur, car elles y ont vu, à tort, un court-circuit des chemins classiques de la hiérarchie culturelle qui les aurait menacées dans leur statut d'élite. En outre, au lieu d'y voir une chance pour la culture de masse, elles ont vu une machine à influencer les esprits et à « baisser le niveau culturel », reprenant ainsi la vieille hantise contre la communication collective. Les recherches, comme les faits, ont eu beau infirmer cette double suspicion, rien n'y a fait. Cinquante ans plus tard, on en est au même point, celui d'une victoire sans légitimité, d'une place considérable dans l'histoire de la communication, sans réelle réflexion sur les modifications qui en ont résulté pour tous.

Le succès ne s'est pourtant pas démenti depuis un demi-siècle ; l'apparition du câble, puis des chaînes thématiques n'a pas remis en cause l'économie générale de la télévision qui se partage en trois parties inégales : une majorité pour la télévision généraliste, les services du câble, le multimédia. Toutes formes confondues, la télévision plaît, car elle aide des millions d'individus à vivre, se distraire et comprendre le monde. Mais comme je l'ai souvent expliqué [1], la télévision fait tellement partie de la vie quotidienne, au même titre que la radio, que l'on n'a pas besoin d'en parler, sauf pour s'en plaindre, car le paradoxe est qu'elle nous est indispensable, sans que nous en soyons satisfaits. Tout le monde s'en sert et personne n'en est content. Ce double mouvement, utilisation et déception, s'il traduit la liberté critique du public, contribue aussi à la perte de légitimité de la télévision.

La force de la télévision réside dans cet usage banal mais distancié, qui constitue la reconnaissance de son rôle pour décoder le monde. Mais il est faux de dire que le téléspectateur est dupe de ce qu'il regarde ; quand il en est dupe, c'est qu'il le veut bien. On retrouve ce qui est central mais qui ne parvient pas à être entendu : le public est doué d'intelligence critique et, tout en accordant un succès immense à la télévision, il sait garder ses distances. *Regarder ne signifie pas forcément adhérer à ce que l'on regarde.* On lit un journal, on écoute la radio, on regarde la télévision, mais on n'en pense pas moins. Autrement dit, la réussite populaire persistante des médias de masse aurait dû faire très tôt réfléchir à la complexité de la réception, à l'intelligence des publics et à l'impossibilité de réduire la télévision, tout comme la radio et la presse écrite à une manipulation des consciences.

Il y a un jeu silencieux mais extrêmement actif entre « cette horloge immobile du temps qui passe », utilisée par chacun, au gré des humeurs, des âges, des bonheurs et des malheurs, et qui est un des moyens de s'accrocher à la réalité historique. Que seraient nos vies sans la télévision, mais aussi la radio, et les journaux pour accéder au monde et le comprendre ? De quoi parlerait-on tous les jours ? Car il faut en finir avec cette mythologie d'une communication, hier authentique, aujourd'hui éprouvée par les médias. C'est l'inverse. L'espace de communication, les occasions d'ouverture sur le monde, les sujets de curiosité, de compréhension

---

1. Voir *Éloge du grand public, une théorie critique de la télévision*, Flammarion, coll. « Champs », 1993.

sont beaucoup plus vastes aujourd'hui, à la mesure d'ailleurs du niveau culturel plus élevé des populations.

Bref, le succès de la télévision est immense, réel, durable, à la hauteur du défi d'une société ouverte, même si chacun d'entre nous, jour après jour, se plaint de la mauvaise qualité des programmes, tout en les regardant quand même. Si le décalage est de plus en plus visible entre l'offre et la demande implicite de programme, ce qui explique en partie le succès des médias thématiques, il ne faut pas non plus oublier que la difficulté de la télévision est de devoir faciliter un accès à la culture, tout en restant un divertissement. La télévision demeure un *spectacle* et ne peut être une école avec des images. Sans quoi les usagers désertent. La solution, depuis toujours, consiste à partir de ce besoin de distractions pour le hisser vers des programmes de qualité, et il y a mille manières d'allier spectacle et culture, divertissement et qualité. C'est cette *évidence de la communication de masse* qui en fait sa force et explique son rôle inestimable de lien social et d'ouverture à la culture contemporaine. Cette *banalité* de la télévision est probablement aussi un moyen pour *supporter* l'épreuve de l'ouverture au monde, extrêmement déstabilisante, car on oublie trop souvent que cette ouverture bouscule les repères, les convictions, les certitudes et offre la plupart du temps le spectacle des malheurs de l'humanité. Le divertissement et l'hétérogénéité des programmes sont sans doute un des moyens de *compenser les effets déstabilisants de cette ouverture au monde*. Par ailleurs, la banalité est aussi un des symboles de la communication de masse. Au lieu d'y voir un discrédit, on devrait y voir, au contraire, la trace d'une certaine immersion de la télévision dans la culture contemporaine. Bref, il faut toute l'absence d'intérêt théorique sur le statut de la culture de masse pour voir dans la banalité de la télévision un argument supplémentaire de son manque d'intérêt, alors que c'est exactement le contraire. La *banalité* est la condition pour que la télévision joue ce rôle d'ouverture sur le monde, tant pour l'expérience personnelle que pour l'accès à l'histoire.

Les exemples, du reste, ne manquent pas dans le passé très récent, qui illustrent le rôle central de la télévision dans certaines situations historiques très tendues. En Russie, la télévi-

sion joue depuis 1992 un rôle fondamental pour contribuer à
la nouvelle politique démocratique en permettant aux millions de citoyens d'accéder librement à toutes les mutations
du pouvoir politique. En Afrique du Sud, la forte médiatisation de la vie publique et les travaux retransmis de la
« commission vérité, justice et réconciliation » sont une
condition vitale de la paix civile. Il en est de même quotidiennement au Brésil avec le rôle que joue la télévision Globo,
pourtant chaîne privée, mais dont la puissance en fait une insti-
tution directe de la démocratie. Et que dire, par exemple, de
l'Italie, où l'opération de justice « Mains propres » entre 1985
et 1995 a trouvé dans la médiatisation un moyen de sensibiliser le peuple ? Les exemples peuvent être multipliés. Nous
sommes tellement habitués au rôle essentiel de la télévision
dans la démocratie que nous oublions combien cette banalité
apparente recouvre en réalité une mission essentielle. Il y a évidemment des cas contraires comme l'affaire Clinton aux États-
Unis à l'automne 1998 où l'hypermédiatisation a montré les
confusions entre politique, justice et médias, vie publique et
vie privée. Mais il s'agit des États-Unis, où la presse depuis
plus de vingt ans outrepasse constamment son rôle, en faisant croire au monde entier qu'elle est « l'avant-garde » de la
démocratie.

Tous ces décalages entre le rôle considérable joué par la
télévision et le conformisme critique qui l'entoure illustrent
une fois de plus le manque de réflexion de la part des élites
sur la société contemporaine ; et combien leurs critiques
constantes à l'égard de la société de masse, sous couvert de
lucidité, expriment leur conformisme et illustrent leur retard
à *comprendre trois grandes questions de la modernité* : la
communication, le nombre, le rapport entre sphère publique
et sphère privée dans une société ouverte.

La banalité et le caractère insatisfaisant de la télévision, et
plus généralement de la culture de masse, ne sont donc pas à
mettre au débit de notre société, mais à son crédit. D'abord
parce qu'il y a là le résultat d'un immense travail d'émancipation culturelle entamé il y a un siècle, et aussi parce que
cette banalité est une des portes d'entrée essentielles pour
comprendre les contradictions de la société contemporaine.

En vérité, ce ne sont pas les insuffisances de la télévision qui posent le plus de problèmes, mais la posture des élites culturelles qui, au lieu d'y voir une des caractéristiques essentielles d'une société complexe, y ont pressenti la confirmation de tous leurs préjugés à l'égard de la culture de masse. Ce conformisme critique traduit une grande difficulté à comprendre le monde contemporain, une bonne conscience et une incapacité à voir que, en deux générations, nous sommes passés de *deux cultures*, culture d'élite et culture populaire, *à quatre formes de culture*, d'élite, moyenne, de masse et particulière. L'échec est donc moins dû à l'imperfection des médias de masse qu'à la paresse de nos élites à penser la démocratie de masse dont les médias sont à la fois un symbole et une des principales voies d'entrée. Le paradoxe est toujours le même : il n'est question que de faire vivre la démocratie de masse, présentée comme l'unique système politique viable, les partis, les syndicats, les mouvements de pensée, et simultanément on en critique toutes les manifestations concrètes, au premier rang desquelles les médias de masse.

De fait, je suis frappé de ce que, en vingt ans, la curiosité intellectuelle pour ces questions essentielles pour l'avenir a très peu augmenté en dépit de la multiplication substantielle des formations universitaires [1] et des travaux de recherche. Malgré ces changements, les élites répètent avec une exquise bonne conscience les mêmes stéréotypes sur la télévision qu'il y a trente ans, tout en se précipitant vers elle, sans plus de distance critique que le citoyen ordinaire dont elles veulent se distancier. Pour le chercheur que je suis, la télévision présente deux avantages : elle valorise la logique de l'offre ; elle souligne les difficultés de la communication, à savoir l'incompressible décalage entre les trois logiques de l'émetteur, du message, du récepteur.

---

1. Il existe en France, par exemple, plus de cent DEA et DESS centrés sur l'information et la communication.

La grandeur de la logique de l'offre

Dans une économie de la communication qui privilégie l'individualisation et la demande, la télévision est, comme la radio et la presse écrite d'ailleurs, l'exemple vivant de l'importance d'une politique de l'offre. Mais souligner la *prééminence de l'offre*, c'est rappeler toute l'histoire de la culture, surtout depuis son entrée dans l'ère de la démocratisation. Si l'on veut faciliter l'accès à la culture, il faut diversifier et élargir l'offre culturelle, et non pas seulement s'intéresser à la demande, qui suppose le problème résolu. Pour formuler une demande, il faut déjà maîtriser l'accès au monde ; et tout le sens du lent mouvement d'émancipation politique et culturel, depuis un siècle, consiste, par l'intermédiaire d'une offre la plus large possible, à élargir la capacité de compréhension du monde. C'est ce que savent depuis toujours les milliers d'instituteurs et professeurs qui, patiemment, génération après génération, élargissent la compréhension du monde de leurs élèves en leur transmettant les connaissances, au travers d'une offre de programmes. C'est cette meilleure capacité de compréhension du monde qui permet, dans un deuxième temps, de formuler une demande. Contrairement au discours dominant d'aujourd'hui, *l'émancipation passe d'abord par l'offre et non par la demande*, car c'est l'offre qui permet de constituer des cadres de compréhension à partir desquels, ultérieurement, la demande se manifestera. Il faut le rappeler au moment où les médias thématiques, et Internet, vantent sans cesse la demande et la présentent comme un progrès par rapport à la logique de l'offre. Elle n'est pas un progrès, elle est simplement complémentaire. Le défi, la grandeur et la difficulté des industries culturelles sont d'être toujours du côté de l'offre. La demande est nécessairement toujours plus conformiste que l'offre.

Par contre, cette offre doit être la plus large possible, de l'information au sport, des variétés aux jeux, des documentaires aux magazines, des programmes de jeunesse aux séries, des émissions historiques à celles consacrées à la vie quotidienne, car les *voies d'accès* à la culture sont multiples, les uns et les autres ne s'intéressant pas à la même chose ni en même temps. C'est pourquoi du point de vue d'une *théorie de la télévision,* on n'insistera jamais assez, même si aujourd'hui ceci n'est pas à la mode, sur l'importance des télévisions généralistes et sur la logique de l'offre.

Plaider, comme je le fais depuis de nombreuses années, en faveur du grand public n'est ni un idéalisme, ni un archaïsme, mais une option de fond qui n'en exclut aucune autre. À condition chaque fois de situer le débat au niveau théorique qui est le sien et de ne pas confondre possibilités techniques, déréglementation, profits et théorie de la télévision et des publics. *Toute théorie du public implique une théorie de la télévision, et finalement une représentation de la société.* Les arguments « empiriques » qui condamnent le concept de *grand public* au nom de la double évolution des techniques et des marchés ressemblent à ceux qui régulièrement dans l'histoire politique condamnent le concept de démocratie à l'aune des détournements dont il est régulièrement l'objet.

Privilégier le grand public traduit en réalité un pari sur son intelligence. Surtout à une époque où le niveau culturel et éducatif s'est largement élevé. C'est rappeler qu'au-delà d'une connaissance sociographique de la demande, le propre d'une industrie de la culture demeure la responsabilité de l'offre. C'est rappeler aussi, évidemment, que le public n'est jamais passif ou aliéné. Il peut être dominé, notamment par de mauvais programmes, mais parler d'aliénation supposerait la perte de son libre arbitre.

La contrepartie à cette prééminence de l'offre concerne l'exigence de qualité. Si celle-ci s'est améliorée pour les télé-films, les variétés, le sport, les programmes jeunesse, elle reste insuffisante pour l'information et les magazines, car, en Europe, il manque cruellement de journalistes et de spécialistes dans les domaines concernant la science, la religion, la culture et la connaissance des autres pays. Les capacités de diffusion sont aujourd'hui disproportionnées par rapport à la diversité des programmes, et si les chaînes thématiques complètent l'offre généraliste, c'est encore par le truchement des télévisions généralistes que la plupart des publics accèdent à l'information et à la culture. Mais il est toujours plus difficile et moins rentable de faire des télévisions généralistes que des télévisions thématiques.

Il ne suffit pas de rappeler la supériorité de la télévision généraliste par rapport à la télévision thématique, il faut *aussi* voir le lien existant entre télévision généraliste, service public et identité nationale. La loi terrible de l'audience montre en effet que la télévision privée généraliste n'est pas tentée d'élargir sa palette de programmes *au-delà* de ceux qui lui assurent de l'audience, puisque c'est de l'audience dont elle vit. En revanche, la télévision publique, par son indépendance un peu plus forte à l'égard des ressources de la publicité, peut continuer d'offrir une palette de programmes généralistes plus vaste que la télévision privée. Qu'elle soit publique ou privée, l'intérêt de la télévision généraliste est d'établir un lien constant avec la question centrale de l'identité nationale. Plus l'offre de la télévision est généraliste, en prise avec les multiples composantes de la société, plus la télévision joue son rôle de *communication nationale*, si important à un moment d'ouverture des frontières. La télévision est le principal miroir de la société ; il est essentiel, pour la cohésion sociale, que les composantes sociales et culturelles de la société puissent se retrouver et se repérer dans le principal média. Tout cela suppose, on l'a vu, une amélioration substantielle de la *qualité de l'offre*, laquelle est évidemment la clé de cette théorie de la télévision. C'est un problème de moyens, mais c'est également lié aux représentations que les dirigeants se font de la demande potentielle du public. On retrouve la question de la sous-estimation de la qualité des publics. Valoriser la télévision de l'offre oblige à valoriser la qualité des programmes, sans quoi, demain, la télévision de la demande aura beau jeu, dans une logique classique de segmentation, de dire qu'elle est la seule à pouvoir améliorer la qualité des programmes.

Ce qui est intéressant enfin, avec la télévision généraliste, c'est la manière dont elle manifeste, beaucoup plus vite que la télévision thématique, les difficultés de la communication. La télévision thématique, moins ambitieuse mais plus efficace, offre au public ce qu'il réclame, ce qui ne permet pas de voir aussi facilement les limites de la communication, alors que l'inévitable décalage entre les trois logiques, de l'émetteur, du message et du récepteur est perceptible avec les médias généralistes. Cela ne signifie pas qu'il soit impossible de réduire ces décalages, mais cela montre au moins le caractère toujours décevant et complexe de la communication médiatisée. Les difficultés des médias généralistes, dans l'ajustement offre-demande, illustrent plus facilement que les médias thématiques cette loi de la communication : il n'y a pas de communication sans erreur, ni risque, ni déception.

Il n'y a pas de rationalité en matière de communication ; son « rendement » est toujours incertain, du fait du gâchis, de l'alternance des modes, de la difficulté à faire changer les habitudes... Cette leçon des médias généralistes, cette difficulté d'une logique de l'offre sont un contrepoint important à l'évolution actuelle qui présente la segmentation des marchés et le développement d'une communication par la demande comme le moyen assuré de réduire ces fréquents décalages. Certes, la communication thématique est plus efficace et rationnelle que la communication généraliste, mais elle ne serait rien sans la première, et surtout on découvre qu'elle ne peut guère mieux que la communication généraliste réduire ce fameux décalage entre l'offre et la demande. D'abord parce que la demande, surtout en matière de télévision et de spectacle, reste souvent implicite, et a besoin pour se formuler d'une offre qui lui permette de se révéler. Ensuite parce que l'innovation vient le plus souvent de l'offre, par laquelle se manifestent la création, la nouveauté et les différences.

Les limites des médias généralistes ne sont donc pas à mettre à leur débit, elles sont au contraire une garantie de la démocratie de masse qui, journellement, doit organiser la cohabitation entre des univers sociaux et culturels que tout sépare. Privilégier une conception grand public de la télévision, c'est s'inscrire dans une certaine tradition démocratique car le *grand public* de la télévision n'est autre, dans le domaine de la culture et de la communication, que la figure du *suffrage universel* dans celui de la politique. Dans les deux cas, il s'agit d'une « fiction », mais d'une fiction essentielle du point de vue d'une théorie, soit de la communication, soit de la démocratie. Il n'y a pas plus d'égalité dans le corps électoral qu'il n'y en a dans les comportements culturels du grand public, mais l'un et l'autre renvoient à un même projet d'émancipation.

Il n'y a donc pas de démocratie possible sans médias généralistes qui privilégient une logique de l'offre la plus large possible même si, simultanément, la segmentation des marchés de l'offre et de la demande prouve la vitalité des thématiques. Il faut admettre ce double paradoxe : il n'y a pas de culture de masse sans une offre généraliste la plus large possible, mais cette offre, tout en étant très difficile à renouveler, suscite peu d'admiration et de reconnaissance de la part de presque tous les publics, lesquels seront toujours plus attentifs à l'offre thématique pourtant plus facile à organiser…

Cet enjeu d'une télévision condition de la démocratie, au travers d'une logique de l'offre, concerne *tous* les pays, notamment les pays aux identités nationales fragiles, et qui subissent de plein fouet la puissance des industries de la communication. Et un nombre considérable de pays aux identités mal assurées sont confrontés à la puissance des industries de la communication, lesquelles, au nom de la modernité, du libre-échange, de l'hybridation des cultures, de la mondialisation, souhaitent bousculer les réglementations fragiles en faveur de l'identité nationale pour vanter les mérites des « nouveaux médias ». C'est ainsi que la radio et la télévision sont considérées comme des outils du « passé », justement parce qu'il s'agit de médias généralistes fondés sur l'offre, au profit des médias interactifs, individualisés, fondés sur la demande. Il faut faire attention à cette évolution qui risque de faire des ravages sociaux puisqu'elle laisse de côté la question essentielle du lien social et de l'existence d'une communauté nationale, pour privilégier une fois de plus les relations individuelles. En effet, une société, une nation, un peuple ne sont pas seulement l'addition de milliers d'individus. Il s'agit aussi et peut-être surtout d'une collectivité symbolique, à construire tous les jours. C'est là – et non dans la performance des techniques – qu'est l'essentiel de la communication. Autrement dit, les médias de masse, par rapport à cet enjeu essentiel de l'*être ensemble d'une collectivité*, sont, par leur logique de l'offre, généraliste et grand public, beaucoup plus en avance que les médias thématiques ou les nouvelles techniques.

À *quoi sert la télévision ?*

À rassembler des individus et des publics que tout sépare par ailleurs et à leur offrir la possibilité de participer individuellement à une activité collective. C'est l'alliance bien particulière entre l'individu et la communauté qui fait de cette technique une activité constitutive de la société contemporaine. Voilà le génie de la télévision [1].

Le spectateur est le même individu que le citoyen, ce qui implique de lui prêter les mêmes qualités. Si on croit le public de la télévision influençable et manipulable, il faut admettre que le citoyen l'est aussi. Or le pari de la démocratie est que, en dépit des considérables inégalités socioculturelles, des prodigieuses différences dans les aspirations collectives et individuelles, le citoyen peut être la source de la légitimité démocratique. Il en va de même pour la télévision généraliste : *elle est d'ailleurs la seule activité qui, avec le vote, réunisse autant de participation collective.* Mais, à la différence du vote, cette participation se produit continuellement.

S'abriter derrière des « bons » scores des « mauvais » programmes prouve une chose que l'on sait depuis toujours : il est plus facile de tirer les citoyens et les spectateurs vers le bas que vers le haut. Et si le public regarde les mauvais programmes, c'est moins parce qu'il les aime que parce qu'ils lui sont offerts. Les mauvais programmes en disent donc moins sur le public que sur la représentation que s'en font ceux qui les fabriquent et les diffusent. En un mot, dites-moi les programmes regardés et je vous dirai quelle conception du public prévaut *dans la tête* de ceux qui les ont faits.

C'est en cela que *l'audimat mesure moins la demande que la réaction à l'offre.* C'est en cela que la télévision est indis-

---

1. Le développement qui suit s'inspire de mon article « Le génie de la télévision » paru en octobre 1993 dans la collection de dossiers « L'Univers de la télévision », in *Le Nouvel Observateur.*

sociable de la démocratie de masse et repose sur le même pari : respecter l'individu et apporter au citoyen, c'est-à-dire au spectateur, les moyens de comprendre le monde dans lequel il vit. Mais comme chacun consomme la télévision individuellement, et d'abord pour se distraire, elle est beaucoup moins prestigieuse que les autres fonctions collectives.

La question de fond est : à quoi sert la télévision, pour un individu qui n'est jamais passif devant l'image et qui n'en retient que ce qu'il veut en retenir ? *Elle sert à se parler.* La télévision est un formidable outil de communication *entre* les individus. Le plus important n'est pas ce qui est vu, mais le fait d'en parler. *La télévision est un objet de conversation.* On en parle entre soi, plus tard, ailleurs. C'est en cela qu'elle est un lien social indispensable dans une société où les individus sont souvent isolés et parfois solitaires. Ce n'est pas la télévision qui a créé la solitude, l'exode rural, multiplié les banlieues interminables, détruit les tissus locaux et démembré la famille. Elle a plutôt amorti les effets négatifs de ces profondes mutations, en offrant un nouveau lien social dans une société individualiste de masse. Elle est la seule activité à faire également le lien entre les riches et les pauvres, les jeunes et les vieux, les ruraux et les urbains, les cultivés et ceux qui le sont moins. Tout le monde regarde la télévision et en parle. Quelle autre activité est aujourd'hui aussi transversale ? Si la télévision n'existait pas, beaucoup rêveraient d'inventer un outil susceptible de réunir tous les publics.

Son importance est donc aussi grande politiquement que socialement. C'est d'ailleurs cette seconde dimension qui va devenir primordiale, une fois levée dans les pays démocratiques la tentation inutile d'un contrôle politique de la télévision. Car toutes les majorités, de gauche et de droite, ont expérimenté en trente ans le fait qu'il ne suffit pas de tenir la télévision pour gagner une élection. *Le contrôle des images n'assure pas le contrôle des consciences.*

Du point de vue d'une théorie sociologique, quel est aujourd'hui le problème essentiel pour la télévision ? Conserver la tension entre ces deux dimensions contradictoires, cause de son succès : la consommation individuelle d'une activité collective.

Quel est le risque ? Casser cette dimension contradictoire, abandonner l'objectif collectif, ne plus s'intéresser qu'à la dimension individuelle. Et c'est là où apparaît le danger d'une mauvaise utilisation des nouvelles techniques. Celles-ci, et l'ouverture du marché, risquent de favoriser la dégradation des chaînes généralistes au profit d'une multitude de chaînes thématiques avec l'argument du « choix » et de la « liberté individuelle ». Le risque n'est pas la disparition des télévisions généralistes, mais leur baisse de qualité, au profit du glissement des programmes les plus intéressants vers les chaînes thématiques. La conséquence ? Une télévision à deux vitesses, généraliste et bas de gamme pour les publics populaires et une myriade de programmes plus intéressants sur les réseaux thématiques. Si le public s'éparpille sur les médias du second type, c'est autant d'occasions de se parler qui disparaissent puisque les uns et les autres ne regarderont plus la même chose.

L'évolution pousse donc vers l'individualisation, toujours considérée comme un « progrès », mais celui-ci est ambigu dans le domaine de la communication, car il est toujours plus facile de réussir un média thématique qu'un média généraliste. Tous les professionnels savent d'ailleurs bien que le vrai défi d'une activité de communication demeure la conquête du grand public. À tel point que les médias thématiques (radio, presse, télévision…) qui réussissent n'ont ensuite qu'un objectif : élargir leur ambition pour trouver ce « grand public ». Pourquoi présenter la satisfaction des petits publics comme une amélioration par rapport à la conquête du grand public ?

Avec la fragmentation, on touche aussi au rôle central de la télévision comme lien social. Qu'en reste-t-il si chaque milieu social et culturel s'enferme dans la consomation des programmes qui le concernent ? Que reste-t-il d'une activité de « communication » dépassant les différences, si la communication reproduit le mille-feuilles des différences sociales ? La liberté de choix devient ici la prime de l'indifférence à l'autre.

Le progrès ne consiste pas à avoir cinquante chaînes chez soi, ni à être devant un mur d'images, car on ne peut tout voir. Plus il y a d'images, plus se pose le problème de leur organisation, donc celui de l'existence d'une *programmation*. L'abondance d'images ne supprime pas l'intérêt d'une programmation, elle la renforce. C'est ce qu'oublie l'argument un peu démagogique selon lequel « le spectateur choisit ce qu'il veut ». Oui, le spectateur choisit mais à partir d'une offre organisée. *Le spectateur n'est pas le programmateur.* C'est en cela que la télévision généraliste n'est pas condamnée par l'évolution actuelle, au contraire. Elle correspond à un choix et à une conception théorique du statut de la télévision, et non à un simple état des techniques.

D'une façon générale, on ne peut pas à la fois constater une présence de plus en plus forte des images, ni s'inquiéter de l'« influence » de la télévision, sans tirer les conséquences en matière d'organisation. Là aussi, contrairement à une idée reçue, une conception d'ensemble de la télévision est davantage nécessaire aujourd'hui qu'il y a quarante ans, justement à cause de cette *abondance* d'images et de supports.

L'individualisation des comportements est présentée comme le contrepoids nécessaire à l'existence d'une société de masse, mais celle-ci, contrairement à une idée reçue, est moins menacée par le processus de « massification » que par les aspects pervers de l'individualisation et de la segmentation sociale. La menace s'appelle plutôt solitude organisée, égoïsme institutionnalisé et narcissisme labellisé. Concevoir des activités qui permettent de tenir « les deux bouts » de la chaîne, les dimensions individuelle et collective, devient essentiel. La télévision y contribue, surtout dans sa forme généraliste. Pourquoi ? Car elle oblige, non pas à s'intéresser à ce qui intéresse les autres, mais au moins à en reconnaître le bien-fondé. *Et reconnaître la place de l'autre, n'est-ce pas déjà la première démarche d'une socialisation ?* La cohabitation des programmes au sein d'une chaîne est une des manifestations de la *cohabitation sociale*. Les programmes de télévision sont pour des millions de spectateurs la seule aventure de la semaine et, pour des millions d'individus, la seule lumière du foyer. Au sens propre et figuré. Cela crée des obligations bien au-delà des règles du marché et de la fascination pour les techniques.

Un manifeste

En fait, pour la télévision, le plus important est de résister à cette idéologie du nouveau et, pour cela, s'en tenir à l'essentiel, c'est-à-dire aux grandes options théoriques. Seules celles-ci permettent de résister au ballottement des modes. J'ai regroupé en dix points [1] la synthèse de la position théorique que je défends concernant le sens et le rôle de la télévision de masse dans un manifeste qui a inspiré le Comité français pour l'audiovisuel créé en 1993 à l'initiative d'un petit nombre de personnalités, dont celle du sénateur Jean Clurel. Ce comité avait pour objectif de défendre la télévision généraliste publique, à un moment où elle avait encore moins qu'à l'ordinaire la faveur des élites, et de susciter un peu partout en France la mobilisation des citoyens. Ce comité, on le sait, a disparu en 1998, mais les problèmes qu'il a mis au jour demeurent actuels ainsi que les arguments de ce manifeste.

1. La télévision est le *principal outil d'information, de divertissement et de culture* de l'écrasante majorité des citoyens des pays développés. Cette situation crée une responsabilité sociale et culturelle spécifique pour les décideurs, les producteurs et les programmateurs.

2. *La liberté de communication,* principe fondamental aujourd'hui acquis, ne signifie pas, pour autant, absence de réglementation. Surtout quand la multiplication des supports favorise une augmentation fantastique de l'offre d'images. La *réglementation* du secteur de l'audiovisuel s'impose aujourd'hui plus qu'hier, du fait de l'abondance d'images. La liberté de choix du spectateur n'exclut pas une organisation. Au contraire. Plus il y a d'images, plus un cadre d'ensemble s'impose afin de permettre au public de se repérer dans le dédale des images.

3. *La concurrence entre secteur public et secteur privé* étant aujourd'hui admise en Europe, la difficulté est plutôt celle du maintien d'un secteur public fort dans un système de concurrence équilibrée. L'expansion extraordinaire de l'audiovisuel ne doit conduire ni à une disparition des régle-

---

1. Ce texte a servi à l'élaboration de la chartre du Comité français pour la radio et la télévision, octobre 1993.

mentations qui ouvrirait la voie à une véritable jungle où la victoire des plus forts ne garantirait nullement la qualité, ni à une réduction du secteur public à un simple rôle de témoin.

4. *La télévision publique* après avoir été en position défensive pendant dix ans avec l'arrivée de la télévision privée se trouve aujourd'hui dans une position meilleure. D'abord parce que les téléspectateurs ont compris l'intérêt et la limite de la télévision privée, où les contraintes de l'argent ne sont pas moindres que celles des pressions politiques, sans d'ailleurs les exclure. Ensuite parce que le rétrécissement de l'offre autour de quelques programmes assurés de succès laisse non satisfaite une bonne partie des demandes. Enfin parce que le secteur public a pris conscience de l'impérieuse nécessité d'un aggiornamento, et de l'attente dont il est l'objet de la part du public. À condition de faire autre chose que la télévision privée.

5. *Un système audiovisuel équilibré* est celui dans lequel les deux secteurs sont, globalement, de taille comparable, et où les chaînes généralistes, publiques et privées, conservent la plus grande partie de l'audience. Les chaînes thématiques gratuites ou payantes viennent compléter, mais non se substituer, au rôle des chaînes généralistes. Dans une société très individualiste, et plus hiérarchisée qu'il n'y paraît, la force de la télévision est de réunir des publics par ailleurs largement séparés les uns des autres. Le vrai défi de la télévision, médium de masse par excellence, reste bien le *grand public*.

6. *Il n'y a pas de télévision sans une conception implicite ou explicite de son rôle dans la société.* La télévision n'est pas seulement un ensemble d'images produites et diffusées. Elle est aussi des images reçues, et dans le lieu le plus privé, le domicile. Elle est un échange. Cette caractéristique, la consommation individuelle d'une activité collective, oblige à poser la question centrale pour toute télévision, privée ou publique : une télévision pour quoi faire ?

Au-delà des problèmes d'économie, c'est finalement dans la représentation du public et de ses demandes potentielles que réside la différence entre deux systèmes public et privé, d'ailleurs largement complémentaires. Et si le monopole de la télévision publique fut hier dommageable, un quasi-monopole aujourd'hui de la télévision privée le serait tout autant.

Pour les trois fonctions essentielles, informer, distraire, éduquer, il existe toujours deux manières d'y répondre. Et si la télévision reste un spectacle, c'est pour cela qu'elle plaît, rien n'interdit au spectacle d'être de qualité.

7. Si d'un point de vue théorique la différence entre les deux systèmes d'organisation de la télévision est simple, *rien a priori ne garantit la qualité de la télévision publique.* Dans de nombreuses situations, certaines missions de secteur public sont tout autant assurées par les chaînes généralistes privées que par les chaînes publiques. Et parfois mieux. La différence entre les deux n'est jamais naturelle, ni automatique et ne dépend ni d'une structure juridique, ni d'une économie, mais d'une ambition.

8. Plus que toute autre, la télévision publique doit pouvoir faire sienne ce constat : *le spectateur est le même individu que le citoyen.* Si le citoyen est considéré comme intelligent, au point d'en faire la source de la légitimité dans la théorie démocratique, la même intelligence doit lui être accordée dans sa dimension de spectateur. Le public n'est pas passif devant l'image, son esprit critique est constant, simplement sa position de spectateur le fait dépendre de l'offre des programmes. Plus que dans toute autre industrie culturelle, la responsabilité première vient de l'offre et non de la demande.

9. *À la qualité du public correspond celle des programmes donc des professionnels qui les font.* Il n'y a pas de télévision de qualité sans des professionnels de qualité. Ce qui requiert dans chaque pays de mobiliser ceux-ci, génération après génération, afin que la télévision reste cet outil de communication national qu'elle est partout. L'internationalisation de la diffusion de l'image et du marché des programmes ne signifie nullement la disparition du *rôle d'identité nationale de la télévision* dans chaque pays. C'est dans la capacité à inscrire la production audiovisuelle du pays dans son histoire, ses traditions, sa culture et ses innovations que l'on perpétue la caractéristique de la télévision qui est d'être simultanément ouverture sur le monde et moyen de réaffirmer une identité culturelle dans un monde sans frontières.

10. Après un demi-siècle d'une histoire brève, mais prodigieuse, *la télévision est aujourd'hui confrontée à deux risques qui constituent ses idéologies les plus pernicieuses.*

• La première est l'idéologie du *marché*.

Celle-ci voit dans la télévision publique, et d'une manière générale dans les réglementations, une survivance du passé. Dans un univers où les médias ont aboli toutes les frontières, le spectateur par ses choix est le meilleur programmateur. Inutile d'organiser une activité qui change aussi vite. Le plus simple est de laisser au public le choix de ce qu'il veut. N'est-ce pas la meilleure preuve de la confiance qu'on lui accorde ?

• La seconde, complémentaire du reste, est *l'idéologie technique*.

Celle-ci voit dans l'explosion des nouvelles techniques de communication (satellite, câble, système numérique, interconnexion des télécommunications de l'audiovisuel et de l'informatique) l'avenir de la télévision. Et d'abord, la fin de la télévision généraliste qui apparaîtrait aujourd'hui dépassée. Bref, les techniques bouleverseraient totalement la télévision, rendant caduque l'idée de grand public. La vraie liberté, celle du choix *strictement individuel*, serait, pour les tenants de cette idéologie, rendue possible par les techniques.

Ces deux idéologies survalorisent la dimension individuelle de la télévision, au détriment de la dimension collective. Mais la force et l'originalité de la télévision sont d'être cette activité à la fois individuelle et collective. Et les deux sont indissociables. La multiplication des supports et des programmes, l'internationalisation des marchés, comme la segmentation des publics obligent plus que jamais une *politique de l'audiovisuel*. Donc des choix et des orientations. Cela est fondamental pour les télévisions nationales, pour la télévision en Europe ; et à fortiori pour la télévision des pays en voie de développement plus que tous les autres menacés d'un risque de perte d'identité, d'une soumission au marché et aux techniques.

La communication dans un univers aujourd'hui sans frontières est un enjeu trop important pour être laissé aux seules lois du marché ou à celles des techniques. L'abondance d'images ne réduit pas l'intérêt d'une ambition pour la télévision : elle l'appelle.

Orientation bibliographique

Cette bibliographie, non exhaustive, regroupe un certain nombre d'ouvrages traitant des rapports entre communication et société, et qui valorisent, ou critiquent, la place des médias de masse dans les sociétés contemporaines, tant du point de vue culturel que social ou politique.

Adorno, T.W., « La télévision et les *patterns* de la culture de masse », *Réseaux*, n° 44-45, 1990.

Adorno, T.W., « L'industrie culturelle », *Communications*, n° 3, 1963.

Akoun, A., *La Communication démocratique et son destin*, PUF, 1994.

Akoun, André, *Sociologie de la communication de masse*, Hachette Éducation, 1997.

Albert, P., Tudesq, A.-J., *Histoire de la radio-télévision*, PUF, coll. « Que sais-je ? », n° 1904, 1996.

Almeida, F. d', *Images et propagande*, Casterman, 1995.

Bachman, Christian, Lindenfeld, Jacqueline, Simonin, Jacky, *Langage et communications sociales*, Didier, 1981.

Balle, F., *Médias et société : de Gutenberg à Internet*, Montchrestien (rééd.), 1997.

Barker, Martin, *Media Effects*, Londres, Routledge, 1996.

Barnard, Malcolm, *Fashion as Communication*, Londres, Routledge, 1996.

Barnouw, E., Gerbner, G., Gross, L., Schramm, W., Worth, T.L. (sous la dir. de), *International Encyclopedia of Communications*, vol. 4, New York, Oxford University Press, 1989.

Bateson, Gregory, Ruesch, Jurgen, *Communication et Société*, Le Seuil, 1988 [*Communication : The Social Matrix of Psychiatry*, 1951].

Beaud, Paul, Flichy, Patrice, Pasquier, Dominique, Quéré, Louis (sous la dir. de), *La Sociologie de la communication*, Réseaux-CNET (hors série), 1997.

Bianchi, J., Bourgeois, J., *Les Médias, côté public, le jeu de la réception*, Le Centurion, 1992.

Blumler, J. G. (éd.), *Television and the Public Interest. Vulnerable Values in West European Broadcasting*, Londres, Sage, 1991.

Bougnoux, D. (sous la dir. de), *Sciences de l'information et de la communication. Recueil de textes*, Larousse, 1993.

Brauman, R., Backmann, R., *Les Médias et l'Humanitaire. Éthique de l'information charité spectacle*, Lille, CFPJ, 1996.

Breton, P., Proulx, S., *L'Explosion de la communication*, La Découverte poche, 1996.

Carey, J.-W., *Communication as Culture. Essays on Media and Society*, Boston, Unwin Hymano, 1989.

Caron, André H., Juneau, Pierre, *Le Défi des télévisions nationales à l'ère de la mondialisation*, Montréal, Presses de l'université de Montréal (sciences de la communication), 1992.

Caune, J., *Culture et Communication. Convergences théoriques et lieux de médiations*, Grenoble, PUG, 1995.

Cayrol, R., *Les Médias. Presse écrite, radio, télévision*, PUF, 1991.

Cazeneuve, J., *L'Homme téléspectateur*, Denoël-Gonthier, 1974.

Cazeneuve, J., *La Société de l'ubiquité*, Denoël, 1972.

Chaniac, Régine, Jézéquel, Jean-Pierre, *Télévision et cinéma : le désenchantement*, Nathan, INA, 1998.

Charron, Danielle, *Une introduction à la communication*, Sainte-Foy, Télé-Université, 1991.

Cluzel, J., *La Télévision*, Flammarion, coll. « Dominos », 1996.

Cluzel, Jean, *Regards sur l'audiovisuel*, Librairie générale de droit et de jurisprudence, vol. 12, 1993-1996.

Communication, n° 4, 1964.

Corner, John, Schlesinger, Philip, Silverstone, Roger, *International Media Research. A Critical Survey*, Londres, Routledge, 1998.

Dagognet, F., *Philosophie de l'image*, Vrin, 1984.

Dahlgren, P., *Television and the Public Sphere. Citizenship, Democracy and the Media*, Londres, Sage, 1995.

Darras, B. (sous la dir. de), *Icône, image*, MEI 6, L'Harmattan, 1997.

Dayan, Daniel, Katz, Elihu, *La Télévision cérémonielle : anthropologie et histoire en direct*, PUF, 1996.

Dérieux, Emmanuel *et al.*, sous la dir. de Jean-Claude Bertrand, *Média : introduction à la presse, la radio et la télévision*, Ellipses, 1995.

Desaulniers, Jean-Pierre, *De la famille Plouffe à la Petite vie. Les Québécois et leurs téléromans*, Montréal, Fides, 1996.

Donnat, O., Cogneau, D., *Les Pratiques culturelles des Français 1973-1989*, La Découverte, La Documentation française, 1998.

Esquenazi, Jean-Pierre, *Télévision et démocratie. La politique à la télévision française, 1958-1990*, PUF, 1999.

Fiske, John, *Introduction to Communication Studies* (2ᵉ éd.), New York, Routledge, 1990.

Flichy, P., *Les Industries de l'imaginaire : pour une analyse économique des médias*, Grenoble, PUG, 1991.

Habermas, Jürgen, *L'Espace public. Archéologie de la publicité comme dimension constitutive de la société bourgeoise* (1962), Payot , 1986.

Hall, S. (éd.), *Representations, Cultural Representation and Signifying Pratics*, Londres, Sage, 1997.

Hall, S. *et al.*, *Culture, Medias, Language*, Londres, Hutchinson University Library, 1980.

Hermès, « Espace public en images. L'espace public et les médias », n° 13/14, CNRS Éditions, 1994.

Holloran, J. D., *The Effects of Television*, Londres, Panther, 1970.

Humphreys, Peter J., *Mass Media and Media Policy in Western Europe*, Manchester University Press, 1996.

Huteau, J., Ullman, B., *AFP, une histoire de l'Agence France-Presse 1944-1990*, Robert Laffont, 1992.

Kapferer, Jean-Noël, *Rumeurs. Le plus vieux métier du monde*, Le Seuil, 1995.

Katz, E., Lazarsfeld, P., *Personnal Influence : the Part Played by the People in the Flow of Mass Communication*, Glencoe, The Free Press, 1955.

Klapper, J. T., *The Effects of Mass Communication*, New York, Free Press, 1960.

Lautman, J., Lecuyer, B.-P. (sous la dir. de), *Pierre Lazarfeld (1901-1976). La sociologie de Vienne à New York*, L'Harmattan, 1998.

Lazar, Judith, *La Science de la communication*, PUF, 1996.

Lazar, Judith, *Sociologie de la communication de masse*, Armand Colin, 1991.

Le Paige H., *Une minute de silence*, Bruxelles, Labor, 1997.

Liebes, T., Katz, E., *The Expert of Meaning. Cross-Cultural Readings of Dallas*, Cambridge, Polity Press, 1993.

Liebes, Tamar, Curran, James, *Media, Ritual and Identity*, Londres, Routledge, 1998.

Lipiansky, E.-M., *Identité et Communication*, PUF, 1992.

Lochard, Guy, Boyer, Henri, *La Communication médiatique*, Le Seuil, 1998.

Lochard, Guy, Soulages, J.-C., *La Communication télévisuelle*, Armand Colin, 1998.

Mc Chesney, Robert W., *Telecommunications, Mass Media and Democracy*, New York, Oxford University Press, 1993.

Mercier, Arnaud, *Le Journal télévisé : politique de l'information et information politique*, Presses de Sciences-Po, 1996.

Mondzain, Marie-José, *Image, icône, économie : les sources byzantines de l'imaginaire contemporain*, Le Seuil, 1996.

Morley, D., *Family Television, Cultural Power and Domestic Leisure*, Londres, Comedia, 1986.

Morley, D., « The Nationwide Audience », in *Television, Audiences and Cultural Studies*, Londres, Routledge, 1992.

Moscovici, S. (sous la dir. de), *Psychologie sociale*, PUF, 1984.

Nora, P., *Les Lieux de mémoire. La République, La Nation...*, Gallimard, 1984-1986 ; *Les France* (3 vol.), Gallimard, 1993.

Passeron, Cl., *Le Raisonnement sociologique*, Nathan, 1992.

Perriault, J., *La Logique de l'usage*, Flammarion, 1989.

Pronovost, G., *Médias et pratiques culturelles*, Presses universitaires de Grenoble, 1996.

Proulx, Serge (sous la dir. de), *Accusé de réception. Le téléspectateur construit par les sciences sociales*, Montréal, Presses de l'université de Laval, 1998.

Quéré, Louis, *Des miroirs équivoques. Aux origines de la communication moderne*, Aubier-Montaigne, 1982.

Raboy, Marc, *Occasions ratées. Histoire de la politique canadienne de radiodiffusion*, Montréal, Liber, Sainte-Foy, Presses de l'université de Laval, 1996.

Real, Michael, *Exploring Media Culture. A Guide*, Thousand Oaks, Sage, 1996.

Remonté, J.-F., Depoux, S., *Les Années radio. Une histoire de la radio en France de 1949 à 1989*, Gallimard, 1989.

Rosanvallon, R., *Le Peuple introuvable. Histoire de la représentation démocratique en France*, Gallimard, 1998.

Schlessinger, P., *Media, State, Nation, Political violence and Collective identities*, Londres, Sage, 1991.

Sénécal, Michel, *L'Espace médiatique. Les communications à l'épreuve de la démocratie*, Montréal, Liber, 1995.

Sfez, L. (sous la dir. de), *Dictionnaire critique de la communication*, PUF, 1993.

Silbermann, A., *Communication de masse. Éléments de sociologie empirique*, Hachette, 1981.

Sills, D. L., *International Encyclopedia of the Social Sciences*, New York, Macmillan, 1968.

Souchon, M., *Petit écran, grand public*, La Documentation française/INA, 1988.

Vivian, John, Maurin, Peter, *The Media of Mass Communication*, Scarborough, Allyn and Bacon Canada, 1997.

Wolton, D., *Éloge du grand public. Une théorie critique de la télévision*, Flammarion, 1990.

Chapitre 3

Les nouvelles technologies, l'individu et la société

Les atouts des nouvelles techniques de communication

La télévision et plus généralement la radio et la presse relèvent, on l'a vu, d'une logique de *l'offre*, les nouveaux médias d'une logique de *la demande*. Ces deux logiques sont en réalité complémentaires, ce qui apparaîtra clairement quand le rapport de force, un peu ridicule, entre les anciens et les nouveaux médias aura perdu de sa vigueur.

Une chose est sûre, il n'y a pas de « progrès » entre ces deux formes de communication, les deux sont utiles et, en dehors des domaines pour lesquels l'une des deux formes est plus adaptée, on réalisera bientôt que le *choix* entre les deux dépend beaucoup de la nature des services, des préférences des individus, sans qu'il y ait là une quelconque hiérarchie dans ce choix. Préférer l'ordinateur à la télévision n'est pas du reste une preuve « d'intelligence » ou de plus grande « ouverture d'esprit ». Inversement, préférer lire le journal ou regarder la télévision n'est pas non plus la preuve que l'on est moins adapté ou moins curieux que celui qui passe des heures devant son terminal. Nulle hiérarchie au niveau individuel entre ces deux formes de communication, qui dépendent en réalité des supports, des contenus et des préférences des uns et des autres, ce qui ne veut évidemment pas dire que du point de vue d'une théorie de la communication, les deux soient équivalents.

Les nouvelles techniques bénéficient d'une publicité tous azimuts, depuis une quinzaine d'années, comme *aucune*

autre activité sociale, politique, sportive ou culturelle. Paradoxalement, presque personne n'ose les critiquer, ni poser la
question de savoir d'une part si elles méritent une telle place
dans l'espace public, ni si, d'autre part, elles signifient un
progrès à ce point incontestable qu'en permanence on crie à
l'impérieuse nécessité de se « moderniser ». Pour beaucoup,
le nombre d'ordinateurs connectés à Internet semble l'indice
le plus précis du degré de développement d'un pays, voire de
son degré d'intelligence...

En tout cas, cette identification du progrès aux nouvelles
techniques est là, massive, omniprésente dans le discours des
hommes politiques, des médias et des élites. C'est, du reste,
parce qu'ils *vont tous* dans le même sens que ces discours ont
un impact si fort. Ils en appellent à la « révolution d'Internet », et affirment doctement que la société de demain est au
bout des claviers. Dans la réalité, les choses sont plus nuan-
cées, parce que même si, depuis l'automne 1998, on se féli-
cite bruyamment du millionième internaute français, cela
reste encore minoritaire par rapport aux quatorze millions
d'utilisateurs du Minitel et aux vingt-trois millions de télévi-
seurs. La réalité est donc beaucoup moins « multimédias »
que les discours ne l'affirment, mais ce qui reste vrai, c'est
l'omniprésence de ce discours de modernisation, son caractère obligé, son refus de la moindre objection et cet appel
constant à la jeunesse [1].

Quand on parle aujourd'hui du succès des nouvelles techniques de communication, il faut donc être précis en rappe-
lant qu'il s'agit d'un mélange de réalité et de fantasmes et
que l'enthousiasme inouï qui les entoure sera nécessairement
beaucoup plus *nuancé* dans une dizaine d'années, quand les
usages auront relativisé les discours flamboyants d'aujour-
d'hui. Ceux-ci sont d'autant plus bruyants que la pratique n'a
pas encore nuancé les espoirs. Cela rappelle ce qui s'était
d'ailleurs *déjà* passé, avec l'informatique, il y a quarante ans.
Là aussi, tout devait changer. Progressivement, des millions
de travailleurs ont utilisé les ordinateurs, dans l'industrie ou

---

1. Qui s'explique sans doute plus par des arguments économiques
qu'éducatifs : 80 % des logiciels grand public vendus sont des jeux
(*Libération*, 16 août 1998).

les services, et cet usage massif a « dégonflé » le discours révolutionnaire qui annonçait la société postindustrielle. Personne n'a, semble-t-il, tiré de leçon de cette affaire, car on constate aujourd'hui une sorte de *répétition des promesses*. Ceux-là mêmes qui promettent pour demain la société en réseaux ne se rendent pas compte *qu'il y a moins d'une génération*, d'autres ingénieurs, d'autres experts, d'autres prospectivistes, d'autres journalistes, industriels et hommes politiques, avaient *déjà* promis la même chose. Les années 60-70 ne sont pourtant pas si loin.

Pourquoi les nouvelles techniques de communication plaisent-elles donc tant ? J'ai déjà abordé ce problème dans *Penser la communication*, en soulignant l'importance, pour les jeunes, de l'idée d'ouverture, mais aussi le refus de l'omniprésence des médias de masse, le désir de répondre à l'indéniable angoisse anthropologique, l'attirance pour la modernité, enfin, la recherche de nouvelles solidarités avec les pays les plus pauvres. La variété de ces motivations illustre d'ailleurs le fait que ces nouvelles techniques soient investies de bien autre chose qu'une pure mission technique. Il s'agit, dans l'ensemble, de modifier les relations humaines et sociales, ce qui prouve combien, dans le domaine de la communication, on gère des symboles et des utopies, sans grand rapport avec la performance des outils. Le terme qui convient ici est celui de *transfert*[1].

Les dimensions psychologiques sont, en effet, essentielles dans l'attirance pour les nouvelles techniques, car celles-ci rejoignent le profond mouvement d'individualisation de notre société. Elles sont le symbole de la liberté et de la capacité à maîtriser le temps et l'espace, un peu comme la voiture, dans les années 30. Trois mots sont essentiels pour comprendre le succès des nouvelles techniques : *autonomie, maîtrise et vitesse*. Chacun peut agir, sans intermédiaire,

---

1. Les publicitaires ont d'ailleurs bien compris l'intérêt de s'appuyer sur cette dimension symbolique pour vendre des connexions à l'Internet. Par exemple, parmi d'autres, les publicités pour Club-Internet évoquent ainsi « la tradition d'humanisme » et « d'universalité » du groupe Hachette-Lagardère, proposent leur « vision » de l'Internet, à savoir « égalité de parole, liberté d'expression », « lutte contre l'obscurantisme », et vont même jusqu'à exprimer leur espoir de faire reculer la bêtise...

quand il veut, sans filtre ni hiérarchie et, qui plus est, en
temps réel. Je n'attends pas, j'agis et le résultat est immédiat.
Cela donne un sentiment de liberté absolue, voire de puissance, dont rend bien compte l'expression « surfer sur le
Net ». Ce temps réel qui bouscule les échelles habituelles du
temps et de la communication est probablement essentiel
comme facteur de séduction. L'épreuve du temps est vaincue,
sans la difficulté de la présence d'autrui. Et l'on peut ainsi
naviguer à l'infini, avec une *mobilité* extrême. Par leur abondance, les systèmes d'information ressemblent un peu aux
hypermarchés, c'est « la grande bouffe » de l'information et
de la communication. L'abondance y est offerte à tous, sans
hiérarchie, ni compétence avec cette idée qu'il s'agit d'un
espace transparent. On comprend que cela nourrisse de
douces utopies.

Un monde ouvert accessible à tous, et qui finalement
donne une chance à chacun, quels que soient son itinéraire
professionnel et ses diplômes. Et c'est par là que les nouvelles techniques acquièrent une dimension sociale : elles
représentent un peu « une nouvelle chance » pour tous ceux
qui ont raté la première. Les nouvelles techniques sont,
comme une figure de l'émancipation individuelle, une
« nouvelle frontière ». Ce n'est pas seulement l'abondance,
la liberté, l'absence de contrôle qui séduisent, c'est aussi
cette idée d'une autopromotion possible, d'une école sans
maître, ni contrôle. D'ailleurs, n'est-ce pas à l'extrême du
Nouveau Monde, en Californie, qu'existe la Silicon Valley,
symbole de toutes les émancipations possibles ? Le Web
devient la figure de l'utopie, d'une société où les hommes
sont libres, susceptibles de s'émanciper par eux-mêmes. Tout
cela n'est pas faux et correspond à l'ère du temps qui valorise
la liberté individuelle, à un moment où il n'y a plus beaucoup
de terrains d'aventures, ni d'évasion à offrir aux nouvelles
générations. Les nouvelles techniques constituent incontestablement un lieu d'ouverture, un Far West, une référence à
l'utopie. Et cela est essentiel à préserver.

C'est sans doute le *courrier électronique* et les fonctions
annexes de traitement de texte qui sont les applications les
plus séduisantes. Écrire, échanger, stocker, effacer, sans
limite, sans effort, en continu, hors des contraintes du temps

et de l'espace, constituent le principal atout des systèmes automatisés. C'est autant sans doute la performance que l'autonomie qui séduisent. Chacun fait ce qu'il veut, quand il veut : ni Dieu, ni maître. On est là au cœur de l'idéal individualiste libéral. L'individu se prend en charge, et hors de toutes structures peut librement développer sa compétence, assurer son destin, se cultiver, échanger des courriers, créer des relations.

C'est aussi pour l'accès aux *bases de données* que le progrès est réel. Accéder, trier, circuler soi-même et se faire sa propre information permet non seulement de gagner du temps, mais aussi d'accéder à des « réservoirs » de connaissances, totalement imprévus. Il y a incontestablement une ouverture pour le grand public à certains services documentaires. C'est à la fois pratique et direct. Il est évident que, pour beaucoup de professions, l'accès aux banques d'informations nécessaires à l'évolution des métiers est un avantage. C'est vrai que les scientifiques, les juristes, les médecins, bref, toutes les professions confrontées à une évolution rapide des connaissances et qui doivent se recycler, peuvent trouver là des ressources documentaires. La limite est ici la *compétence*. L'accès à « toute l'information » ne remplace pas la compétence *préalable* pour savoir quelle information demander et quel usage en faire. *L'accès direct ne supprime pas la hiérarchie du savoir et des connaissances*. Et il y a quelque forfanterie à croire que l'on peut se cultiver seul pour peu que l'on ait accès aux réseaux.

Un autre aspect positif concerne le fait que les nouvelles techniques satisfont à *un besoin d'agir*. C'est le « do it yourself [1] » que l'on retrouve pour toutes les sphères de la vie pratique. Ce besoin d'agir et cette capacité d'interaction qui caractérisent les individus de la société moderne trouvent là un terrain d'autant plus valorisant qu'il concerne le savoir, la documentation et la connaissance. Bien sûr, l'accès aux mêmes machines ne réduit pas les inégalités sociales, mais

---

1. Le site Geocities, qui permet aux internautes de confectionner leurs pages personnelles, a ainsi fait son entrée en Bourse. Il s'agit d'une ville virtuelle regroupant deux millions d'internautes (*Libération*, 14 août 1998).

cela donne au moins le sentiment réel à certains qu'il y a des possibilités de court-circuit. Cela rouvre le jeu social et c'est indispensable à chaque génération pour compenser cette autre perception, par ailleurs bien réelle, « qu'avec la crise, il est impossible de s'en sortir ».

Plus encore, les nouveaux médias encouragent la *capacité de création*. Il y a, en effet, un imaginaire, et une création culturelle liée au Net, qui reprend un peu la culture de la BD, les images de la télévision, la vitesse, les tags et s'intéresse à découvrir *une autre écriture*. Internet, après la télévision et la radio en leur temps, relance un imaginaire, une recherche de styles et de formes qui expriment la modernité. Ces techniques sont à la fois les véhicules des autres formes de culture *et* des lieux de création de la culture contemporaine. S'il ne faut pas confondre nouvelle technique et nouvelle culture, on peut néanmoins remarquer que ce nouveau support facilite une expression culturelle et des langages encore en gestation, mais il est encore trop tôt pour savoir s'ils seront à terme une rupture culturelle importante.

Les points que nous venons d'évoquer expliquent l'intérêt qu'a le multimédia tout particulièrement pour la jeunesse. Du reste, celle-ci trouve aussi dans les nouvelles techniques un moyen de se *distinguer* de l'ère des adultes, symbolisée par le règne de la télévision. Mais la volonté de distinction est sans doute moins forte que la sensation de participer, par l'intermédiaire des nouvelles techniques, à une *nouvelle aventure*. Non seulement l'histoire n'est pas terminée, mais le multimédia ouvre une autre histoire de la communication, du travail, des relations personnelles, du service. Tout s'ouvre de nouveau, tout peut se redessiner, tout est possible, pour peu que l'on ait de l'imagination, et cela, on l'a vu, sans le poids de la hiérarchie sociale. « Devant l'ordinateur, tout le monde est à égalité. » Il n'y a plus de hiérarchie a priori. Ce fait explique d'ailleurs la prégnance des utopies qui entourent depuis un demi-siècle l'essor des techniques d'information. Régulièrement, des auteurs y voient les conditions d'émergence d'une nouvelle société, en réseau, libre et solidaire, permettant finalement la naissance d'une nouvelle culture. L'esprit d'aventure se double là d'une utopie égalitaire et d'une utopie sociale. Quelle autre activité, en effet, peut prétendre aujourd'hui à rassembler ces trois caractéristiques : capacité d'invention, ouverture à tous, faible présence des barrières sociales et culturelles ?

Le Net comme support d'une nouvelle solidarité mondiale se retrouve d'ailleurs au cœur de très nombreux colloques, ouvrages, propositions politiques et culturelles. Pourquoi ne pas trouver dans ce réseau mondial l'occasion d'une nouvelle solidarité, d'une nouvelle conscience ? Dans un monde en panne d'utopie, où l'effondrement du communisme n'a fait que confirmer la victoire d'un capitalisme qui n'a rien d'autre à proposer qu'une succession imprévisible de crises et de phases d'expansion, pourquoi ne pas chercher d'autres principes de solidarité ? Pourquoi ne pas essayer d'agir ? Après tout, la globalisation économique s'impose avec tellement de force et d'angoisse, quand on sait combien elle rend les uns et les autres plus interdépendants et fragiles, qu'il y a quelque chose de réconfortant à trouver dans les systèmes d'informations automatisés la base d'une nouvelle solidarité mondiale. Au nom de quelle lucidité historique refuser ces recherches et utopies, quand on se souvient pour quelles autres utopies plusieurs générations de ce siècle se sont entretuées ?

Pourquoi disqualifier ces recherches liées au mondialisme, à l'écologie, à la solidarité, à la veille d'un nouveau millénaire, pour l'instant vide de rêves ? Le XXe siècle a été tellement meurtrier qu'il paraît difficile de refuser le droit de rêver aux générations qui veulent bâtir un monde meilleur. Il faudrait d'ailleurs commencer par les féliciter de ne pas succomber au nihilisme et d'avoir encore assez de générosité pour penser un monde meilleur. Ces rêves de solidarité sont peut-être la réponse généreuse et humaniste à la loi implacable de la globalisation économique. Car, faut-il encore le rappeler, la mondialisation de l'économie et des marchés ne constitue nullement un projet de société. Il est assez normal que le rêve d'une société mondialiste de l'information et de la communication se développe *en symétrie* à la logique de la globalisation économique, dont on nous dit qu'elle est inévitable. Pourquoi accepterait-on cette globalisation économique dont chacun perçoit déjà les limites et traiterait-on de naïves les utopies mondialistes ?

Finalement, quand on met bout à bout la séduction qu'offrent les nouvelles techniques, leur caractère magique, le fait que tous les cinq ans leurs capacités augmentent et les prix diminuent, l'extension des domaines d'application, le caractère ludique de leur utilisation, leur caractère « démocratique », les utopies qu'elles réactivent, on comprend le charme qu'elles opèrent pour une bonne partie de la jeunesse. Cela dit, dans cette utopie du Net, le plus important n'est pas la fascination technique, car toute une jeunesse dans les pays riches vit déjà depuis les années 70 dans un univers technique ; le plus important réside dans le fait que le Net soit devenu le support de rêves éternels pour une nouvelle solidarité. Même s'il est, hélas ! un peu triste de constater le décalage entre la qualité de ces utopies et les comportements terriblement efficaces des marchands du temple, de ces industries qui installent une infrastructure fort éloignée de cet idéal de solidarité. Ce n'est certes pas Big Brother, mais ce n'est pas non plus l'utopie fraternelle dont beaucoup rêvent, et il est fort à craindre que la génération Internet sera tout aussi déçue que ceux qui, jadis, ont cru que la politique allait tout changer. Les rêves de solidarité, de sociétés plus respectueuses des différences pourront-ils finalement résister à la terrible rationalité des industries de l'information et à la terrible irrationalité de l'histoire ? Les utopistes des réseaux interactifs, alternatifs et démocratiques, réussiront-ils là où les rêves des générations précédentes ont échoué ? Ou bien la rationalité technique et économique s'imposera-t-elle finalement comme elle l'a toujours fait dans l'histoire de la conquête de la nature et de la matière ? La question est ouverte, et il serait présomptueux d'y répondre car ces systèmes gèrent de l'information, de la culture, et de la communication, soit ce qui est au cœur de toutes les utopies, et donc de toutes les volontés de changement et d'émancipation.

Le contenu du Web

Reste à savoir comment fonctionne véritablement la communication des nouvelles technologies et, après avoir rêvé de solidarités universelles, à analyser ce qu'il en va réellement, sur le terrain, de l'utilisation des nouveaux médias.

Commençons par le commencement. Internet regroupe un ensemble de services (le Web, Usenet, l'IRC, le FTP, etc.) qui sont liés à des protocoles techniques de communication [1]. Parmi ces services, c'est le Web qui est aujourd'hui connu par le grand public et c'est sur lui que se concentrent la plupart des enjeux. C'est donc sur le Web que portera l'analyse. Quel est le contenu du Web ? Plutôt que de répondre rapidement – et naïvement – qu'on y trouve tout, penchons-nous sur la typologie des informations qu'il propose [2]. Ce qui est frappant, en l'espèce, c'est que la multiplicité de ces données se résume, en ce qui concerne l'offre organisée par des institutions [3], à quatre catégories.

D'abord, les applications de type *services* pour les renseignements de tout genre et parfois les transactions. Ce sont les réservations (par exemple la SNCF), les annonces (de concerts, d'expositions, de cinéma, etc.), la météo, les annuaires, la Bourse, les moteurs de recherche...

---

1. En fait, de par leur histoire et leurs usages, certains de ces services, et en particulier Usenet (les forums), héritent d'une conception de la communication qu'il serait intéressant d'analyser. Les forums, par exemple, constituent parfois des espaces de discussion réglés par des chartes votées démocratiquement : une conception normative de la communication, connue sous le terme de « Netiquette », y est à l'œuvre. Mais il est quasiment impossible de quantifier le nombre d'usagers qui respectent ces normes par rapport à tous les autres.

2. Je reprends dans le point ci-dessous les analyses que j'avais données dans deux textes parus en 1980 : « Systèmes d'information cherchent besoins. Non solvables s'abstenir », in *Informatisation et société*, t. IV, La Documentation française, 1980, et « Les besoins d'information : la bouteille à l'encre », in *Les Enjeux culturels de l'informatisation*, La Documentation française, 1980. Publiés il y a presque vingt ans, ces textes prouvent, si besoin est, que le Web ne constitue pas une nouveauté révolutionnaire et impensée. Du point de vue de l'analyse des enjeux fondamentaux, les données étaient là, même si à l'époque on ne prévoyait pas certaines mutations intervenues depuis (augmentation des capacités de calcul, miniaturisation, baisse des prix, interconnexion des services...). Cela pour dire que, en matière d'analyse des techniques, fussent-elles de communication, et même si elles sont fascinantes, il est possible de tenir un discours autre que le discours technique.

3. Le Web regorge aussi d'une multitude de créations individuelles (pages personnelles, sites et activités expérimentales ou artistiques, fanzines d'inspiration plus ou moins libertaire ou franchement potache, etc.). Cette auberge espagnole mériterait une analyse à part entière, où l'on verrait émerger un espace hybride regroupant les quatre catégories qui caractérisent les sites institutionnels.

Puis, les applications de type *loisirs* : jeux interactifs en réseau, et sans doute à terme, de la vidéo (qui pour l'instant, compte tenu des contraintes techniques, reste à l'état embryonnaire). Lorsque la convergence technique se sera effectivement réalisée entre l'audiovisuel, les télécommunications et l'informatique, ce domaine sera sans doute sans limites.

Ensuite, les applications liées à *l'information-événement,* qu'elle soit générale, fournie par des agences ou des journaux, ou spécialisée par milieu socioprofessionnel et socioculturel.

Enfin, les applications de type *informations-connaissance,* c'est-à-dire des informations rendues disponibles dans des banques de données qui peuvent être en libre accès, mais nécessitent souvent un paiement ou l'utilisation d'un code d'accès.

Ce nouveau type d'information lié à l'augmentation et à la spécialisation de connaissances dans tous les domaines ne trouve pas son origine dans la technique, mais dans un changement socioculturel beaucoup plus vaste qui, en une cinquantaine d'années, conduit à un changement de représentation de la réalité. Cette information, contrairement à l'information-événement, est le résultat d'un savoir et d'une construction. La *donnée* n'existe qu'après avoir été construite, elle est donc arbitraire et reflète directement un rapport au réel, c'est-à-dire un choix. Ce classement laisse de côté le courrier électronique qui ne relève pas de la même logique de production d'une information marchande, et qui, comme on l'a vu, est sans doute une des causes profondes du succès du Web. Le fait massif, en tout cas, est que *le champ de l'information s'élargit de plus en plus*, en se diversifiant et en intégrant des dimensions nouvelles. Les satellites et la télévision par câble offrent déjà une démultiplication de l'information traditionnelle avec, dans le cadre de la télévision interactive (c'est-à-dire par adjonction des services de l'ordinateur), la possibilité donnée au consommateur de choisir beaucoup plus son information, voire de la construire, en tout cas d'y répondre. Les informations spécialisées et les banques de données, à travers l'informatique domestique, offrent le moyen de gérer un nombre croissant d'informations et de connaissances.

Les fournisseurs potentiels sont d'ailleurs nombreux, et en concurrence pour la captation de ces nouveaux marchés. On y trouve, bien sûr, la presse écrite et radiotélévisée qui, jusqu'à aujourd'hui, a le monopole de l'information, mais aussi les maisons d'édition intéressées par cette diversification de leur activité, ainsi que des maisons de disques et des entreprises de toutes sortes se spécialisant dans la fourniture d'informations et de programmes culturels, audiovisuels ou informatiques sous forme de cédéroms et autres supports existants.

Le vrai problème n'est pas la satisfaction des besoins d'information préexistants, mais l'élargissement considérable du champ de l'information. C'est-à-dire l'automatisation, l'organisation, la systématisation d'informations traditionnelles et la création d'informations nouvelles. Le Web fait croire à l'urgence de satisfaire les besoins d'information du public, et à la nécessité que tout le monde puisse être informé à toute heure, mais dans l'ensemble l'offre est largement en avance sur la demande.

Offre et demande d'informations

Le fait caractéristique est en effet cette offre qui, dans l'ensemble, précède la demande grand public. Certes, il existe une demande de publics spécialisés, mais dans des proportions plus limitées. Cela explique les contorsions formidables pour essayer de susciter cette demande, et surtout pour la légitimer, en faisant ressurgir le vieux thème des « besoins » à satisfaire. Car c'est à partir de ce constat, « dans les sociétés développées, les besoins d'information et de communication ne cessent de croître », que se légitime le nouveau marché du Web. Les hommes ont toujours éprouvé le besoin de communiquer et d'entrer en relation les uns avec les autres. Ces besoins croissent avec le niveau socioculturel, le réseau domestique permettant d'accéder à des informations de genre et de nature différents. Qui se dresserait contre le progrès ?

La nouveauté d'Internet est de concerner des applications hors du travail, à une échelle de masse, et dans un espace, la vie privée, où l'on a peu l'habitude d'être sollicité par un ensemble technologique intégré offrant des services nouveaux. C'est ce qui explique le second aspect du discours de promotion, lié à une représentation simple de la société : celui d'une société de communication relativement intégrée, ce qui ne veut pas dire sans différenciation sociale, mais en tout cas sans trop de conflits apparents, et où émerge facilement cette demande de services et d'informations qui trouve miraculeusement dans le Web les éléments de réponse que chacun recherche. À la limite, il suffirait qu'existe dans chaque foyer un terminal intelligent pour que la plus grande partie des besoins d'information, de services, de transactions, de commerce, de connaissances, soient satisfaits...

L'important n'est pas tant que ce modèle de référence soit homogène, et implicitement celui du jeune cadre moderne [1], urbain et ouvert, car l'on pourrait avoir comme contre-modèle celui de l'ouvrier qualifié ; non, l'important est qu'il renvoie à une *vision simpliste* de la société. *Quels besoins ? Pour qui ? Anticipés par qui ?* Puisque les besoins susceptibles de sous-tendre la demande sont encore relativement mal connus, c'est dans la nature des services proposés à l'interface d'une logique technique, qui parle en termes d'applications, et d'une logique sociale, qui parle en termes de besoins, que l'on verra le plus nettement les décalages.

La difficulté vient une fois de plus du heurt entre deux échelles de temps, celle du changement technique (une vingtaine d'années) et celle des comportements sociaux, beaucoup plus longue à se constituer.

---

1. Une enquête réalisée en France, en Allemagne et en Angleterre a étudié le profil de l'utilisateur européen du moteur de recherche Yahoo. Il se situe dans la tranche d'âge des vingt-cinq/quarante-quatre ans, est en majorité de sexe masculin, se situe dans les catégories socioprofessionnelles supérieures. Il voyage fréquemment en avion, possède une ou deux voitures, est propriétaire de sa résidence principale et détient des portefeuilles de valeurs mobilières (*Ressources*, n° 26, Ovarep, 1997).

Pour l'information-presse, il s'est agi d'un long processus lié à la philosophie du XVIIIᵉ siècle, qui a mis au centre de notre système de valeurs la liberté et l'égalité des individus, dont le corollaire est le droit à l'information. On sait que cette idée simple a mis deux siècles, et au travers de quels combats et de quelle vigilance chaque jour renouvelée, pour être appliquée. L'information est ici d'abord le résultat d'une lutte, d'une bataille, liée à une certaine conception de la société et de la politique.

On imagine donc les décalages existant entre cette conception de l'information et celle qui est à l'origine des nouveaux services du multimédia. Dans un cas, il s'agit d'un processus historique, conflictuel, dont la légitimité est liée à un système de valeurs. Dans l'autre, il s'agit d'une conception beaucoup plus instrumentale et surtout économique. Autrement dit, la présentation des nouveaux services comme le *prolongement* des services d'information-presse n'est pas évidente. Ici on parle de politique et de valeurs, là d'économie et d'intérêts. Pour l'instant, les besoins que prend en charge l'informatique domestique sont donc assez différents de ce que l'on entend en général par « l'information ». Cela n'indique pas l'absence de liens, mais signifie qu'il n'est pas possible de justifier le développement du multimédia par une « théorie des besoins » qui est prématurée, souvent légère, et qui tend à faire croire à une complémentarité naturelle entre les différents types d'information.

Il n'y a pas beaucoup de liens entre l'information-presse et l'information-service, l'information-connaissance et l'information-loisir. Certes, il s'agit à chaque fois d'informations, mais leur statut, leur légitimité, leurs systèmes de références, leurs coûts et leurs prix sont souvent bien différents. *Le fait qu'elles s'appellent toutes « informations » et soient accessibles par les mêmes terminaux ne suffit pas à créer une unité théorique.*

Du reste, les besoins actuellement anticipés le sont par un tout petit milieu, et il s'agit le plus souvent de la simple automatisation de ce qui existe ou de ses prolongements. D'où le modèle implicite du ménage moderne urbain, d'un certain niveau socioculturel. C'est par rapport à ce cadre de vie, à ses problèmes et aspirations que sont d'ailleurs imaginés les futurs services. Et avec, en plus, un *glissement* de l'usage professionnel à l'usage privé. En effet, les premières applications de téléinformatique ont été conçues dans le cadre professionnel (bureautique, visioconférence, courrier…) avant d'être envisagées pour l'espace privé. Or le cadre professionnel dans lequel ces services se développent est lui-même particulier ! Il s'agit de milieux de type tertiaire, travaillant dans de grandes organisations, maniant de l'information, vivant dans des grandes villes. Il n'y a là rien de critiquable, sauf que ce modèle risque d'être transporté à une échelle de masse. D'autant que ceux qui expérimentent ces services appartiennent souvent aux *mêmes* milieux que ceux qui les ont conçus !

Un exemple du caractère trop étroit des références : les nouvelles technologies permettent de réduire les déplacements. Qui a ce genre de problèmes ? Si ce n'est justement les gens qui se déplacent ! Les autres n'ont pas les mêmes contraintes et regrettent souvent de ne pas se déplacer plus. Certes des services peuvent remplacer des relations administratives longues et ennuyeuses, mais cela ne fait pas l'essentiel de la vie, et pour beaucoup de personnes ces relations constituent même des occasions inespérées de contacts. Que l'on songe simplement au rôle fondamental du facteur. Est-on certain que dans des petites villes ou à la campagne, pour prendre des critères autres que sociaux, le problème des déplacements soit vécu de la même manière que dans les grandes villes ?

Là encore, il faudrait raisonner cas par cas pour éviter les généralisations et la tyrannie d'un certain modèle de vie « moderne » très critiquable, mais trop souvent mis en avant.

Renaissance des inégalités

Depuis le XVIIIᵉ siècle, on l'a vu, l'information repose en Occident sur une conception qui met au centre l'individu et la démocratie. C'est au nom de la liberté et de l'égalité des individus que l'information, et toute l'information, doit être accessible à chaque citoyen, comme moyen de connaître la réalité et d'agir. Elle est indissociable d'une idée d'égalité et d'universalité. C'est une conception essentiellement politique, qui n'a d'autre légitimité qu'un système de valeurs propre à une culture, celle de l'Occident.

Quelle est la conception qui sous-tend les nouveaux services d'information ? Apparemment la même, mais la justification réelle est plus du côté de la connaissance-action que de celui de la démocratie. *Il s'agit moins d'un effort de démocratisation que d'une spécialisation des informations en fonction des différents milieux solvables.* Car le paiement de cette information sera indissociable de ces nouveaux services. Ainsi, non seulement il y a une spécialisation du type d'information en fonction des publics mais, en outre, la sélection s'opère par l'argent et par le niveau culturel, même si chacun peut y accéder librement. Le risque de développement d'une conception moins démocratique de l'information reposant sur une spécialisation par niveau de connaissance et capacité financière est réel.

Il est ensuite évident que les *inégalités* socioculturelles se retrouveront dans l'utilisation des *quatre services* : informations, loisirs, services, connaissances. C'est par rapport à l'information-connaissance que les décalages seront les plus grands. En effet, l'information est sélective dans son contenu, mais également à travers la procédure de recherche. La manière de construire l'information, de la présenter, de prévoir les moyens d'y accéder, n'est pas universelle et elle est liée à des schémas culturels.

L'utilisation de ces terminaux à domicile risque d'être finalement plus sélective que la radio et la télévision, qui sont les deux autres moyens de communication à grande échelle, mais qui ont l'avantage de fournir la même chose à chacun.

Le problème, en effet, n'est pas que certains auront accès, et d'autres pas, puisque tout est possible – à condition de savoir et de payer –, mais plutôt de savoir quel sera le niveau de la demande. Or, celui-ci est lié à la position sociale de chacun : *un des effets de la domination socioculturelle est justement de ne pas demander autre chose que ce que l'on a.* Désirer autre chose, entreprendre, c'est déjà se situer dans une démarche dynamique de questionnement, d'émancipation. Le risque est qu'il y ait une place pour chacun, mais que chacun soit à sa place ! Les deux écueils sont alors la sélection par l'argent et la segmentation des contenus en fonction

des milieux sociaux. C'est en cela que les journaux, les
radios, les télévisions – et malgré les critiques dont ils sont
l'objet – se révèlent être plus démocratiques. Ils sont des instruments de communication qui jouent sur l'universel et non sur
le particulier. Avec ces médias, l'information est adressée à
tous, chacun l'intégrant au moins autant en fonction de sa
personnalité que de sa situation sociale. Ce qui ne signifie
pas absence d'inégalités, mais au moins sont-elles visibles et
l'accès en est-il moins ségrégatif.

Information, expression, communication

La révolution de la communication englobe tout sur son
passage, intégrant de plus en plus de services, ouvrant des
possibilités d'interactions tous azimuts. Hier les choses
étaient simples ; ce qui relevait du téléphone était différent de
ce qui relevait de la radio et de la télévision, et distinct de ce
qui concernait l'ordinateur. Les terminaux différents ren-
voyaient à des activités différentes, à des métiers différents, à
des cultures différentes. Demain, au contraire, tout sera disponible sur le même terminal. Le changement n'est pas seulement technique, il est aussi culturel, puisque l'on ne verra plus
de différences entre des activités séparées pendant des siècles.

La question devient par conséquent : demeure-t-il une différence qualitative entre les activités d'informer, de service,
d'expression et de communication qui utilisent toutes les
mêmes outils ?

Au moment où l'on a l'impression d'une continuité enfin
possible entre technique et contenu, entre technique et sens,
il faut au contraire redoubler de vigilance pour distinguer
encore plus nettement ce qui relève de la performance technique de ce qui a trait à la capacité humaine et sociale de
communication. L'idéologie technique établit une continuité
entre service et application, innovation et usage, là où l'expérience et une théorie de la communication en soulignent les
discontinuités.

Il est vrai qu'Internet est l'illustration la plus spectaculaire
du vieux rêve selon lequel la technique créerait l'usage. Et

pourtant, si l'on sépare ce qui semble apparemment uni, on voit apparaître trois différences.

Un système d'information n'est pas toujours un média

La première différence porte sur les *fonctions*. Beaucoup plus diverses sur le Net, elles sont de trois ordres.

• Un grand nombre *d'informations* de genre et de statut différents : informations-services, financières, industrielles... Le Net est le royaume de l'information tous azimuts et le paradis de l'interaction. La comparaison est ici sans commune mesure avec ce que les médias traditionnels peuvent offrir.

• C'est aussi le royaume de *l'expression* au travers des multiples forums qui croissent et disparaissent au gré de la fantaisie des internautes, et cela d'autant plus qu'il y a très peu de réglementation. Sur le Net on peut dire beaucoup de choses, en tout cas plus qu'à la radio ou à la télévision.

• On y trouve une logique plus classique de *communication*, comme sur les médias avec une offre, une programmation, une représentation, des publics.

Les trois types de fonctions *cohabitent* dans des proportions différentes sur le Net, mais elles ne vont pas dans le même sens. La fonction *d'information* renvoie à ce qui est nécessaire au fonctionnement d'une société complexe ; *l'expression* exprime le besoin de se parler, dans une société libre mais peuplée de solitudes, *la communication* implique la difficulté de l'intercompréhension. On peut ainsi opposer la vitesse de l'information à la lenteur de la communication.

La deuxième différence concerne l'insertion sociale des nouvelles techniques. Autant le monde des médias est assez stable, autant celui des nouvelles techniques de communication est instable, au point, on l'a vu, de rendre caducs la plupart des travaux de prospective. Instable d'un point de vue technique car les performances sont chaque jour plus illimitées, mais aussi d'un point de vue économique, car la guerre industrielle bouleverse en permanence les rapports de force mondiaux. Le monde du multimédia est en ébullition constante, donnant le sentiment, exact, d'être un terrain d'aventures sans limites. En revanche, du côté des médias, tout est beaucoup plus calé par trente à cinquante ans de législation, de traditions culturelles et professionnelles, d'usages et d'insertion dans la société. Même l'arrivée du numérique et le développement des satellites ne bouleversent pas fondamentalement l'économie des médias. Partout existent des traditions, des codes, des savoir-faire, des métiers qui permettent d'intégrer, et de filtrer, ce qui surgit de neuf. Les médias ont trouvé leur inscription sociale et culturelle, alors que le Net ne l'a pas encore trouvée.

La troisième différence concerne les milieux professionnels et les cultures. Autant le monde de la radio et de la télévision a tout de suite été prestigieux, lié à la politique, à la culture, au spectacle, à la presse, autant celui de l'informatique n'a jamais connu une telle notoriété. Certes les ordinateurs ont séduit, mais le milieu des techniciens et des ingénieurs bénéficie de peu de publicité. Beaucoup de moyens financiers, mais pas de culture ni de légitimité. Surtout, la logique est industrielle et commerciale, tandis que la radio et la télévision ne sont pas d'abord considérées comme des industries. Avec les ordinateurs, on est du côté de la production et de la rentabilité, alors qu'avec les médias on est du côté de la politique ou de la culture ! Quant au monde de la télécommunication, sans bénéficier du prestige des médias, il a tout de même été entouré d'un certain respect lié au moins autant à la performance technique, qu'au lien institutionnel entre les télécommunications, l'État et le service public. Les différences culturelles entre les trois milieux professionnels, les représentations, les statuts, les traditions, sont essentielles pour comprendre la situation actuelle de semi-concurrence entre ces milieux. De même que les relations entre la presse écrite et la télévision sont rarement simples, de même celles entre les milieux de l'informatique, des télécommunications et des médias ne le sont pas moins. Cela explique qu'à l'occasion de la révolution du multimédia se jouent d'autres rapports imaginaires, sociaux et professionnels que la simple complémentarité entre des médias plus ou moins anciens. Certains ne sont sans doute pas mécontents que la révolution technique permette de remettre un peu à leur place les professionnels des médias qui furent pendant un demi-siècle les enfants gâtés de la communication ! Ces différences permettent de mieux comprendre la logique propre des médias par rapport à celle des systèmes d'information.

Si tout ce qui diffuse de l'information n'est pas de la communication, on doit pouvoir répondre à la question : qu'est-ce qu'un média ? On l'a vu dans les deux chapitres précédents, pour qu'il y ait une *communication de type médiatique*, il faut un lien entre l'émetteur, le message et le récepteur, c'est-à-dire une représentation de qui dit quoi, à qui, par quel message, avec quelle intentionnalité, et au travers de quelle réception, pour reprendre les catégories classiques de H. Lasswell. Qui dit communication dit prise en compte de l'émetteur, du message et du récepteur. C'est pourquoi il n'y a jamais de communication sans règle et sans définition d'un espace au sein duquel celle-ci existe réellement. Bref, il n'y a pas de médias sans représentation a priori d'un public. Cette caractéristique fondamentale de la communication médiatique permet de comprendre pourquoi un grand nombre d'activités d'Internet ne relèvent pas d'une logique des médias. En effet, une des conditions du succès de celui-ci est qu'il s'agit d'un réseau où aucun public n'est prédéfini. Un journal, comme une émission de radio ou de télévision, suppose une intentionnalité – certains disent une construction a priori du public –, ce qui explique la différence avec la séduction du Net dont l'utopie consiste à l'opposé à ne pas construire a priori ce public, puisque celui-ci peut être n'importe où dans le monde.

La définition d'un média ne renvoie pas seulement à la représentation de son public, elle intègre aussi une vision du rapport entre l'échelle individuelle et l'échelle collective, donc une certaine vision des rapports sociaux. C'est pour cela que les médias sont toujours liés à une certaine *communauté* de langue, de valeurs, de références. Il n'y a pas de médias mondiaux parce qu'il n'y a pas de lecteur ou d'auditeur ou de téléspectateur mondial. L'idée de média renvoie toujours à l'idée d'une certaine fermeture qui est la plupart du temps liée à l'existence d'une communauté de valeurs. Et il faut du temps pour que celle-ci se constitue. L'échec du journal *The European* pourtant diffusé en anglais de 1991 à 1998 et qui pouvait espérer trouver un marché sur les 370 millions d'Européens illustre bien les difficultés de ce qu'est un média par rapport à ce qu'est un système d'information ou de communication, du type du Net. Avec le Net, on est du côté de l'émission, de la capacité de transmission sans réflexion a priori sur le récepteur qui peut être n'importe quel internaute dans le monde. À l'inverse, il ne peut y avoir de média que s'il existe une certaine réflexion sur ce que peuvent être la demande et le public. Le rapport au public n'est donc pas d'abord une donnée technique, mais un choix parmi des conceptions différentes de la communication. La radio et la télévision ont été d'emblée pensées comme des médias avec un projet de communication vers un public, tandis que le Net se pense aujourd'hui d'abord par rapport à ses capacités techniques de transmission [1]. *L'existence d'un média renvoie toujours à l'existence d'une communauté, à une vision des rapports entre l'échelle individuelle et collective et à une certaine représentation des publics.* Ces conditions assez strictes expliquent qu'il existe de nombreux systèmes d'information qui ne sont pas des médias même s'ils sont parfois plus performants que les médias en termes de production, et de distribution d'information. Autrement dit, une radio (ou une télévision) peut être un plus mauvais système d'information que le Net, et celui-ci un plus mauvais système de communication.

Ces différences sont essentielles. Pour les Américains, l'avenir du réseau n'est pas d'abord dans les fonctions d'expression et de communication, mais davantage du côté de l'information marchande, du *commerce électronique* à l'échelle mondiale. Et dans cette perspective c'est la rationalité technique, et non pas l'idéal d'intercompréhension qui l'emporte ! L'idéal est celui d'un monde devenu un gigantesque marché. C'est un peu comme si le Net avait comme produit d'appel, « en tête de gondole », la fonction

---

1. Même s'il reposait, à sa conception, sur un projet de communication structuré autour d'usages spécifiques : d'abord ceux des militaires, et ensuite ceux des universitaires. Le Net hérite aujourd'hui de cette représentation d'un usage scientifique bien éloigné d'une logique grand public, tout en voulant s'adresser à celui-ci. Ce décalage sera plus tard source de problèmes car le Net n'a jamais été conçu au départ comme un média. L'idée est venue bien après, avec le succès.

de communication pour proposer, en réalité, un système d'information marchande.

En d'autres termes, on se trompe aujourd'hui sur la signification profonde du Web. On y voit une dimension de communication libre, sans contrainte, un espace de liberté par rapport à toutes les contraintes qui jugulent les médias classiques, alors que l'essentiel de son innovation n'est pas là, mais dans la mise en place de systèmes d'information marchands de toute sorte. *Pour l'essentiel, le Net n'est pas un média.* C'est un formidable système de transmission et d'accès à un nombre incalculable d'informations. Non seulement il faudra rapidement changer de regard sur le Net, mais il faudra *aussi* réaliser que, si l'écrasante majorité de ses activités ne relèvent pas de la communication, cela requiert *aussi* des *réglementations*. Dans tous les cas, il faudra sortir du vide juridique actuel, car *un Web sans réglementation c'est un Web ravagé par les plus grands virus,* ceux de l'inégalité, des manipulations et des fantasmes. On est donc loin d'un Net favorisant la nouvelle utopie d'une société tournée vers l'échange et l'ouverture à autrui, débarrassée des pouvoirs. On est au contraire face à un système d'information intégré, dont la finalité est plus du côté d'une économie-monde, que du côté d'une amélioration des relations interpersonnelles...

Il faut laisser les nouvelles techniques de communication à leur place qui est d'être adaptées à la gestion des flux complexes de nos économies, sans d'ailleurs supprimer les deux autres fonctions minoritaires de l'expression et de la communication qui y cohabitent. Et dans les trois cas admettre la nécessité de réglementer. L'intérêt d'Internet est de montrer l'opposition entre communication normative et communication fonctionnelle. Si dans les deux cas il y a échanges, les enjeux et les significations ne sont pas identiques. Il y a beaucoup moins d'exigence à l'égard de la communication fonctionnelle qu'à l'égard de la communication normative.

D'ailleurs, à l'opposition entre communication normative et communication fonctionnelle, correspond l'opposition entre information normative et information fonctionnelle. Il est évident que la plupart des services d'information relèvent d'une logique de l'information fonctionnelle et de la communication fonctionnelle, mais qu'il ne faut pas négliger non plus l'existence d'une information normative qui renvoie à l'idéal de communication normative. *D'un côté les nécessités de l'échange, de l'autre la recherche d'une intercompréhension.* Rien néanmoins ne serait plus faux que d'opposer une communication normative des médias à une communication fonctionnelle d'Internet. Il existe aussi de la communication normative sur le Web, même si ce n'est pas l'essentiel des échanges. C'est le cas des utilisations qu'en font par exemple les ONG, ou les forces politiques d'opposition démocratique dans les dictatures [1], ou tout simplement les multiples réseaux humanitaires qui essayent d'agir à l'échelle du monde.

Le Web ne crée aucun concept nouveau. Il donne par contre une extension considérable aussi bien à l'information normative qu'à l'information fonctionnelle, à la communication normative qu'à la communication fonctionnelle au travers *des trois dimensions* de l'information-service, de l'expression ou de la communication. Simplement, avec le Web, tout est mêlé, à la mesure d'ailleurs de l'extraordinaire volume d'information et de communication qu'il gère.

L'individu face aux nouveaux médias

Les solitudes interactives

Avet Internet, nous sommes entrés dans ce que j'ai appelé l'ère des *solitudes interactives* [2]. Dans une société où les individus sont libérés de toutes les règles et contraintes, l'épreuve de la solitude est réelle, comme est douloureuse la prise de conscience de l'immense difficulté qu'il y a à entrer en contact avec autrui. On peut être un parfait internaute et

---

1. Le cas le plus célèbre étant le site Web de l'Ezln, les guérilleros zapatistes (http ://www. ezln. org), mais aussi, par exemple, celui de Reporters sans frontières qui donne la parole à des journalistes de pays où règne la censure (http ://www. calvacom. fr/rsf/dazibao/).
2. Voir le chapitre 14 de *Penser la communication*, *op. cit.*, « Les nouvelles technologies ».

avoir les plus grandes difficultés à nouer un dialogue avec le voisin du cybercafé. Les enseignants le disent depuis toujours sans être entendus : les meilleurs apprentis des ordinateurs sont, d'une part, les bons élèves, d'autre part, le lot imposant de ceux qui ont des difficultés relationnelles. Le symbole de cette montée en puissance des solitudes interactives se voit dans l'obsession croissante, de beaucoup, d'être continuellement joignables : c'est le téléphone portable et le Net. Des milliers d'individus se promènent ainsi, le portable à la main, le courrier électronique branché, et le répondeur comme ultime filet de sécurité ! Comme si tout était urgent et important, comme si l'on mourrait de n'être pas joint dans l'instant. A contrario, on voit se dessiner d'étranges angoisses, celle de ne pas être assez appelé, ou de ne pas recevoir de courrier électronique.

Non seulement le multibranchement ne garantit pas une meilleure communication, mais de plus il laisse entière la question du passage de la communication technique à la communication humaine. Vient en effet toujours un moment où il faut éteindre les machines et parler à quelqu'un. Toutes les compétences que l'on a avec les techniques n'induisent en rien une compétence dans les relations humaines.

L'épreuve du temps

Il n'y a pas de communication sans l'épreuve du temps : du temps pour parler, pour se comprendre, pour lire un journal ou un livre, pour voir un film et ce indépendamment des questions de déplacement. Il y a toujours une *durée* dans l'acte de communication. L'ordinateur, à la suite de la télévision qui déjà par sa présence à domicile réduisait les déplacements, accentue par la *vitesse* cette idée d'une diminution possible de la contrainte du temps. En le comprimant, il l'annule presque. Certes, naviguer sur le réseau prend du temps, mais il y a un tel décalage entre le volume de ce à quoi on accède et le temps passé que l'on entre ainsi dans une *autre* échelle du temps. D'ailleurs, l'observation des internautes confirme cette impression qu'ils sont dans un espace-temps sans durée. C'est cet *écrasement de la durée*, cette disparition de l'épreuve du temps inhérente à toute expérience de communication, qui pose problème du point de vue anthropologique, car le temps des nouvelles techniques est homogène, rationnel, lisse, alors que le temps humain est toujours discontinu, et différencié. Selon les moments, et les âges de la vie, on ne voit pas le monde de la même manière, et l'on n'utilise pas les informations et les connaissances de la même façon. On retrouve d'ailleurs ce télescopage des échelles de temps dans le fait que, majoritairement, ce sont les jeunes qui sont les adeptes de ce temps court, homogène et compressé. L'expérience de l'âge réduit la plupart du temps le plaisir de se « brancher » sur ce temps rapide. Le raisonnement peut être étendu aux sociétés. Elles n'ont pas davantage un rapport homogène au temps. Selon les moments de paix, de crise, de croissance, de chômage, on constate des attentions très différentes aux informations, et plus généralement aux différents aspects de la réalité.

Or, si échapper au temps n'est pas désagréable, et chacun s'y essaye depuis toujours, de mille manières, ce qui change ici c'est le côté systématique et rationnel, avec lequel, vingt-quatre heures sur vingt-quatre, on peut entrer dans un espace-temps qui n'a plus aucun rapport avec celui de l'expérience humaine. On circule dans un présent qui s'élargit sans cesse. La réduction, voire la suppression de l'épreuve de la durée, pose le problème essentiel du *prix* que l'on accepte alors de payer pour perdre du temps et dialoguer avec quelqu'un. Il y a un tel décalage entre la rapidité des systèmes d'informations et la lenteur de la communication humaine qu'on rêve de trouver dans une présence plus grande des machines le moyen d'introduire un peu plus de rationalité dans les rapports humains. Mais à supposer que cela soit possible, a-t-on envie d'échanger en permanence ? De tout savoir, de tout pouvoir faire ou dire ? C'est le problème de la place du temps perdu, du silence, de l'isolement, et au-delà de la « socialisation de la vie privée ». Avec Internet, il n'y a plus ce que l'on appelle d'un mot maladroit la « vie privée » mais qui exprime néanmoins la volonté de pouvoir conserver une distance entre soi et les autres, de fermer les portes.

Bien sûr la vie privée n'est pas « à part », elle est en bonne partie déterminée par la réalité économique, le temps de travail, l'éducation, le mode d'habitat… mais elle ne se réduit jamais à cet ensemble de déterminants. Il subsiste un *décalage* dans lequel chacun fabrique sa liberté. Or, les nouveaux services, dans le droit fil d'ailleurs du vaste mouvement de socialisation, impliquent une pénétration dans tous les espaces de vie. Peut-on et doit-on rationaliser ce fantastique bazar de la vie privée ?

L'impossible transparence

Non seulement les machines ne simplifient pas forcément les relations humaines et sociales, non seulement elles n'abolissent pas le temps, mais parfois elles amplifient la bureaucratie ou plutôt elles ajoutent une bureaucratie technique à la bureaucratie humaine. Et rien ne serait plus faux que d'imaginer une société où la bureaucratie aurait disparu dès lors que chacun pourrait *tout* faire à partir de son terminal. C'est oublier les leçons de l'histoire : les hommes, les organisations, les institutions inventent sans cesse des processus bureaucratiques parce que la transparence sociale est impossible. Chacun, malgré les discours qui prônent des relations plus directes, introduit néanmoins des intermédiaires bureaucratiques, des filtres, des règles, des interdits, des signes de distinction, pour protéger sa relation avec autrui. Les relations sociales se simplifient ici pour s'obscurcir ailleurs, comme si les individus, qui ne rêvent et ne parlent que de transparence et de relations directes, ne cessaient d'inventer, simultanément, de nouvelles chicanes, de nouveaux écrans, de nouvelles sources de hiérarchies.

Ce que l'écran permettra de simplifier, et de rendre plus direct et transparent d'un côté, sera au contraire plus réglementé, plus fermé et plus codé de l'autre. Les sociologues l'ont très bien montré : plus il y a de transparence, plus il y a de rumeurs et de secrets. Tout simplement parce qu'il n'y a *jamais* de rapports sociaux transparents. À cette bureaucratie humaine et sociale, s'ajoute la bureaucratie technique, parce que les matériels sont moins performants qu'il n'y paraît, que les successions de générations techniques laissent des zones d'ombres et d'inefficacités, parce que, on l'oublie souvent, les ingénieurs et les concepteurs ne sont pas plus rationnels que les utilisateurs. Une des preuves les plus évidentes en est le fameux « bug » de l'an 2000 qui provoque chez les informaticiens une panique incontrôlée : selon la revue *Wired*, certains d'entre eux en seraient à acheter des terrains au fin fond de la Pennsylvanie ou dans le désert de l'Arizona, à s'équiper en armes et en panneaux solaires, et à entasser vivres et eau dans l'attente du cataclysme [1] ! Bref, à chaque détour de la communication, de nouvelles causes de bureaucratie humaine ou technique se multiplient. Regardons par exemple l'homme moderne d'aujourd'hui. Dans son bureau, il peut, par son ordinateur, accéder librement et instantanément au monde entier. Mais pour entrer dans son entreprise il doit utiliser plusieurs codes et se servir de plusieurs badges, comme pour prendre l'ascenseur pour passer d'un bâtiment à l'autre, accéder à la cantine ou au garage. *Plus il peut circuler librement sur le Web, plus il est en prison lors de ses déplacements les plus quotidiens...*

Les distances infranchissables

On a vu, dans le premier chapitre, que l'idéologie technique et économique taisait les difficultés de la communication humaine. Avec les nouveaux médias, la logique est encore plus retorse. On assiste à un *glissement progressif* du raisonnement qui, partant des prémices que la performance technique est toujours bonne pour la communication humaine, arrive au résultat que les industries de l'information et de la communication sont l'essentiel de la société de demain. Puisque les hommes ont des difficultés à communiquer et que les techniques de communication jouent un rôle de plus en plus important dans nos sociétés, au moins les hommes pourront-ils de mieux en mieux se comprendre. Séduisant sophisme.

Certes, la radio comme la télévision ont eu un impact direct sur les rapports sociaux, mais la grande différence vient du fait que les médias traditionnels étaient cantonnés dans la sphère privée. Aujourd'hui, les nouvelles techniques sont partout, dans le travail, les loisirs, les services, l'éduca-

---

1. *Le Monde*, 3 août 1998.

tion... De là à croire qu'elles vont modifier les rapports sociaux, il n'y a qu'un pas, que beaucoup, hélas, ont franchi.

L'hypothèse qui sous-tend cette idée d'une meilleure communication par les machines suppose elle-même une autre hypothèse fausse, celle d'une absence de décalage entre l'émetteur, le message et le récepteur. L'histoire de la communication, humaine ou médiatisée, prouve évidemment le contraire. Le rêve des hommes depuis toujours est de diminuer ce décalage, l'utopie de chaque nouvelle technique est de faire croire que cela est possible. Si ces décalages, relativement incompressibles, ont l'inconvénient de réduire l'efficacité de toute communication, ils ont par contre l'avantage, on l'a vu, d'expliquer pourquoi la communication est rarement totalitaire. Justement parce qu'il n'y a *pas de correspondance entre ces trois espaces.* Les nouveaux médias n'annuleront pas le décalage, quasi ontologique, qui est la source de la liberté humaine et sociale dans toute situation de communication. La tyrannie commencerait le jour où des hommes croiraient réellement que la rationalité des systèmes techniques annihile le « bruit » inhérent à toute situation de communication.

Les nouveaux médias entre commerce et démocratie

On a vu que les médias de masse n'ont jamais plu car ils prenaient à bras-le-corps la question du nombre, et de la démocratie de masse. En revanche, ce même nombre, vilipendé par les médias de masse, est loué par les nouvelles techniques de communication. On fête bruyamment le millionième utilisateur d'Internet, on s'émerveille de la vitesse de connexion des utilisateurs sur les réseaux, de l'expansion des cédéroms et en général de l'essor de tout le multimédia. Et l'on attend avec gourmandise le moment où l'on pourra annoncer qu'il n'y a plus cinquante mais cent millions d'internautes connectés sur le réseau au niveau mondial, en oubliant que l'on retrouvera alors la question du nombre qui dérangeait tant avec les médias de masse. Pourquoi celui-ci, si néfaste pour les médias, serait-il si

prometteur de richesses humaines pour les nouvelles
techniques ?

Cette confusion entre le « bon » et le « mauvais » nombre
se retrouve à propos du grand public. Autant le grand public
des médias de masse n'a jamais séduit, même si en réalité il
était la *transcription* de l'idéal du suffrage universel de
l'ordre de la politique à celui de la culture, autant la dimension grand public du multimédia fascine. C'est même un
argument sans cesse employé pour valoriser les nouvelles
techniques de communication : elles sont grand public,
chacun peut s'en servir. Mais là aussi subsiste une confusion.
Ce n'est pas parce que le Net est facile d'accès – encore cela
dépend-il des individus –, qu'il s'agit là d'un usage grand
public. Un usage grand public est autre chose qu'un problème de quantité, c'est autre chose qu'une question de
nombre d'utilisateurs. Le grand public renvoie à une théorie
de la culture, à une analyse des rapports entre la politique et
la culture au sein de la démocratie de masse, et ne se réduit
pas au nombre de consommateurs.

Cette démission intellectuelle concernant les réflexions sur
le nombre, « mauvais » là, et « remarquable » ailleurs, a une
conséquence directe : *le silence concernant le contrôle,
pourtant indispensable à installer, de l'information circulant
sur les réseaux* [1]. Pendant deux siècles, la bataille pour la
liberté de l'information a été inséparable d'une bataille juridique et politique pour en définir les *règles de protection*. Ici,
au contraire, le grand bazar s'installe, libre de toute réglementation. Tout le monde peut fournir le réseau en information, et personne ne contrôle. On suppose les fournisseurs
vertueux et honnêtes, dépourvus de toute volonté de nuire et

---

1. Parmi les idées reçues, qui ressemblent fort à des stéréotypes,
existe celle selon laquelle il serait impossible juridiquement de
contrôler Internet, du fait du caractère mondial et mouvant de la circulation de l'information. Ce mythe a la vie dure. Pourtant, des milliers
de juristes travaillent depuis trente ans à ces questions, sans parler des
législations déjà mises en place et, en France, de la CNIL (Commission nationale Informatique et libertés). Pour peu que la volonté politique soit assez forte, il est donc possible de légiférer dans ce domaine.
On trouvera quelques références juridiques dans la bibliographie de ce
chapitre.

les utilisateurs tout aussi vertueux et rationnels. *Les informations sont vraies parce qu'elles sont sur le Net !* Jamais un système technique n'a autant créé sa propre légitimité supprimant d'un seul coup l'ensemble des réalités de pouvoir, d'inégalités, de mensonges et de rapports de force qui, depuis toujours, entoure l'information. Même les journalistes qui, pourtant, sont les premiers à savoir combien est difficile la bataille pour la liberté d'information ne réclament ici aucun contrôle, ne soulèvent aucun problème, ne manifestent aucune ironie, ne s'étonnent d'autant d'irénisme. « C'est juste et vrai, parce que c'est sur le réseau. » La performance technique devient la garantie de la véracité du contenu ! Pourtant, la cybercriminalité, la spéculation mondiale, l'espionnage électronique et autres détournements, encore peu appréhendés, se développent à la vitesse de l'expansion de la toile, mais rien n'y fait.

Pour le moment, une sorte de pureté virginale entoure les systèmes d'information automatisés, alors même que l'un des enjeux principaux concerne les libertés individuelles et publiques. On s'est beaucoup ému, dans les années 70, des menaces que faisait peser l'informatique sur les libertés. Or, trente ans après, alors que ces menaces, en terme de croisement de fichiers, de fichage électronique, d'absence de protection des données personnelles, notamment aux États-Unis, sont beaucoup plus fortes, on fait comme si de rien n'était. Pourtant on conseille vivement aux internautes de naviguer sous un pseudonyme sur le Net pour éviter les atteintes à la vie privée. En réalité, *la distinction*, sur Internet, *entre consommateur et citoyen* n'est pas clairement établie, notamment aux États-Unis. On fait comme si on protégeait la personne ; en réalité, on la considère comme un consommateur potentiel. Cette ambiguïté lourde de conséquences n'est toujours pas levée, et pourtant les militaires – premiers utilisateurs d'Internet – savaient très bien discriminer les informations. Mais depuis, le réseau est devenu public et beaucoup de zones d'ombres demeurent quant au statut et à la protection des données, ce qui explique les logiques de fichages et de croisement de fichiers, compatibles avec une logique commerciale, mais incompatibles avec les droits de l'homme. On retrouve là toute l'ambiguïté d'Internet entre commerce et démocratie. L'individu est-il seulement un consommateur ou également une personne ? Qui est responsable de ce qui est écrit et diffusé ? Comment est géré le rapport expression-responsabilité ?

De la protection des libertés fondamentales aux droits d'auteur, en passant par les mensonges, les atteintes à la vie privée, le maintien de la séparation public-privé, la confidentialité des données, les droits de l'homme, les risques de la délinquance informationnelle se développent à une vitesse et une échelle insoupçonnées il y a même vingt ans. Quand dira-t-on, enfin, que le contrôle de l'information, avec des sanctions réelles est le seul moyen de sauver les réseaux ? Et quand cessera-t-on de dire que *sur le Net il n'est pas possible de contrôler l'information* ! Les hommes auraient inventé un système technique, portant en plus sur l'information et la communication, qui sont au cœur de toute expérience individuelle et sociale, sans aucune capacité de contrôle politique et démocratique ? De quoi rêver. L'idéologie technique a de beaux jours devant elle. Progressivement, mais beaucoup trop lentement, les organisations internationales, pourtant directement concernées par cette *contrefaçon de l'idéal démocratique* de circulation de l'information, réalisent l'urgence qu'il y a à défendre une certaine conception de la communication normative par rapport à ce triomphe de la communication fonctionnelle. L'Unesco, par exemple, à l'automne 1998, par sa « Déclaration de Monaco », a mis en garde solennellement les États sur la nécessité de protéger la vie privée et d'empêcher la diffusion de n'importe quelle information. Mais c'est encore insuffisant. Le *verrou mental* à faire sauter est le suivant : admettre que, du point de vue de la liberté et de la démocratie, un accès direct à l'information, autant pour la fourniture que l'utilisation, sans contrôle, sans intermédiaire, ne constitue pas un progrès pour la démocratie, mais au contraire une régression et une menace. Il n'y a pas de rapport entre accès direct et démocratie. La démocratie est au contraire liée à l'existence d'*intermédiaires* de qualité.

Si, pendant deux siècles, l'idéal de l'information a été de produire et de diffuser le plus vite possible une information, directement accessible par le public, sans les intermédiaires qui étaient autant de censures, la réalité d'aujourd'hui est systématiquement inverse. Il faut réintroduire des intermédiaires pour vérifier la fourniture et l'utilisation de l'information, car les capacités techniques sont telles que des millions d'informations peuvent être fournies et demandées sans aucun contrôle. L'absence de contrôle qui fut un objectif démocratique à atteindre pendant des siècles parce qu'il s'agissait de se débarrasser des multiples censures devient aujourd'hui une des principales menaces, parce que la logique dominante s'est inversée.

Si l'on veut sauver la liberté d'information, il faut, au plus vite, admettre qu'elle doit, dans un univers saturé d'informations, être protégée, filtrée, par des *intermédiaires* qui garantissent cet idéal. Autrement dit, ce qui est important à préserver, c'est l'idéal démocratique de l'information, et si hier, dans un contexte politique donné, cet idéal passait par la suppression des intermédiaires, aujourd'hui, dans un univers où tout est information, il passe au contraire par le rétablissement d'intermédiaires qui sont les garants d'une certaine philosophie de la communication.

Le plus important est sans doute la rupture de cette équation du credo libéral qui, depuis deux siècles, veut que le progrès implique un accroissement de la liberté individuelle. Aujourd'hui le progrès des systèmes de communication remet en cause cette équation, non seulement parce que les nouveaux médias risquent d'accentuer la solitude, mais aussi parce qu'ils peuvent renforcer la hiérarchie sociale et porter atteinte aux libertés fondamentales telles qu'elles sont défendues dans les pays démocratiques.

Le paradoxe est que l'on a critiqué pendant un demi-siècle les médias de masse au nom de la liberté individuelle, puisqu'on leur reprochait, en diffusant le même message à tous, de constituer un facteur de standardisation, de rationalisation et de contrôle des libertés individuelles. On réalise au contraire que non seulement les médias de masse n'ont pas forcément porté atteinte aux libertés individuelles, mais surtout qu'ils ont essayé de transcrire cet idéal de *liberté individuelle* dans un contexte de *démocratie de masse*, c'est-à-dire dans un contexte du nombre.

Ce rôle normatif des médias de masse que l'on n'a pas voulu voir fait retour avec les nouvelles techniques de communication. Leur succès va les obliger à reprendre cette question déjà abordée par les médias généralistes, mais superbement ignorée : comment dans un contexte de démocratie de masse, qui n'a plus aucun rapport avec la réalité dans laquelle a été pensée la démocratie deux siècles auparavant, préserver la liberté individuelle en même temps qu'un certain idéal d'émancipation collectif ?

Cette question fondamentale prouve que, en dépit de toutes les différences techniques qui distinguent la télévision du Net, les anciens et les nouveaux médias ont *en commun*, du point de vue d'une théorie de la communication, plus de ressemblances que de différences.

Orientation bibliographique

Il s'agit d'ouvrages centrés sur l'analyse des nouveaux médias, la mondialisation, les stratégies des groupes industriels, l'avenir de la « société de l'information », la cyberculture... Les textes naïvement hagiographiques n'ont pas été retenus.

Alberganti, Michel, *Le Multimédia. La révolution au bout des doigts*, Le Monde-Marabout, coll. « Poche », 1997.

Aronowitz, Stanley, Martisons, Barbara, Menser, Michaël, *Techno-science and Cyberculture*, New York, Routledge, 1996.

Babou, Igor, « Des discours d'accompagnement aux langages : les nouveaux médias », *Études de linguistique appliquée*, n° 112, Didier Érudition, 1998.

Beaune, Jean-Claude, *La Technologie introuvable*, Vrin, 1980.

Belis, M., *Communication : des premiers signes à la télématique*, Fréquences, 1988.

Berardi, F., *Mutazione e cyberpunk*, Gênes, Costa & Nolan, 1994.

Bertolus, Jean-Jérôme, La Baume, Renaud (de), *La Révolution sans visage. Les multimédias : s'en protéger, les apprivoiser, en profiter*, Belfond, 1997.

Cadoz, Claude, *Les Réalités virtuelles*, Flammarion, coll. « Dominos », 1994.

Carfantan, J.-Y., *L'Épreuve de la mondialisation*, Le Seuil, 1996.

Cartier, Michel, *Le Nouveau Monde des infostructures*, Montréal, Fides, 1997.

Castells, M., *La Société en réseaux*, Fayard, 1998.

Cedro, Jean-Michel, *Le Multimédia*, Toulouse, Milan, 1996.

Chambat, P., Du Castel, F., Musso, P., *L'Ordre communicationnel*, La Documentation française, 1989.

Colombain, Jérôme, *La Cyberculture*, Toulouse, Milan, coll. « Les Essentiels », 1997.

Couchot, Edmond, *Images. De l'optique au numérique*, Hermès, 1988.

Debord, G., *La Société du spectacle*, Gallimard, coll. « Folio », 1996.

Debray, R., *Transmettre*, Odile Jacob, 1997.

Debray, R., *Cours de médiologie générale*, NRF, Gallimard, 1991.

Dery, M., *Vitesse virtuelle. La cyberculture aujourd'hui*, Abbeville, 1997.

Di Cosmo, R., Nora, D., *Le Hold-up planétaire. La face cachée de Microsoft*, Calmann-Lévy, 1998.

Dreyfus, Hubert L., *L'Intelligence artificielle. Mythes et limites*, Flammarion, 1984.

Dufour, A., *Internet*, PUF, coll. « Que sais-je ? », 1996.

Fdida, Serge, *Des autoroutes de l'information au cyberespace*, Flammarion, coll. « Dominos », 1997.

Gariepy, M., Merié, M., *Ces réseaux qui nous gouvernent*, L'Harmattan, 1997.

Guillaume, M. (sous la dir. de), *Où vont les autoroutes de l'information ?* Descartes et Cie, 1997.

Guillou, B., *Les Stratégies multimédia des groupes de communication*, La Documentation française, 1984.

Huisman, Denis, *Socrate sur Internet*, Éditions de Fallois, 1997.

Huntington, S., *The Clash of Civilizations and the Remaking of World Order*, Simon and Schuster, 1996.

Internet, les enjeux pour la France, publié une fois par an par l'AFTEL (Association française de la télématique multimédia).

Jolivat, Bernard, *La Réalité virtuelle*, PUF, coll. « Que sais-je ? », 1995.

Jonas, O., *La Cité interactive*, L'Harmattan, 1997.

L'Univers virtuel : miracle ou mythe ? Bruxelles, Conseil de l'Europe, 1998.

La Télématique française en marche vers les autoroutes de l'information, AFTEL, Le Téléphone, 1994.

Lacroix, Guy, *Le Mirage Internet*, Vigot, 1997.

Lacroix, J.-G., Tremblay, G. (sous la dir. de), *Les Autoroutes de l'information. Un produit de la convergence*, Sainte-Foy, Presses de l'Université du Québec, 1995.

Le Dibender, A. et F., *L'Univers des jeux vidéo*, La Découverte, 1998.

Leary, Timothy, *Chaos et Cyberculture*, Le Lézard, 1996.

Lemoine, P., *Le Commerce dans la société informatisée*, Economica, 1993.

Lévy, P., *Les Technologies de l'intelligence. L'avenir de la pensée à l'ère informatique*, La Découverte, 1990.

Lévy, P., *Qu'est-ce que le virtuel ?* La Découverte, 1995.

Lévy, P., *L'Intelligence collective. Pour une anthropologie du cyber-espace*, La Découverte, coll. « Sciences et société », 1994.

Lévy, P., *L'Intelligence collective. Pour une anthropologie du cyber-espace*, La Découverte, 1995.

Machlup, F., *The Production and Distribution of Knowledge in the US*, Princeton University Press, 1962.

Mathias, Paul, *La Cité Internet*, Presses de Sciences-Po, 1997.

Mayère, Anne, *La Société informationnelle : enjeux sociaux et approches économiques*, L'Harmattan, 1998.

McLuhan, Marshall, *La Galaxie Gutenberg. Face à l'ère électronique*, Montréal, HMH Ltée, 1967.

Negroponte, N., *L'Homme numérique*, Robert Laffont, 1995.

Neumann, John (von), *L'Ordinateur et le Cerveau*, Flammarion, coll. « Champs », 1996.

Nora, Dominique, *Les Conquérants du cybermonde*, Gallimard, coll. « Folio actuel », 1997.

Offner, Jean-Marc, Pumain, Denise (sous la dir. de), *Réseaux et territoires. Significations croisées*, L'Aube, 1996.

Parrochia, Daniel, *Philosophie des réseaux*, PUF, 1993.

Perriault, Jacques, *La Communication du savoir à distance*, L'Harmattan, 1996.

Perriault, Jacques, *La Logique de l'usage. Essai sur les machines à communiquer*, Flammarion, 1989.

Plaisent, Michel *et al.*, *L'Appropriation des nouvelles technologies de communication*, Sainte-Foy, Presses de l'Université du Québec, 1996.

Porter, David (sous la dir. de), *Internet Culture*, New York, Routledge, 1997.

Quéau, P., *Éloge de la simulation*, Champ Vallon/INA, 1986.

Quéau, P., *L'Homme cybernétique*, Office parlementaire de choix scientifique et technologique, 1995.

Rheingold, Howard, *Les Communautés virtuelles*, Addison-Wesley France, 1995.

Rodotà, Stefano, *La Démocratie électronique*, Apogée, 1999.

Rosnay, J. de, *L'Homme symbiotique*, Le Seuil, 1995.

Stiegler, B., *La Technique et le Temps*, t. 1, *La Faute d'Épiméthée*, Galilée, 1994, t. 2, *La Désorientation*, Galilée, 1996.

Sussman, G., Oaks, T., *Communication, Technology and Politics in the Information Age*, Londres, Sage, 1997.

Turkle, Sherry, *Life on the Screen. Identity in the Age of the Internet*, Simon & Schuster, 1995.

Turner, B.S. (sous la dir. de), *Theories of Modernity and Postmodernity*, Londres, Sage, 1990.

Vattimo, G., *La Société transparente*, Desclée de Brouwer, 1990.

Venne, Michel, *Ces fascinantes inforoutes*, Québec, Institut québécois de recherche sur la culture (diagnostic), 1995.

Wade, Philip, Falcand, Didier, *Cyberplanète*, Autrement, 1998.

Wiever, N., *Cybernétique et Société*, UGE, 1962.

Rapports aux autorités politiques

Il s'agit des rapports commandés par les autorités politiques, et rendus publics. Ils se sont considérablement multipliés depuis une dizaine d'années, alimentant l'idéologie technique par leur contenu et leur forme, même si telle n'était pas toujours l'intention de leurs auteurs. Ils ont en tous cas contribué à une certaine fascination et peur d'être dépassé par la « révolution des nouvelles techniques ». C'est probablement la difficulté à dissocier dans les textes les enjeux technologiques, industriels et économiques, des enjeux sociaux et culturels qui explique la tonalité générale de ces rapports.

Basquiat, Jean-Paul, *Rapport sur l'administration à l'heure de l'Internet*, ministère de la Fonction publique, 1998.

Bélanger, Pierre, Bachand, Denis, « Premier tour de piste sur l'autoroute électronique », in *Les Autoroutes de l'information. Un produit de la convergence*, sous la dir. de Jean-Guy Lacroix et Gaétan tremblay, Québec, Presses de l'université de Québec, 1995.

Breton, Thierry, *Le Télétravail en France : situation actuelle, perspectives de développement et aspects juridiques*, La Documentation française, 1994.

Breton, Thierry, *Les Téléservices en France, quels marchés pour les autoroutes de l'information ?*, La Documentation française, 1994.

Cluzel, Jean, *L'Audiovisuel à l'ère du numérique*, Rapport du Sénat, n° 456, 1997-1998.

Crespin, Gilles, Schaefer, Arnauld, Tronc, Jean-Noël, *Les Réseaux de la société de l'information*, Rapport du groupe présidé par Thierry Mileo, Commissariat général au Plan, ASPE Europe, 1996.

Destatte, Philippe, *L'Audiovisuel et les autoroutes de l'information*, Rapport au comité permanent, Moncton (Acadie), Mont-sur-Marchienne (Wallonie), Centre René Lévesque, 1994.

Huriet, Claude, *Images de synthèse et monde virtuel : techniques et enjeux de société*, Rapport de l'office parlementaire d'évaluation des choix scientifiques et technologiques, Assemblée nationale, n° 526, Sénat, n° 169, 1997-1998.

Jospin, Lionel, *Préparer l'entrée de la France dans la société de l'information : programme d'action gouvernemental*, La Documentation française, 1998.

Joyandet, Alain, Hérisson, Pierre, Türk, Alex, *Maîtriser la société de l'information : quelle stratégie pour la France ?* Rapport du groupe présidé par Pierre Lafitte, Rapport du Sénat, n° 436, 1996-1997.

Lafitte, Pierre, *Un cri d'alarme et une croisade nécessaire*, Rapport sur la France et la société de l'information, Rapport de l'office parlementaire d'évaluation des choix scientifiques et technologiques, Assemblée nationale, n° 3335, Sénat, n° 213, 1996-1997.

L'Autoroute de l'information et la francophonie, Centre de recherches sur les communications, Ottawa, Banque internationale d'information sur les États francophones, 8, 1996.

Lévy, P., *Cyberculture*, rapport au Conseil de l'Europe dans le cadre du projet Nouvelles technologies, coopération culturelle et communication, Odile Jacob, Conseil de l'Europe, 1995.

Martin-Lalande, Patrice, *Internet, un vrai défi pour la France : rapport au Premier ministre*, La Documentation française, 1998.

Mileo, Thierry, *Les Réseaux de la société d'information*, Commissariat général au Plan, Éditions Eska, 1996.

Nora, S., Minc, A., *L'Informatisation de la société*, La Documentation française, 1978.

Poignant, Serge, *Pour une stratégie francophone des autoroutes de l'information*, Rapport d'information, n° 2941, Assemblée nationale, Commission des affaires culturelles, 1996.

Rapport sur l'Europe et la société de l'information planétaire, Luxembourg, Union européenne, Office des publications européennes, 1994.

Rapport du Sénat : *Les Autoroutes de l'information et la mise en place d'une industrie globale de l'information aux États-Unis*, Sénat, n° 245, 1995.

Thery, G., *Les Autoroutes de l'information*, La Documentation française, coll. « Les Rapports officiels », 1994.

Trégouët, René, *Des pyramides du pouvoir aux réseaux de savoirs : comment les nouvelles technologies de l'information vont aider la France à entrer dans le XXIᵉ siècle*, Rapport du Sénat, n° 331, 1997-1998.

Droit des nouvelles technologies

Il ne s'agit pas d'une bibliographie exhaustive mais elle a pour but de montrer que les juristes travaillant depuis de longues années sur les nouvelles techniques ne sont guère fascinés par elles. Ces travaux montrent au contraire la possibilité d'une réglementation juridique des nouveaux médias, au plan national et international, ainsi que les moyens de penser ces nouveaux problèmes à l'aide des grands principes de la philosophie du droit. Mais cette qualité de réflexion juridique et la résistance nette à l'idéologie technique qui en résulte ne sont pas toujours dans l'air du temps. Il y a même un décalage entre le juridisme qui envahit bruyamment tous les rapports sociaux, et le silence qui par ailleurs accompagne cette réflexion dynamique et créatrice de droit, pour ce qui concerne les nouvelles techniques...

Bensoussan, A. (sous la dir. de), *Internet. Aspects juridiques*, Hermès, 1998.

Bernat, Cécile, *Les Autoroutes de l'information : un défi pour les libertés*, LGDJ, 1997.

Brabant, G., *Données personnelles et société de l'information*, rapport au Premier ministre, La Documentation française, coll. « Les Rapports officiels », 1997.

Chamoux, Jean-Pierre, *Le Droit de l'information*, PUF, coll. « Que sais-je ? », 1996.

Charmot, Cl., *L'Échange de données informatisées*, PUF, coll. « Que sais-je ? », 1997.

Delmas-Marty, M., *Trois défis pour un droit mondial*, Le Seuil, 1998.

Derieux, E., *Droit de la communication*, LGDJ, 1999.

Falque-Pierrotin, Isabelle, *Enjeux juridiques*, Rapport pour la Mission interministérielle sur l'Internet, La Documentation française, 1996.

Huet, Pierre, *Le Droit du multimédia. De la télématique à Internet*, étude de l'AFTEL, Le Téléphone, 1996.

Iteanu, O., *Internet et le droit : aspects juridiques du commerce électronique*, Eyrolles, 1996.

Lamberterie, I. de, *Le Droit d'auteur aujourd'hui*, CNRS Éditions, 1991.

Linant de Bellefonds, Xavier, *Le Multimédia face au droit*, Travaux de l'AFDIT, Éditions de Parques, 1996.

Mallet-Poujol, M., *La Commercialisation des banques de données*, CNRS Éditions, 1993.

Mallet-Poujol, Marie, Vivant, Michel, *Droit de l'information et de la communication*, ADBS, 1998.

Vivant, M., Le Stanc, C., Guibal, X., Rapp, L., *Droit de l'informatique-Multimédia-Réseaux-Internet*, Lamy, 1998 (édition annuelle).

Vivant, Michel (sous la dir. de), *Les Créations immatérielles et droit*, Ellipses, 1997.

Chapitre 4

Sortir de la guerre des médias

Le débat anciens contre nouveaux médias n'est donc pas bien posé. Déplacer la problématique permet de sortir de la guerre de religion selon laquelle toute critique contre les nouvelles techniques, et le discours fétichiste qui les accompagne signifie que l'on est conservateur, et opposé au progrès. Ce dont sont porteuses, en positif et en négatif, les nouvelles techniques est en soi suffisamment intéressant pour que l'on n'ait pas à se justifier d'être ou non « moderne ou conservateur » selon que l'on soit, ou non, thuriféraire des techniques.

Avec ce livre, je voudrais *contribuer à un renversement d'attitude.* Sortir du faux débat, anciens contre modernes ; vieux contre nouveaux médias ; progrès contre conservatisme... desserrer l'étau de l'idéologie technique et suggérer que la communication est une grande question. C'est cela l'enjeu essentiel : *réhabiliter la communication comme patrimoine théorique* essentiel de la pensée occidentale ; éviter de la réduire à des systèmes techniques ; ne pas se tromper sur le sens des mutations qui l'affectent. Et surtout, avoir conscience qu'à travers la capacité à « penser la communication », l'Occident se donne les moyens d'éviter que la communication, entrant de plus en plus dans une logique d'intérêts, engendre des inégalités et des mécanismes de pouvoir, fort éloignés des idéaux de liberté et d'émancipation dont elle a été synonyme pendant plusieurs siècles.

Dans cette perspective, je tiens au préalable à insister sur deux points :

1. *Il n'y a pas de « progrès »* dans le passage des médias de masse aux nouvelles techniques, pas de retard de la télévision, par rapport à Internet, pas de modernité du multimédia par rapport à l'archaïsme des médias traditionnels. Certes, il y a un progrès technique entre la télévision et Internet, comme il y en avait un entre la radio et la télévision, et entre le livre et le téléphone, mais ce progrès technique ne suffit pas à ouvrir un progrès du point de vue de la communication car l'essentiel de celle-ci ne réside pas dans la performance technique. L'idéalisation de la technique, visible quotidiennement, renvoie à la faiblesse de notre culture théorique sur les questions de communication, et plus généralement à la fascination qu'exerce la technique dans notre société. L'enjeu est de sortir de cette définition technique de la communication, et de comprendre que la communication est ce mélange de trois dimensions technique, culturelle et sociale. Bien évidemment, chacun est fasciné par le Net et rêverait que ce système ouvre une nouvelle histoire de la communication où tout serait rapide, interactif et individualisé. Cela dit, l'histoire de la communication [1] montre aussi que l'essentiel aujourd'hui n'est pas là, mais dans le rapport entre un système technique, le modèle culturel individualiste et la réalité sociale de la démocratie de masse. C'est par rapport à cet enjeu que doivent se situer des théories, et non par rapport à la performance plus ou moins forte des techniques.

2. *Il n'y a pas d'opposition entre la télévision qui s'occuperait du nombre, des masses, et les nouveaux médias qui s'occuperaient de l'individu.* Les deux gèrent le même problème, celui de la relation contradictoire entre l'échelle individuelle et collective. Seulement, ils le gèrent de manière dif-

---

1. On ne soulignera jamais assez l'importance de l'histoire de la communication pour relativiser les « promesses » des techniques. La France, qui avait une bonne tradition d'histoire de la presse, est plus en retard pour la radio, la télévision et les nouveaux médias. Mais l'ouverture de formations universitaires et de diplômes facilite depuis une vingtaine d'années l'émergence d'une histoire de la communication très utile pour contextualiser et relativiser les différentes révolutions de la communication. On trouvera en fin de chapitre les références des ouvrages les plus connus de cette histoire en pleine expansion.

férente. Comme on l'a longuement vu, les nouvelles techniques donnent un sentiment de liberté individuelle, même si cette individualisation de l'usage nécessite l'existence simultanée d'une énorme infrastructure. Les médias de masse, à l'inverse, ne bénéficient pas de l'attrait technique et ont pour principale fonction d'organiser la communication du grand nombre. Les nouvelles techniques fascinent évidemment plus par leur capacité à dupliquer, démultiplier ce que peuvent faire les individus alors que les médias de masse se situent d'emblée à l'échelle collective. De plus, la performance technique est telle qu'elle éclipse les difficultés de la communication que chacun devine dans la vie en société. En revanche, dans la perspective d'une réflexion d'ensemble sur la communication, les médias généralistes prouvent bien que l'essentiel n'est pas dans la performance technique, mais dans la gestion, plus compliquée, du grand nombre, de la solidarité et du lien social. Les médias de masse donc, contrairement aux nouvelles techniques, permettent de voir tout de suite qu'il existe une autre échelle de la communication, l'échelle collective, beaucoup plus complexe que l'échelle individuelle.

Ce qui est donc intéressant dans le rapprochement entre les médias de masse et les nouvelles techniques, c'est de voir comment les deux systèmes de communication ont l'un et l'autre des atouts par rapport à la question qu'ils gèrent, celle des rapports entre la communication individuelle et la communication collective.

Les enjeux communs

Ils sont au nombre de *cinq*, et il est important de commencer par eux, dans le contexte actuel, où l'on ne cesse de répéter qu'il n'y a rien de commun entre les médias de masse et les nouvelles techniques.

Le *premier* est évidemment d'ouvrir une réflexion théorique sur la communication qui prenne en compte ses trois dimensions et qui montre l'importance d'une *politique de réglementation*. Justement parce que les dimensions sociales et culturelles sont aussi importantes que la dimension technique. Au fond, la déréglementation comme philosophie de la communication serait éventuellement acceptable si la communication se réduisait à sa dimension technique de transmission. Cette dimension technique n'est d'ailleurs pas complètement neutre et comporte aussi des dimensions culturelles ; il suffit par exemple de voir comment une voiture ou un téléphone n'ont pas du tout le même impact dans deux sociétés différentes, tout simplement parce que les contextes d'utilisation, les modes de vie, les styles, les rapports sociaux, les climats, les habitudes… sont différents. Que dire alors des techniques de communication qui mobilisent davantage de symboles, de repères et de codes ! Mais c'est justement parce que la technique est de toute façon inséparable des dimensions culturelles et sociales qu'il faut organiser la cohabitation entre les systèmes de communication pour éviter la seule logique réductrice de la modernisation. Par exemple, on ne peut pas au nom de la « modernisation », qui ne veut pas dire grand-chose en matière de communication, imposer l'usage de l'ordinateur dans l'ensemble de la société sous prétexte qu'il est plus performant et rationnel. Certes, il l'est mais les activités humaines et sociales sur lesquelles il porte ne le sont pas de manière identique. Rien de pire que de croire que la rationalité technique pourrait modifier la rationalité des rapports humains. La rationalité des techniques de communication est de toute façon beaucoup plus simple, pour ne pas dire beaucoup plus pauvre, que la rationalité des hommes et des sociétés.

L'histoire de la communication montre que si chaque nouvelle technique résout un problème antérieur, elle en crée en général d'autres et, comme la vitesse de changement a été très rapide en trente ans, il est impossible de dire froidement qu'il faut forcer les individus à quitter l'univers « archaïque » des médias généralistes pour l'univers « moderne » et performant des nouvelles techniques. Si le téléphone, la radio, la télévision, l'ordinateur sont identiques d'un bout à l'autre de la planète, les codes, les styles, les modes de communication sont différents. *Il y a des techniques de communication mondiales, il n'y a pas de communication mondiale.* Et cela est aussi vrai pour les médias généralistes que pour les nouvelles techniques. Il y a progrès en matière de communication – et encore faut-il être prudent dans l'usage du mot – si et seule-ment si il y a rencontre entre une innovation technique et un changement de modèle culturel et de conception de la commu-nication dans la société. Ces moments sont très rares.

La défense du principe de réglementation n'est donc pas le moyen pour freiner le progrès, il est au contraire une façon de rappeler le poids essentiel des deux autres dimensions de la communication, et qu'il n'y a pas de liberté de la communi-cation sans réglementation, donc sans protection de cette liberté. D'ailleurs, faut-il le rappeler, les hérauts de la déré-glementation sont en réalité favorables à une réglementation : celle du marché, c'est-à-dire des rapports de force écono-miques, ceux de la jungle. Le plaidoyer pour la déréglemen-tation vient, on s'en doute, des États-Unis où le succès crois-sant des nouvelles techniques semble justifier l'abandon des « pratiques tatillonnes et d'un autre âge ». Déréglez, et vous verrez encore plus vite les bienfaits de l'explosion de la commu-nication. *La dérégulation* est *la maladie infantile* de la *commu-nication triomphante*. Les effets négatifs n'en sont encore que peu visibles puisque les pays les plus pauvres n'ont pas réa-lisé l'ampleur de la nouvelle inégalité en train de s'installer. Le « free flow » leur permettra d'accéder aux « miettes » de cette circulation mondiale de l'information, dont ils ne seront que les utilisateurs, mais jamais d'en devenir les acteurs. Le problème n'a d'ailleurs pas changé depuis deux siècles : le puissant réclame toujours le libre-échange, car il lui est favorable, en soulignant que cela sera favorable à tous, en oubliant de dire que cela le sera dans des proportions iné-gales.

Si les États-Unis, première puissance économique et finan-cière du monde et maître d'œuvre des industries de l'infor-mation et de la communication, sont évidemment les cham-pions de la déréglementation, il est triste de constater que l'Union européenne résiste difficilement à cette idéologie. Pourtant les règles internationales sont le seul moyen de minimiser les risques liés à cette mondialisation des condi-tions de la communication, cause de nouveaux et profonds facteurs d'inégalité. Certes, il y aura partout des ordinateurs et des réseaux, mais l'inégalité opérera de deux manières. D'abord en imposant un seul modèle culturel : des millions d'hommes et de femmes n'auront d'autres choix que d'abandonner les autres pratiques de travail, de services, de relations, pour se moderniser et se convertir à l'usage de ces techniques conçues dans d'autres modèles culturels. Et d'autre part, toute l'innovation, l'ingénierie, seront faites ailleurs. Ces pays auront la possibilité de s'équiper et d'utiliser des réseaux mais l'ensemble de l'économie cognitive, intellectuelle, technique restera dans d'autres mains. De même que l'accès d'un grand nombre d'usagers aux nouvelles techniques ne suffit pas à dire qu'il s'agit d'une technique « grand public », de même la mondialisation de l'accès aux réseaux ne signifie nullement une répartition mondiale plus équitable des richesses techniques ou humaines.

Mais, au-delà de son rôle de réduction des inégalités, la réglementation sert aussi à rappeler que la communication ne peut jamais se réduire, comme tant d'auteurs le font, à une problématique de la *transmission,* c'est-à-dire à sa seule dimension technique. On retrouve toujours le même enjeu : détechniciser la communication pour tordre le cou à cette idée séduisante, mais simplificatrice, selon laquelle l'essentiel de la communication se résume à la performance d'un système de transmission. Si l'essentiel de la communication se réduisait à la technique, les cinémas, les radios, les télévisions proposeraient les mêmes programmes de par le monde ; or c'est exactement le contraire que l'on observe : les *contenus* sont radicalement différents, et ce sont bien ces contenus, ces styles, ces genres qui font l'essentiel. Il y a certes des règles communes à chaque technique de communication, mais le plus important est la manière dont chaque culture se réapproprie la technique par rapport à son univers social mental et culturel, comme l'ont montré depuis toujours les historiens et les anthropologues.

On voit d'ailleurs l'enjeu au niveau mondial : les États-Unis réclament bruyamment la déréglementation, au motif que les techniques étant mondiales, la communication doit être mondiale, « débarrassée » des frontières culturelles nationales, mais eux-mêmes pratiquent un strict nationalisme culturel. Pour eux, l'important au plan mondial est de ne plus séparer la dimension technique des deux autres dimensions, culturelles et sociales, pour arriver dans un deuxième temps à vendre les programmes au niveau mondial. Préserver la réglementation est donc le seul moyen pour rappeler la nécessité de penser la communication dans ses trois dimensions et de ne pas la réduire à sa dimension technique. Il y a une mondialisation possible des techniques de communication ; il peut y avoir une mondialisation des industries de la communication ; il ne peut y avoir de mondialisation de la communication.

Le *deuxième enjeu* concerne les rapports entre communication fonctionnelle et communication normative à l'heure de la mondialisation. Le risque est évidemment que le succès des nouvelles techniques amplifie le sens fonctionnel au détriment du sens normatif. Pour que les applications soient mondiales, il faut qu'elles soient assez simples et standardisées, donc fonctionnelles, au détriment de la dimension normative qui repose, quant à elle, sur le respect des différences. C'est ce qui conduit aux rapprochements industriels entre éditeurs de logiciels navigateurs et de langages de programmation : au niveau mondial, la concurrence sur ce marché se réduit actuellement à la lutte entre, d'une part, le groupe constitué par Aol, Netscape, Sun et Java et, d'autre part, le pôle Microsoft [1]. Ce qui est en jeu dans cette bataille, c'est bien sûr le contrôle de l'accès à l'Internet à travers les « portails » qui sont les principaux points d'accès au réseau mis en place par Microsoft et Aol-Netscape, et où les revenus publicitaires sont considérables. Le procès lancé par l'Administration américaine contre la position monopolistique de Microsoft, en 1998, est révélateur de l'ampleur de ce mouvement de standardisation. Autrement dit, c'est le succès même du Net et des multimédias qui oblige à ouvrir une réflexion sur les conditions à satisfaire pour que la mondialisation de la communication ne s'accompagne pas de la victoire définitive de la dimension fonctionnelle.

De ce point de vue, il y a une différence fondamentale entre l'idée du village global qui renvoie à la communication fonctionnelle et à l'idéologie technique, et l'idée de la communauté internationale qui renvoie à la communication norma-

---

1. *Le Monde*, 26 novembre 1998.

tive, et donc à l'horizon d'une cohabitation culturelle. Non seulement *le thème du village global confond techniques et contenu*, mais il confond aussi l'intérêt des industries de la communication avec la réalité philosophique et sociohistorique des usagers de ces techniques de communication. De plus, il renforce un des handicaps du monde moderne : le décalage entre une ouverture croissante au monde et la permanence de différences géographiques et socioculturelles irréductibles. Il n'existe, en effet, pas de public international, mais seulement des publics nationaux qui, de temps en temps, consomment des produits internationaux. *Plus les produits sont internationaux, plus il faut préserver les identités culturelles*. C'est en renforçant les identités que l'on évitera une standardisation internationale de la communication, laquelle ne pourra que susciter par contrecoup révoltes et conflits.

Une réflexion critique sur les dangers de la mondialisation s'impose, au moment où moins de vingt ans de mondialisation de l'économie et de l'épargne débouchent sur la crise monétaire et financière de 1997-1998. Si la dérégulation et la mondialisation de l'épargne sont devenues, avec la bulle spéculative, un réel facteur d'instabilité, on imagine les déséquilibres qui seront créés demain par la mondialisation de l'information et de la communication et dont la guerre du Golfe en 1990-1991 a donné un rapide aperçu ! Le constat est en effet implacable : si pour la logique de l'intérêt qu'est l'épargne, la globalisation et le gigantisme économique constituent des facteurs de crise, on devine les désordres que provoqueront l'information et la communication, aux dimensions beaucoup plus contradictoires que celles de l'épargne, puisqu'elles mêlent en permanence logique des valeurs et intérêt !

Autrement dit, la mondialisation de la communication pose deux problèmes : d'une part, le ratio entre communication fonctionnelle et normative et les rôles respectifs que jouent les médias généralistes et les nouvelles techniques par rapport à ces deux types de communication ; d'autre part, la prise de conscience que la mondialisation de l'information et de la communication risque de devenir un facteur puissant d'instabilité et de conflits.

Le *troisième enjeu* commun concerne une réflexion sur le statut de la société individualiste de masse, qui gère les deux dimensions contradictoires de la liberté et de l'égalité, dans ses rapports respectifs avec les médias de masse et les nouvelles techniques. Si l'opposition entre liberté individuelle et égalité du nombre est réelle, elle ne recouvre pas totalement l'opposition entre anciens et nouveaux médias. Les deux types de médias sont en fait confrontés au *même* type de problème : revaloriser la problématique du nombre, même si l'un et l'autre ne l'abordent pas de la même manière. La question est simple : pourquoi, alors que la politique, la culture et la communication de masse gèrent la *même* question, celle du nombre, assiste-t-on à la dégradation de la référence normative à cette idée même de nombre ? On admire le suffrage universel, on loue la réalisation de la culture de masse (par exemple, le musée du Louvre, le Centre Pompidou ou les grandes expositions mondiales), mais on dénonce toujours les effets de standardisation des médias de masse. *Pourquoi le nombre est-il valorisé pour la politique, la société ou la culture, et dévalorisé pour la communication*, alors que l'on est à chaque fois confronté au défi de notre société : l'articulation entre l'échelle individuelle et l'échelle collective ?

Le *quatrième enjeu* concerne une réflexion sur les publics et la réception. Dès lors que l'opposition entre les deux échelles du public, individuelle et collective, n'est pas significative, puisque chacun d'entre nous circule en permanence d'une échelle à l'autre, la question est celle d'une réflexion qualitative sur la réception. D'autant que les nouvelles techniques vont favoriser le fractionnement de l'offre, y compris au sein des médias généralistes et que l'évolution du comportement des publics obligera aussi à introduire une réflexion plus qualitative. Le simple comptage sera de moins en moins significatif. Le public, de plus en plus critique [1], et exigeant dans ses choix, n'hésitera pas à enchaîner des comportements parfois contradictoires, obligeant à une nouvelle réflexion à

---

1. Lors de l'affaire CNN-Tailwind, qui a vu la chaîne américaine publier un faux scoop sur l'utilisation du gaz sarin lors de la guerre du Vietnam, des groupes de discussion se sont immédiatement créés sur Internet pour critiquer les « médias pourris » (*Libération*, 5 juillet 1998).

son endroit. De même que le *nombre* est largement l'impensé de la démocratie de masse, de même le *public* reste-t-il largement l'impensé de la communication de masse, les usagers étant ravalés à quelques stéréotypes, et à la seule logique de comptage.

Au fond, la logique de comptage qui a permis de résoudre le problème du grand nombre dans la politique (le suffrage universel), la communication (l'audience), l'opinion publique (les sondages) est aujourd'hui largement insuffisante. Elle doit en politique, comme pour l'opinion publique et la communication, être complétée par une problématique plus qualitative. Et l'on retrouve ici, ironie, ou subtilité de l'histoire, la question du grand public [1]. Celui-ci est un des concepts clefs de la démocratie, considéré un peu vite comme « dépassé » par les techniques de comptage, alors même qu'il traduit dans *l'ordre* de la communication la question théorique de ce qu'est le public, et le nombre à l'âge de la démocratie de masse. Réhabiliter, revisiter le concept de grand public est un des enjeux communs aux médias généralistes et aux nouvelles techniques. *Grand public et suffrage universel sont des concepts de même niveau* et traduisent la même ambition de la démocratie, dans l'ordre de la culture et dans celui de la politique.

Enfin, le *dernier enjeu* commun concerne une réflexion à ouvrir sur le rôle que peut avoir la télévision pour sensibiliser les publics aux nouvelles techniques. Celles-ci, contrairement aux bruyants discours d'autopromotion des fans, des journalistes et des hommes politiques restent encore l'apanage d'un petit milieu, alors que la télévision a une extraordinaire expérience de vulgarisation et de communication à grande échelle. Dès lors que l'on a compris qu'il n'y a pas d'opposition réelle entre les deux types de médias, on peut envisager le rôle que pourrait jouer la télévision pour sensibiliser le plus grand nombre à cette nouvelle économie de la communication offerte par Internet. Elle retrouverait là son rôle éducatif au sens large, qui correspond à ce qu'elle fait d'ailleurs depuis toujours. Médiateur privilégié pour le grand

---

1. *Éloge du grand public. Une théorie critique de la télévision*, op. cit.

nombre dans l'accès au monde, elle serait aussi le médiateur pour l'accès au monde du multimédia [1].

Les enjeux spécifiques aux médias de masse

Ils sont essentiels à rappeler au moment où la mode des nouvelles techniques emporte tout, laissant croire que la télévision relève déjà du musée. Les dangers d'une déstabilisation de la télévision sont d'autant plus graves que sa légitimité a toujours été contestée, et la réflexion à son endroit plutôt limitée. Ces enjeux sont au nombre de *quatre*.

1. *Affirmer une ambition forte pour la télévision publique en Europe.* Il faut faire un retour rapide sur les quinze dernières années pour comprendre ce qui s'est passé, car la télévision, contrairement aux nouvelles techniques, est déjà inscrite dans la réalité historique et sociale. Globalement, la situation de la télévision publique est aujourd'hui moins mauvaise en Europe qu'il y a quinze ans, quand les élites, les professionnels et les pouvoirs publics étaient fascinés par l'arrivée de la télévision privée. Le secteur public, à bout de souffle et d'orientation, était d'ailleurs en grande partie à la remorque du privé, au point que l'on eut vraiment le sentiment que l'idée de télévision publique allait être reléguée au magasin d'accessoires.

Il s'est passé d'ailleurs, avec l'idée de télévision publique, ce qui se dit aujourd'hui pour les médias de masse par rapport aux nouvelles techniques. La télévision publique était « dépassée » hier comme sont « dépassés » aujourd'hui les médias de masse. Mais finalement la télévision publique a tenu. Moins sans doute par la qualité de ses programmes – on se demandait souvent où était la différence – que par la fidélité de ses publics. *C'est le public qui,*

---

1. A contrario, un exemple de la pseudo-transparence du Net est donné par le supplément multimédia de *Libération* qui met en scène un personnage découvrant le Web : Alain le Neuneu. Celui-ci est très clairement dévalorisé parce qu'il a besoin d'une aide pour accéder au Net.

en Europe, a sauvé la télévision publique [1] au moins autant que les pouvoirs publics, les dirigeants ou les programmes. Deuxième aspect positif, l'indépendance des journalistes à l'égard du pouvoir politique s'est accru, amplifiant un mouvement de concurrence public-privé qui avait déjà commencé auparavant. Enfin, l'idée d'une régulation a été acceptée par le biais de la création d'institutions du type Conseil supérieur de l'audiovisuel, avec notamment une intervention dans les programmes pour la jeunesse et contre la violence.

Les aspects négatifs concernent l'absence d'ambition d'une politique audiovisuelle européenne. Les nouveaux médias intéressent beaucoup plus l'Union européenne que les médias traditionnels, alors même que le rapport des usagers est de un à cent. L'absence d'intérêt pour le développement de la télévision en Europe ne fait que retrouver le peu d'intérêt existant depuis toujours à l'égard de celle-ci. Cette absence d'ambition européenne, qui se traduit par une position frileuse sur les droits d'auteur, les coproductions européennes et l'exception culturelle face aux États-Unis, conforte ceux-ci dans l'idée que l'Europe basculera bientôt en matière de communication vers la déréglementation. Cette même absence d'une ambition européenne pour les médias, se traduit aussi par l'incapacité à donner à Euronews le statut d'une grande chaîne d'information, pour l'Europe, mais aussi pour ses frontières de l'Est et du Sud. Comment vouloir construire la plus grande démocratie du monde, avec 370 millions d'habitants, si l'on est incapable de concevoir une grande chaîne d'information ? Cette absence d'ambition se voit aussi dans la difficulté de la France, contrairement à la Grande-Bretagne, à avoir une politique ambitieuse vers l'Est, l'Europe du Sud, et plus généralement la francophonie. Il s'agit pourtant d'un enjeu au moins

---

1. Selon une enquête Eurodata-Médiamétrie citée par *Le Monde* (3 octobre 1998), parmi les dix chaînes européennes les plus regardées, cinq relèvent du service public. Selon la même source, la part d'audience des télévisions publiques est de 40,5 % en Allemagne, 40,9 % en Grande-Bretagne, 51,1 % en Espagne, 47,3 % en Italie et 43,6 % en France.

aussi important que la création de CNN pour la défense des intérêts américains.

2. Ensuite *refuser l'argument du discours technique* selon lequel l'avenir de la communication est du côté de la suprématie de la demande, par rapport à l'offre audiovisuelle. Le numérique et Internet ne menacent pas le rôle de la télévision, ils lui donnent une chance *si* la télévision se montre capable de réaffirmer la différence de sa philosophie, en revalorisant la problématique grand public, au travers d'une logique de l'offre. Affirmer la pérennité du rôle de la télévision suppose évidemment une réflexion critique sur les nouvelles techniques, pour être capable d'en dégager les forces et les faiblesses, ainsi qu'un renouvellement de doctrine pour réaffirmer la spécificité de la télévision. Non seulement l'univers multimédia ne condamne pas la télévision, mais il la renforce : dans un système de communication, où tout sera à disposition, de manière thématique, interactive et payante, la grande force de la télévision consistera à continuer d'offrir gratuitement une grille généraliste, la plus large possible, au plus grand nombre. *C'est le caractère généraliste et largement ouvert sur tous les programmes*, les classes d'âge et les milieux sociaux qui reste la grandeur de la télévision dans un univers par ailleurs multisegmenté. De ce point de vue, on relève ce lapsus savoureux : on loue *le réseau et la toile* comme symbole de la liberté, alors même qu'il y a quelque chose de contradictoire entre l'idée de liberté et la réalité d'un réseau. Simultanément, on se méfie de *la grille* des programmes, qu'on rattache à l'univers de la prison, alors que dans la réalité la grille est au contraire le moyen d'organiser et de mettre en valeur le plus grand nombre de programmes offerts au plus grand nombre.

La singularité, la force et l'originalité de la télévision généraliste seront donc beaucoup plus visibles demain dans un univers individualisé et multimédia qu'elles ne le sont aujourd'hui, justement parce que la différence sera plus flagrante. Défendre la télévision généraliste quand celle-ci est dominante peut ne pas convaincre ; mais demain, quand les usagers, européens notamment, auront essayé, éprouvé les vertus et les limites d'un univers multisegmenté, ils comprendront l'intérêt des médias généralistes. Autrement dit, contrairement au discours largement dominant selon lequel la télévision généraliste est dépassée par les nouvelles techniques, *il faut dire que les médias généralistes, centrés sur l'offre, ont l'avenir devant eux.* Plus il y aura de médias segmentés, thématiques, individualisés, plus la différence et le rôle essentiel des médias de masse seront visibles et susceptibles, enfin, d'être valorisés. Le problème aujourd'hui est d'ailleurs exactement inverse de celui qui est dénoncé. Ce ne sont pas les médias généralistes qui sont dépassés, ils sont par contre coupables d'être frileux, conformistes, ni assez généralistes ni assez inventifs, ouverts sur des programmes qui reflètent la fascinante hétérogénéité de nos sociétés. Les nouvelles techniques ne menacent donc nullement la télévision, à condition que les hommes politiques, les dirigeants et les élites sortent du suivisme et de la fascination à l'égard des techniques *pour se souvenir* du rôle fondamental joué par les médias généralistes, presse écrite, radio et télévision, dans une démocratie. Les nouveaux médias, l'argent et la déréglementation menacent le principal média généraliste, la télévision, à la proportion directe du peu de réflexion et de valorisation dont celle-ci est l'objet depuis quinze ans. Si on ne réduisait pas la communication à la technique, si on prenait en compte les dimensions sociales et culturelles de la communication, personne n'aurait pensé que les nouvelles techniques puissent entraîner la mort de la télévision !...

D'ailleurs l'enjeu concernant la place des médias généralistes est beaucoup moins important dans les pays riches du Nord, où tout est disponible et où les publics feront finalement leur choix, que pour les pays du Sud. Il est évident que dans ces pays où les structures collectives et symboliques ont été violemment détruites en un demi-siècle, le rôle des médias généralistes, au premier rang desquels la radio qui est peu onéreuse, est de créer du lien social et culturel. Il y a quelque chose de malsain à proposer à des pays, dont les identités culturelles et communautaires sont amplement détruites, la fuite en avant dans les technologies individualisantes. C'est faire fi de toute la question du « être ensemble », de la conscience collective, et surtout faire croire que la détention d'un grand nombre d'ordinateurs serait la condition du décollage économique. Il y a beaucoup de mensonges et de légèreté concernant la place des nouvelles techniques dans les pays pauvres. Il ne s'agit pas non plus de leur faire prendre du retard dans l'équipement et l'utilisation des ordinateurs, il s'agit plutôt de ne pas réduire la question très compliquée du rattrapage économique à celle du taux d'équipement en nouvelles techniques, surtout en matière de communication. Le choix n'est pas entre la radio, la télévision et le multimédia ; il est plutôt entre la priorité accordée à la défense d'une communauté culturelle et politique par le biais des médias classiques et une fuite en avant, au nom de la modernité, vers des médias interactifs dont la logique est assez éloignée des traditions d'information et de communication de nombreuses régions du monde. On pense ici à l'Afrique, au Proche et au Moyen-Orient, à l'Asie et à l'Amérique latine. Sauver la radio et la télévision est donc un enjeu non seulement pour la communication, mais aussi pour la démocratie et l'on peut faire la prévision suivante : si le discours concernant la fin de la télévision comme grand outil de communication s'impose, cela voudra simplement dire que l'on a réduit la communication à sa dimension technique, et que personne n'a eu le courage de revendiquer le statut de la communication généraliste, emblématique des dimensions sociales et culturelles de la démocratie de masse qui reste le grand défi du XXIe siècle.

3. *Le troisième enjeu* concerne la mise en place d'une *réglementation* spécifique à la télévision. Non seulement sa place est essentielle pour protéger l'audiovisuel européen par rapport aux industries américaines, mais elle l'est aussi pour valoriser la télévision publique par rapport à la télévision privée, et la télévision généraliste par rapport à la télévision thématique. Et l'enjeu est exactement le même au plan mondial. En réalité, la télévision n'est pas plus menacée par les nouvelles techniques qu'elle ne l'est par le thématique ou les services payants, dès lors qu'on lui donne les moyens de vivre et d'assumer la concurrence. Les capacités à défendre, en Europe, les télévisions généralistes et un certain équilibre public-privé sont les *deux tests* d'une aptitude des démocra-

ties de masse à préserver une certaine ambition pour ce qui reste une des conditions essentielles de leur équilibre.

4. Cela passe aussi par un profond mouvement de *valorisation de la télévision* elle-même, de ses codes, de ses programmes, de ses ambitions, et de professionnels dont on sous-estime largement les compétences. Et cela indépendamment de l'indéniable problème du renouvellement des styles d'émissions, d'images et de maquettes. Non seulement il faut une ambition pour la télévision, mais il faut aussi tirer les programmes vers le haut, sinon on risque d'arriver au processus menaçant depuis une quinzaine d'années : la persistance des programmes moyens et gratuits sur les chaînes généralistes et l'arrivée de programmes intéressants et ambitieux sur tous les nouveaux supports, de manière plus ou moins payante ; bref, une télévision à deux vitesses [1]. Le fait, d'ailleurs, que l'abondance technique et la puissance des intérêts économiques puissent conduire à renforcer les inégalités culturelles, en instaurant des médias à deux vitesses, par rapport à une époque où les techniques étaient moins performantes, et où les ressources étaient limitées devrait faire réfléchir sur l'ambiguïté du progrès technique. *Il n'y a pas de lien direct entre abondance technique et progrès.*

D'une certaine façon, le *triple défi* de la déréglementation, des nouvelles techniques et de l'Europe sera le moyen d'opérer un *sursaut doctrinal* en faveur de la télévision, fidèle compagne de la démocratie de masse. À moins qu'inversement les arguments techniques, économiques et culturels liés à la diversification des goûts ne justifient l'abandon de toute ambition culturelle pour la télévision.

Autrement dit, la télévision est un *test* du problème beaucoup plus général de savoir si l'explosion de la communication sera finalement l'occasion d'un travail théorique. Si celui-ci existe, il permettra de distinguer ce qui sépare la logique des intérêts de la logique des valeurs. Si ce travail

---

1. Pour un examen détaillé des enjeux théoriques de la télévision et de sa segmentation, voir *Éloge du grand public. Une Théorie critique de la télévision, op. cit.*

théorique ne se fait pas, il est à craindre que la logique de l'intérêt ne triomphe définitivement.

Les enjeux spécifiques aux nouvelles techniques

Symétriques de ceux concernant la télévision, ils comportent trois dimensions.

1. *Les techniques ne suffisent pas à créer de la communication.* Bien sûr, transmettre, et de plus en plus vite, dans les deux sens, suscite une forme de communication, mais il faut, en plus, un projet et un modèle culturel. Bref, le « multibranchement » n'est pas à lui seul un projet de communication et beaucoup de transmissions ne font pas forcément beaucoup de communication. En réalité, *il faut au plus vite banaliser les nouveaux services,* ce qui viendra rapidement avec la baisse des coûts et la généralisation des applications. Après tout, il en fut de même avec la télévision et la radio. Certes, il reste la complexité de l'usage, beaucoup plus grande ici que pour les médias de masse, mais on peut supposer que la banalisation de l'usage permettra de sortir de la logique de la performance pour faire apparaître tout ce qui continue de séparer la communication technique de la communation humaine. Après tout, si la communication se réduisait à un échange performant, rationnel, rapide et libre d'informations, on ne parlerait plus de « problèmes de communication », ni d'« incommunicabilité ». Le drame avec les êtres humains, c'est qu'ils ne se contentent pas d'informations ; ils sont porteurs d'émotions, n'interprètent jamais de la même manière les informations, et ont du mal, notamment, à distinguer information et rumeur.

Ces décalages permettent de comprendre tout ce qui oppose la communication fonctionnelle et la communication normative. Si la globalisation de l'économie, et la mondialisation des techniques de communication trouvent, dans la communication fonctionnelle, les conditions de leurs réalisations, on comprend que l'autre dimension de la communication, celle qui est liée à un certain universalisme, à l'œuvre dans le projet de la « communauté internationale », soit plus difficile à réaliser. Justement parce qu'elle renvoie à l'idéal de la communication normative, c'est-à-dire à la recherche, beaucoup plus difficile, d'une certaine intercompréhension entre les hommes.

C'est pourquoi tout ce qui insiste sur la performance et la vitesse de transmission est adapté à la communication fonctionnelle et aux contraintes de la globalisation de l'économie, tandis que la lenteur de la communication, souvent illustrée par les médias de masse en opposition à Internet, renvoie aux difficultés de l'intercompréhension. Dans l'opposition entre vitesse de l'information, et lenteur de la communication, on retrouve toute la question du *rapport à l'autre*. Tant que celui-ci peut être réduit à une logique économique, ou à une performance technique, tout peut aller vite. Mais tout se ralentit, dès qu'il s'agit d'individus réels, et de collectivités réelles, car ici l'intercompréhension est toujours moins performante, et plus complexe, que la logique des branchements. Il est essentiel de distinguer ce qui sépare la logique de la transmission, et son complément l'efficacité, de la logique de la communication et la difficulté de l'intercompréhension.

2. Ensuite, il faudra ouvrir au plus vite une réflexion sur *le type d'information* produit par ces systèmes techniques. Notamment pour montrer l'impossibilité d'une information transparente. Certes, l'accès est libre, facile pour qui sait utiliser les systèmes, le problème n'est donc pas l'accès à l'information, mais la capacité à savoir quoi demander. *Le contexte de compétence* est essentiel. À quoi cela sert-il d'accéder à la bibliothèque du Congrès si on ne sait pas quoi demander, si l'on ne connaît pas les États-Unis, si on n'a aucun rapport avec cet univers, si l'on ne sait quoi faire de ces informations ? *Si l'on n'a pas les compétences pour apprendre à apprendre, les systèmes d'informations et de connaissances élèveront autant de murs infranchissables.* Surtout que l'on y accède directement sans *l'intermédiaire* d'un professeur ou d'un documentaliste qui facilitent toujours l'accès à ce que l'on ne connaît pas. Ici il n'y a plus de passeur, d'intermédiaire, comme il y en a toujours eu dans toute l'histoire. On est « en direct » avec l'immensité du savoir de l'humanité. Où est le progrès ? Accéder directement à l'information et à la connaissance pose des pro-

blèmes, beaucoup plus radicaux que de faire soi-même ses courses au supermarché, de réserver ses places d'avion, de consulter sa banque ou de faire du téléachat. En réalité, on met tout sur le même plan. On confond le fait que l'on peut accéder à tout par le même terminal, avec les immenses différences de statut de ce à quoi l'on accède. *Ce n'est pas parce que l'on peut, avec le même terminal, faire du téléachat et accéder à la Bibliothèque nationale de France que les compétences demandées à l'usager sont équivalentes.* Il faut sortir de l'idéologie du direct et du *do it yourself.* On peut monter soi-même un meuble en kit, on ne peut pas soi-même accéder directement à la connaissance. Il faut du temps, beaucoup de temps, ce dont les nouvelles techniques nous font rêver de pouvoir faire l'économie, et il faut aussi des intermédiaires humains. Aux premiers rangs desquels des professeurs que les ministres de l'Éducation ne cessent de considérer comme des « freins » au progrès, tout simplement parce que ces professeurs ont une conception de la didactique un tout petit peu plus compliquée que celle à l'œuvre dans ces machines. Des professeurs, mais aussi des *documenta-listes*, dont je ne cesse de répéter qu'il s'agit d'une profession essentielle, largement sous-valorisée, et indispensable demain pour naviguer dans ces réseaux, une fois que chacun, après s'y être essayé, en comprendra les difficultés et les limites. D'ailleurs, on commence à réaliser la force d'éman-cipation et de progrès qu'il y a dans le statut des intermé-diaires. L'émancipation ne consiste plus à supprimer les intermédiaires, mais à reconnaître au contraire leur rôle.

Autrement dit, la facilité de consultation et d'accès à l'information laisse entière la question évidemment cultu-relle et beaucoup plus complexe des moyens cognitifs dont dispose l'individu pour replacer l'information dans son contexte et s'en servir. L'accès direct ne change rien à la divi-sion et à la hiérarchie des connaissances. *C'est l'avant et l'après-information qui pose problème, et parfois l'informa-tion elle-même.* En matière d'information et de communica-tion, les items sont au moins autant significatifs que la chaîne sur laquelle ils s'inscrivent – ce que savent tous les linguistes, tous les psychologues et en général tous ceux qui travaillent sur la transmission du savoir et de la culture. Relativiser la performance de l'accès direct est indispensable, même si cet accès est en soi un exploit technique, car la plupart du temps la question la plus importante ne concerne pas l'accès lui-même. Donner l'accès à l'information est un progrès, mais ne suffit pas à créer une certaine égalité, car quoi demander, et pour quoi faire ? Ces questions renvoient directement aux compétences supposées de l'usager et, partant, aux inégalités culturelles et cognitives, même s'il est vrai par ailleurs – et il faut le souligner – que l'accès direct aux systèmes de connaissances peut être aussi pour beaucoup d'individus, traumatisés par l'école, une deuxième chance. Ce qu'il faut éviter, c'est l'idée benoîte selon laquelle l'arrivée de ces systèmes informatisés bouleverse radicalement le statut et l'économie de la connaissance [1]. Croire cela, c'est succomber à l'idéologie technique.

Face à toutes ces innovations, il faut conserver une certaine distance, garder en tête le principe d'une régulation et démystifier le mot magique de « réseau ». Alors que celui-ci renvoie à la réalité d'une structure, il est perçu comme le symbole de la liberté, car il permet techniquement une grande vitesse de circulation des informations. Mais la performance du réseau ne change rien par rapport à la réalité de la structure. Il n'y a pas de réseau sans ordre, sans choix, alors que c'est exactement l'idée d'une absence totale de

---

1. Sur cette question du rapport à la connaissance dans le domaine éducatif, le programme d'action gouvernemental français (« Préparer l'entrée de la France dans la société de l'information ») insiste sur l'individualisation de l'enseignement (accès direct à des ressources pour les élèves) et sur la production de multimédias par les enseignants. Mais aucune réflexion n'est encouragée sur le rôle des nouveaux médias dans la mise en forme de l'information, ni sur le statut d'une connaissance ainsi médiatisée, ni sur les rapports entre cette forme de connaissance et les autres formes de savoir. Avec cette utopie de la transparence et du *do it yourself*, on retrouvera sans doute à l'identique, en dépit des discours des prophètes de la technique, les erreurs qui ont conduit à l'échec de la télévision éducative dans les années 60. Erreurs oubliées de tous, masquées par l'argument fallacieux selon lequel les échecs d'hier étaient dus au caractère sommaire des techniques. On retrouve encore la même idéologie technique : la question du contenu passe au second plan par rapport à la performance technique.

sens, d'organisation, de hiérarchie qui séduit dans les réseaux informatiques. Comme si chacun, en naviguant, pouvait en quelques instants *reconstruire* la connaissance du monde librement. Or, non seulement il n'y a pas de cheminement totalement libre dans les informations et les connaissances, mais celles-ci n'existent pas hors de tout contexte social, et surtout ne se recomposent pas de manière aléatoire. La connaissance réclame de l'ordre et du temps.

C'est cette utopie d'un volume considérable d'informations instantanément accessibles par n'importe qui, sans compétence particulière, qu'il faut interroger. D'autant qu'on présuppose ces informations et ces connaissances mises sur le réseau, sans aucun contrôle, naturellement justes, objectives, honnêtes, dépourvues d'erreurs, de rumeurs, de désir de nuire ou de mentir. Quand on pense aux innombrables difficultés qu'ont rencontrées, depuis deux siècles, les journalistes, pour essayer de réglementer et protéger la liberté de l'information…, on comprend la naïveté, et le danger, de croire que ces millions d'informations disponibles sur le Web sont naturellement bonnes, honnêtes et fiables.

Cet enjeu de la *protection de l'information* disparaîtrait-il du simple fait de l'émergence d'un système technique qui permette de produire et distribuer un nombre considérable d'informations ? D'où vient ce mythe d'un système d'informations infini et gratuit, débarrassé de toutes les problématiques de pouvoir, de mensonges et d'erreurs ? D'où vient cette représentation d'un citoyen occidental curieux de tout [1], attendant simplement d'être équipé d'un terminal pour devenir une sorte de savant ? D'ailleurs, il faudra un jour dénoncer l'utilisation qui est faite des « scientifiques » constamment convoqués pour légitimer et cautionner les réseaux. À entendre certains d'entre eux, il ne serait simple-

---

1. Dans son intervention au Sénat, le 8 avril 1998, le sénateur René Trégouët a présenté un rapport sur les nouvelles technologies intitulé *Des pyramides du pouvoir au réseau des savoirs*. Il y décrit ainsi les valeurs de la société de l'information : « Ouverture aux autres et aux nouveautés, tolérance de la diversité des opinions et des formes d'expression, partage des connaissances et du savoir, volonté d'innover et d'entreprendre. […] Elles impliquent une soif de communiquer et d'être informé. »

ment plus possible, pour un chercheur, de penser et de travailler sans le Net. En réalité, il faut sérieusement nuancer
ces propos selon les disciplines et les communautés, rappeler que cela ne simplifie pas toujours les conditions de la
concurrence scientifique internationale, et ne résout pas
l'énorme problème du contrôle et de la validation scientifique des énoncés. Là non plus *il ne suffit pas que des informations circulent vite pour que les sciences avancent plus
vite et plus sagement...* On oublie un peu vite que de nombreuses applications du Net n'ont rien à voir avec le savoir
ou la connaissance, mais avec d'autres aspects de la réalité
beaucoup plus triviaux, voire sordides ou dangereux... En
outre, comment louer cette abondance d'informations
offerte à tous gratuitement, et oublier que, depuis trente ans,
les économistes voient dans l'accumulation de l'information le nouveau principe des richesses et des pouvoirs.
Comment expliquer cette disjonction : d'une part, l'information libre de tout pouvoir et de toute hiérarchie sur les
réseaux, et d'autre part, l'information nouveau principe de
hiérarchie économique, politique et sociale ?

Au-delà de cette utopie d'une information libre débarrassée de toutes contraintes, il y a cette autre utopie d'une
croissance sans limite de l'information. Comme si l'individu
pouvait développer un appétit sans fin pour la connaissance.
Quand reconnaîtra-t-on que la question de la saturation de
l'information fait aussi partie des problèmes de la croissance
des réseaux ?

Cela conduit à ouvrir une réflexion, sans doute l'une des
plus compliquées, pour l'avenir : *reconnaître qu'il y a une
limite au tout-communication.* En dépit de son extraordinaire
expansion, il faudra réexaminer le mythe contemporain
d'une abondance illimitée de l'information et de la communication. Pourquoi cette idée de limites à réintroduire, au
moment où tout est justement possible ? Parce que, on l'a vu,
il n'y a pas d'information de communication, sans pertes,
erreurs, manques, déplacements. Tant que l'information
n'était pas très abondante, la question de *sa limite* ne se
posait pas, puisque l'objectif était justement de repousser ces
limites. C'est au moment où chacun a l'impression de pouvoir tout faire et de pouvoir accéder à tout en naviguant libre-

ment dans un océan d'informations qu'il faut réintroduire cette réalité ontologique : il n'y a pas de rationalité complète possible de l'information et de la communication. Et plus les deux sont abondantes, plus il faut rappeler cette limite, au risque de succomber à une vision technocratique.

C'est le phénomène symétrique à ce qui se passe pour la conquête de la nature et de la matière. Cette conquête, commencée au XVIe siècle, confirme le succès de l'homme au XXe siècle : la nature est conquise mais c'est aussi le moment où l'on réalise enfin la fragilité, le caractère fini et l'indispensable naissance d'une écologie pour réguler ces biens finalement rares. Autrement dit, la toute-puissance de l'homme l'oblige aujourd'hui à une attitude beaucoup plus prudente à l'égard de l'environnement. C'est la même chose, à l'envers, pour la communication. Hier c'était la rareté, aujourd'hui domine l'abondance. Et c'est précisément cette abondance qui oblige de nouveau à une réflexion normative pour penser une économie de l'information et de la communication. Les hommes n'en auront jamais fini avec cette question inachevée de l'information et la communication, même s'ils sont eux-mêmes multibranchés et constamment connectés avec le monde. Non seulement il y a une limite à la capacité d'absorption des informations et des connaissances, mais il y a aussi une limite au rapport entre l'information et l'action. Si l'une est souvent la condition de l'autre, il ne faut pas croire que beaucoup d'informations permettent forcément de mieux agir, ni que la communication peut se substituer à l'action [1].

---

1. Un des symptômes intéressants de ce phénomène est la *disproportion* qui existe entre la multiplicité des situations de communication et la faible capacité d'action qui est concrètement celle de l'usager. Si les informations sont sans cesse plus nombreuses et diversifiées, grâce aux techniques de communication, le citoyen occidental n'a prise que sur une toute petite partie de la réalité par l'intermédiaire de son droit de vote. Cela, du reste, est également vrai pour les programmes de télévision, toujours plus nombreux et plus facilement reçus : s'ils élargissent la vision du monde, les frontières de la réalité psychique et symbolique s'ouvrent moins vite. *Le citoyen occidental devient un géant en matière d'information, mais reste un nain en matière d'action.*

3. Enfin, il faudra arriver à une certaine contextualisation des nouvelles techniques, car celles-ci donnent trop souvent l'impression de circuler au-delà des réalités sociales et culturelles. Pour cela, rappeler que l'information n'est jamais acquise, qu'elle est toujours le fruit d'une bataille politique, et qu'elle a un coût. Si l'information a longtemps été un bien rare et confidentiel, comment peut-elle si rapidement devenir abondante et pacifique, sans qu'interviennent quelque part un changement de statut et une modification des enjeux qui la concernent ?

Contextualiser, c'est d'abord restituer les nouvelles techniques dans l'histoire de la communication, comprendre les raisons de leur émergence, leurs forces et leurs faiblesses, les comparer aux médias de masse, bref les inscrire dans une histoire, plutôt que les présenter comme un système technique incomparable. C'est montrer leur complémentarité et leur concurrence avec l'écriture, la radio, et la télévision. En d'autres termes, relativiser l'idée selon laquelle elles ouvriraient une page de l'histoire totalement vierge. Plus on parle de « rupture radicale », plus il faut se méfier. L'histoire est un excellent antidote à l'idéologie de la modernité. Beaucoup de services sont simultanément offerts sur d'autres supports ; toute l'histoire de l'information, y compris de l'information automatisée, ne commence pas avec les réseaux, et les applications dans les services, le commerce, l'éducation ont un prix. Tout n'est pas neuf, ni facile, ni gratuit, et certains développements, finalement porteurs de lourdeur et de rigidité, sont bien éloignés de l'idéal de souplesse et de légèreté qu'on promet à grand renfort de publicité. C'est autant leur coût, que leur rigidité, leur dysfonctionnement, voire leur relative inefficacité dans certaines situations, qu'il faut rappeler si l'on veut éviter d'y voir une révolution complète.

Parmi les *mythes* qui circulent, l'un des plus actifs, et profondément injuste, concerne le lien que l'on établit entre la capacité à surfer sur ces réseaux *et* l'idée d'intelligence. Les dispositions cognitives nécessaires à l'utilisation de ces services ne sont nullement synonymes d'intelligence, et les enseignants qui ont à juste titre une forte tradition de résistance à tout ce qui est présenté comme révolutionnaire rappellent depuis plus de dix ans qu'il y a certes des aptitudes tout à fait inégales selon les adultes ou les enfants pour utiliser ces réseaux, et qu'il ne faut en aucun cas y voir un test d'intelligence.

Là aussi, il faudrait multiplier les enquêtes dans les industries, les services, les commerces, les centres de recherche, les entreprises, les écoles, pour voir, au cas par cas, comment les usagers utilisent ces services, étudier les réussites et les échecs, les coûts et les lenteurs, les performances et les contre-performances. Bref, sortir du discours mythique et entrer dans une *logique simple d'évaluation* comme il en existe pour toutes les techniques dans nos sociétés. Et cette démarche est encore plus nécessaire pour les pays pauvres. Certes, ceux-ci doivent pouvoir s'équiper, mais le discours des industriels selon lequel ces réseaux faciliteraient le développement économique est faux. Avec ou sans ordinateurs, avec ou sans réseaux, l'inégalité existe, ne serait-ce qu'à cause du décalage dans les ressources, les recherches, la maîtrise de l'innovation, le financement... L'Occident a tout à fait tort d'identifier ces réseaux à l'intelligence et à l'idée qu'il n'y a que cette rationalité, synonyme de modernité. C'est sans doute dans l'imposition d'une seule conception du temps, d'un seul modèle d'organisation que l'impérialisme occidental est le plus néfaste. Car il touche profondément aux cultures et aux identités. Bien sûr, pendant une ou deux générations, les pays les plus démunis accepteront le type de logique à l'œuvre dans ces machines, mais attention au réveil de civilisations et de cultures, au moins aussi anciennes que les nôtres.

La presse qui, à quelques exceptions près, a démissionné dans l'appréhension de ce phénomène en se transformant en simple représentante de la modernité, devrait reprendre son rôle. Elle qui, pour la politique, les affaires, la justice, l'armée, les mœurs, la vie publique, se drape volontiers dans son « droit de savoir » et « d'enquêter », n'éprouve en l'espèce guère la curiosité de voir « comment cela se passe ». Les médias devraient faire avec les nouvelles techniques ce qu'ils font par ailleurs avec toutes les autres activités sociales, techniques et économiques : évaluer les forces et les faiblesses, les défauts et les qualités. Informer, expliquer, critiquer. Si la presse mettait enfin un peu de distance à l'égard des services et des techniques qu'elle encense depuis dix ans, elle permettrait aux hommes politiques, et plus largement aux adultes, de sortir de leur posture de soumission à l'égard de la révolution de la communication. En effet, beaucoup se disent que si la presse traditionnellement si critique et en même temps à l'affût de la modernité est elle-même si enthousiaste, sans aucune retenue, cela signifie qu'il s'agit d'une vraie révolution... Autrement dit, la presse ici joue un rôle de *mystification* qu'elle dénonce par ailleurs en permanence.

Bref, il faut opérer une relativisation et une réglementation des nouvelles techniques, afin que celles-ci s'inscrivent enfin dans le temps de l'histoire des techniques et dans l'espace des sociétés et cessent d'apparaître comme étant hors de toutes les catégories sociales et historiques. Arriver à faire émerger à la conscience qu'il s'agit de techniques, qui seront un jour dépassées par d'autres, et qui en tout état de cause agissent sur l'information et la communication, lesquelles sont des réalités d'abord humaines et sociales, plus compliquées que les outils qui les transmettent.

Penser la communication

Échapper à la naïveté ambiante sur les nouvelles techniques, c'est donc sortir du discours qui oppose la révolution des nouvelles techniques à l'archaïsme des médias de masse. Cela suppose trois démarches.

1. D'abord s'interroger sur ce *besoin constant de simplification* et de fuite en avant qui consiste à croire que les échecs humains et collectifs en matière de communication d'aujourd'hui seront résolus demain par de nouvelles techniques. Aujourd'hui le Net et les multimédias ont la faveur, mais rapidement d'autres techniques surgiront, soulignant les limites des précédentes, l'efficacité supérieure des nouveaux outils et l'urgence à s'en équiper... Il faudra sortir de cette *simplification* récurrente qui réduit la communication à une problématique technique, en tout cas admettre qu'il n'y a *pas*

de continuité entre la logique technique et la communication. Si la technique peut évidemment s'enraciner dans un projet communicationnel, cela est plus difficile en symétrie pour la communication, car celle-ci déborde toujours la question de la technique.

Les hommes politiques sont bien placés pour le savoir, qui connaissent la différence qui existe entre *vitesse* de l'information et *difficulté* de l'action politique. En démocratie, on le sait, les conditions de l'action sont lentes ; toutes les décisions doivent être négociées et mettent du temps à s'inscrire dans les réalités du fait du caractère très institutionnalisé et bureaucratisé de nos sociétés. Il n'empêche, on considère qu'un chef de gouvernement a six mois pour convaincre et qu'il est usé au bout de deux ans. Ce décalage entre le rythme trépidant de l'information et la difficulté à agir crée une situation objectivement préjudiciable. Les hommes politiques devraient être les premiers à comprendre la nécessité de desserrer l'étau de la technique. Une information de plus en plus rapide n'est pas toujours la condition d'une bonne décision politique. On le voit nettement en cas de crise nationale, et surtout internationale. En général, il faut gagner du temps, éviter de prendre des décisions sous la pression des événements. Les nouvelles techniques accentuent cette logique de l'urgence et gomment l'inévitable complexité de la logique politique.

Concrètement, cela veut dire qu'il faut *lutter contre l'idéologie de la communication, au nom même de ses dimensions normatives.* Cette idéologie réduit la communication à la performance technique et confond la mondialisation de la communication avec la communication des hommes et des sociétés. Dans la communication, *le plus facile est technique,* et plus la technique permet de mondialiser la communication, plus les incompréhensions sont visibles. Se brancher mutuellement supprime peut-être les barrières du temps, mais ne peut rien contre celles de la géographie. Les utopies de la communication qui nient des différences d'intérêts et de pouvoirs, tout autant que l'importance cardinale des climats, du temps et du relief, illustrent la faiblesse de la réflexion théorique sur la communication.

Techniciser la communication ou la socialiser reste l'enjeu central. La *vision matérialiste* de la communication privilégie la dimension technique et la performance tandis que *la vision culturelle* privilégie au contraire l'importance des modèles sociaux et culturels, et la prise en compte des difficultés de compréhension. Plus on s'intéresse à la dimension technique, plus on adhère à une vision matérialiste de la communication. Plus on s'intéresse à la dimension sociale et culturelle, plus on adhère à une vision humaniste de la communication.

Valoriser la communication contre l'idéologie de la communication, c'est rappeler tout ce qui sépare la lenteur de la communication humaine, sociale ou politique de la performance et de la vitesse des techniques. C'est rappeler que l'idéal de la communication fonctionnelle est du côté de la circulation et de la performance, de la transmission et de l'interactivité, de la vitesse et de l'efficacité, alors que celui de la communication normative admet la nécessité de la lenteur dans l'intercompréhension, ainsi que l'importance des différences culturelles, religieuses, symboliques, et les inévitables limites de tout rapprochement. C'est rappeler enfin qu'il n'y a pas de société sans distances, pas de vie personnelle ou collective en continu, sans décalages et besoins de cesser la communication. Bref, penser la communication, c'est savoir en reconnaître les limites, c'est revaloriser l'expérience, la durée, la distance, le silence et les limites de l'interactivité. Une fois que l'interactivité gérera tous les rapports sociaux, on comprendra la nécessité, ontologique, à en limiter l'emprise.

2. Ensuite, *multiplier les enquêtes* du côté des publics, c'est-à-dire des usagers, récepteurs, pour voir concrètement comment les individus se débrouillent, échouent et réinventent. L'enquête et la comparaison mettent les choses à leur place et montrent que l'usage principal du Net pour le moment reste le courrier électronique et ses services connexes. Bref, l'enquête permet de montrer la *distance* qui subsiste entre les services offerts *et* les services pratiqués. Mettre au jour le décalage est indispensable pour éviter de croire que tout le monde souhaite demeurer vingt-quatre heures sur vingt-quatre sur le Net ! Sortir de l'urgence affichée par les

nouveaux services et aller voir comment les différentes communautés se débrouillent, permet de comprendre qu'il n'y a pas de progrès à passer du téléphone au Minitel, et du Minitel à Internet. Enquêter sur les récepteurs et les usages, c'est toujours retrouver *la marge de manœuvre* que les individus, et plus généralement les peuples, inventent pour se tenir à distance des techniques, surtout lorsque celles-ci traitent de l'information et de la communication, c'est-à-dire de ce qui est au cœur de toute société.

Enquêter, c'est aussi faire des études comparatives sur les médias : cela permettrait par exemple de tordre le cou au stéréotype dominant depuis vingt ans selon lequel il y aurait un progrès du point de vue d'une théorie de la communication à passer des médias où l'on reçoit les messages aux nouvelles techniques de communication, où l'on initie les messages. Bref, casser l'idée fixe selon laquelle une communication par la demande serait supérieure à une communication par l'offre, alors que chacun sait, par expérience, et depuis toujours, qu'il y a autant de pertinence à communiquer à partir de l'une ou de l'autre des logiques. Et qu'en tout état de cause, il n'y a pas de hiérarchie entre ces deux formes d'accès à la communication. Des études comparatives seraient aussi à faire entre pays pour voir comment cette « révolution mondiale » est en réalité vécue de manière différente selon les traditions politiques, culturelles, religieuses et esthétiques.

Ces études montreraient que le défi de cette fin de siècle et du début du suivant reste non pas la communication à tout prix, mais *la gestion du nombre et la cohésion des communautés* dans un cadre ouvert et démocratique. Certes, la question de la liberté demeure centrale pour toute théorie de la société, car la liberté individuelle est elle-même menacée par la bureaucratie et la standardisation. Mais nous disposons de codes culturels et politiques pour penser ce problème qui a déjà traversé deux siècles de conflits. En revanche, nous restons beaucoup plus désarmés pour *penser le nombre démocratique*, qui est pourtant la condition de la paix civile de demain. Nous possédons une forte tradition philosophique et politique pour penser les conditions de la communication individuelle. En revanche, nous sommes beaucoup plus démunis pour penser la question du nombre. D'autant que celui-ci a de plus en plus deux dimensions relativement contradictoires : ce que l'on pourrait appeler le nombre fonctionnel dans le cadre des économies et des sociétés ouvertes qui doivent gérer un nombre croissant de flux d'informations, et qui trouvent dans les réseaux les infrastructures qui leur sont nécessaires ; et, d'autre part, le nombre normatif qui renvoie à la question de la démocratie de masse et aux rapports difficiles entre public, nombre, foule et collectivités. Si la « performance » des nouvelles techniques est adaptée aux contraintes du nombre fonctionnel, elle l'est beaucoup moins pour le nombre normatif qui gère l'être ensemble des sociétés complexes et pour cette question centrale de l'avenir et de la paix dans le monde. Les « médias de masse », beaucoup moins performants, sont en réalité souvent plus adaptés parce qu'ils sont d'emblée en prise avec la question du lien social.

3. Enfin, *replonger dans l'histoire des utopies* de la communication, fort nombreuses depuis deux siècles, qui toutes sont enracinées dans des systèmes techniques. Réexaminer les utopies anciennes permet de dégager les logiques de répétition et de comprendre que, depuis le XVIIIe siècle qui a promu l'individu et la démocratie, la question est toujours la même : comment articuler l'épanouissement de soi, et l'appartenance à la collectivité ? Ce qui est dit aujourd'hui sur la société de l'information a déjà été fortement clamé avec l'arrivée du téléphone il y a un siècle, de la radio au début du siècle, de l'ordinateur dans les années 50 et de la télévision par câble il y a trente ans. Mais qui s'en souvient ? Un contemporain dira naïvement que ce qui n'était pas possible avec le câble le sera avec le Web. Mais qui lui annoncera que sa belle certitude d'aujourd'hui ressemble à celle d'hier et que bientôt, ce qui pour lui est indépassable – les prodiges de la toile – sera inévitablement dépassé ? Et qu'un autre, tout aussi crédule, sur la base de techniques encore plus sophistiquées, prédira avec la même emphase que la révolution d'après-demain est encore plus époustouflante que celle de demain. Et ainsi de suite.

Un autre modèle doit être fortement valorisé, celui de la *vulgarisation*, qui a joué un rôle très important, depuis le

XVIIIᵉ siècle. Pour combler le décalage, immense, entre les élites et le peuple, beaucoup à partir de 1850 ont milité pour la vulgarisation, notamment scientifique et politique. Il faudra bien un jour faire une histoire intellectuelle et éditoriale valorisant le rôle essentiel joué par la vulgarisation depuis un siècle, sans aucune reconnaissance ou légitimité. Le peu de prestige de tout ce qui concerne la question très compliquée de la vulgarisation en sciences, techniques, économie, politique... est à mettre en rapport avec le peu de légitimité qui entoure la question du grand public. On retrouve ici directement la question de la démocratie de masse, apparemment tant souhaitée, mais si peu admirée. L'idée était de construire des médiations entre les uns et les autres, entre ceux qui savaient et ceux qui ne savaient pas. *Les intermédiaires étaient les instruments de l'émancipation.* Mais il s'agissait d'hommes et non de techniques. Aujourd'hui, certains croient que la médiatisation est synonyme de médiation, et que les techniques peuvent encore mieux faire que les hommes. C'est parfois vrai mais l'essentiel du projet de la vulgarisation ne se réduit pas à une question technique. Il reste un projet politique qui n'a d'ailleurs pas pris une ride et qui demeure le cousin germain de l'émancipation politique. Il faut rappeler la grandeur de ce projet au moment où, aujourd'hui, le discours technique fait croire que chacun peut tout faire sans intermédiaire. Il y a en réalité dans le projet de la vulgarisation une théorie de l'émancipation et du transfert de compétences beaucoup plus élaborée que dans l'idée dominante aujourd'hui selon laquelle moins il y a d'intermédiaires plus on est libre.

La relativisation historique permet de comprendre aussi le poids de l'imagination humaine. À chaque étape, celle-ci s'est saisie du système technique pour résoudre le problème du lien entre l'échelle individuelle et sociale. On comprend qu'avec les techniques actuelles, et encore plus les nouvelles techniques, le rêve d'un lien fort soit encore plus séduisant. Retrouver les utopies antérieures a l'avantage d'historiciser le discours du moment pour en montrer le caractère contingent. Cela permet de rappeler, surtout pour la communication, que l'essentiel, en dépit de ce qui est martelé depuis

trente ans, n'est pas du côté des techniques. Plus celles-ci
sont performantes, plus on réalise comment elles sont incapables de saisir l'essentiel, à savoir le caractère finalement
peu rationnel des relations entre les hommes.

À l'inverse de la vulgarisation qui, d'un point de vue théorique, justifie le rôle essentiel de l'intermédiaire, une autre
utopie voudrait faire du Net une sorte de *court-circuit
culturel*.

Si la culture est caractérisée par la capacité à emmagasiner
de nombreuses informations, Internet est en effet un outil
culturel parce que le nombre d'informations auquel il permet
d'accéder augmente de manière vertigineuse. On parlait de
trois cents à trois cent cinquante millions de pages accessibles à la mi-1998, sans que ce chiffre soit vérifiable. Du
point de vue du volume, en laissant de côté la question de la
qualité de ce volume, Internet est donc une chance pour la
culture.

Mais si l'on prend l'autre dimension de la culture – celle
de la durée –, les choses se compliquent. Il n'y a pas de
culture sans permanence et sans accumulation. Or le propre
d'Internet et de la cyberculture est au contraire de se faire et
de se défaire constamment, de nier l'idée même d'accumulation. Il n'y a pas de stock, pas de pérennité, il n'y a que
des flux. Si ce côté mouvant a quelque chose de séduisant
par rapport à une certaine mode actuelle de la vitesse, de
l'aléatoire, du virtuel et du contingent, on comprend les
problèmes que cela pose du point de vue d'une définition de
la culture ; le volume des messages, la vitesse et l'interactivité ne suffisent pas à constituer une culture quand on sait
que celle-ci se construit par accumulation, dans un rapport
constant entre patrimoine et nouveauté, tradition et modernité.

Ce travail à faire sur l'histoire des utopies de la communication montre en tout cas la place centrale qu'occupe la communication dans la culture occidentale. Il y a de fait *une
archéologie de la communication* à entreprendre pour mettre
au jour la manière dont la communication est présente dans
notre histoire comme concept central de l'Occident, depuis le
Moyen Âge, et encore plus depuis le XVIᵉ siècle. Ce concept
colle à la peau des deux plus profonds mouvements qui ont

secoué l'Europe de la Réforme jusqu'à la Révolution. Le plus étonnant est que ce concept, central pour la naissance de l'individualisme des XVIIe et XVIIIe siècles, l'a également été pour la longue émergence de la démocratie, au XIXe, et de la démocratie de masse au XXe siècle. En effet, on ne le dira jamais assez : les valeurs d'égalité et de reconnaissance d'autrui qui sont au cœur de la communication et du combat pour la *démocratie libérale* ont été ensuite des facteurs essentiels dans l'émergence d'une *société démocratique de masse*.

Deux conclusions s'imposent alors. Si la communication n'avait pas été une valeur centrale de la culture occidentale, puis de la démocratie, elle n'aurait pas eu *dans la durée* un tel rôle. Deuxièmement, la révélation de son rôle historique pendant deux siècles, dans des contextes très différents, permet de comprendre l'impossibilité de réduire la communication à la seule révolution *actuelle* des nouvelles techniques.

C'est pourquoi la revalorisation théorique de la communication passe par un travail sur la genèse des modes de pensée pour faire émerger à la conscience historique l'importance des processus communicationnels, même si, chaque fois, ce n'est pas le mot communication qui fut employé.

Il y aura un *Communication-turn*, comme il y a eu un *Linguistic-turn* dans la première moitié du XXe siècle, c'est-à-dire une prise de conscience de l'importance de la communication comme il y eut une prise de conscience de l'importance de la linguistique. Le passage de l'un à l'autre est d'ailleurs assez logique. Après avoir mesuré l'importance des travaux menés sur les langues tout au début de ce siècle, il est normal qu'on réalise l'importance de la mise en acte de celles-ci au travers de la communication. Cela permettra également de relancer une réflexion essentielle sur le rôle de l'argumentation et de la rhétorique à l'heure de la communication généralisée [1].

Le problème essentiel n'est donc pas du tout d'être *pour* ou *contre* les nouvelles techniques de communication, mais

---

1. Cf. *L'Année sociologique*, « Argumentation et sciences sociales », t. 1 et t. 2, 1994 et 1995, PUF ; et *Hermès*, « Argumentation et rhétorique », n° 15 et 16, CNRS Éditions, 1995.

de savoir à partir de quel moment la problématique de la communication sera enfin reconnue comme plus importante que celle des techniques. En fait il faut dire oui, *simultanément*, aux médias de masse et aux nouvelles techniques, car les deux renvoient aux caractéristiques partiellement contradictoires de la société individualiste de masse, qui sont la liberté et l'égalité. *Oui* à une réflexion sur le rôle respectif des deux médias, en sachant qu'ils sont finalement en position symétrique : avec les médias de masse, c'est la dimension technique qui est devenue secondaire par rapport au rôle social, lequel s'est d'ailleurs paradoxalement traduit par une absence de légitimité culturelle et une obsession de l'influence et de la manipulation. À l'inverse, avec les nouvelles techniques de communication, ce qui est oublié, c'est le projet. Il ne reste que les performances techniques, dont on suppose, par une sorte de capillarité mystérieuse, qu'elles seront la source d'inspiration d'une nouvelle société.

Mais, dans le même temps, il faut dire *non* à la communication réduite à une performance technique ; et *non* également à l'idée que la performance technique préfigure une nouvelle économie de la communication. De ce point de vue, une réflexion approfondie devrait, une fois ces éléments acquis, être poursuivie pour dégager durablement ce qui distingue ces deux types de média, dont les uns sont fondamentalement dans la logique de *l'offre*, et les autres dans celle de la *demande*.

En réalité, la *vraie ligne* de partage concerne finalement ceux qui sont plutôt intéressés par la transmission, le message ou les conditions de l'interaction entre les trois logiques du message, de la transmission et de la réception. Il s'agit là en réalité de trois philosophies différentes de la communication, qui donnent naissance à des théories différentes. On remarquera que la tendance la plus fréquente consiste à réduire la communication à la transmission ou au message qui sont des approches moins complexes que celles qui essayent de comprendre la communication comme le résultat toujours aléatoire des interactions entre l'émetteur, le message et le récepteur.

Il demeure, la plupart du temps, un vrai conflit théorique entre ces trois approches de la communication, selon que l'on *privilégie la transmission, le message ou l'interaction.*

Orientation bibliographique

Il s'agit ici d'ouvrages liés à l'émergence des nouvelles techniques. Mais aussi de livres qui analysent certaines évolutions des sociétés contemporaines, du point de vue de la culture ou de la mondialisation.

Annuaire de l'Internet francophone, Éditions ELEIS, avec le concours de la Délégation générale à la langue française, 1996.

Badié, Bertrand, *Un monde sans souveraineté*, Fayard, 1999.

Bancel-Charensol, Laurence, *La Déréglementation des télécommunications dans les grands pays industriels*, Économica, 1996.

Barber, R., Benjamin, *Djihad versus Mc World*, New York, Times Book, 1995, traduit de l'américain par Michel Valois, Desclée de Brouwer, 1996.

Boulier, Dominique, Charlier, Catherine, « À chacun son Internet – enquête sur des usagers ordinaires », *Réseaux*, n° 86, CNET, 1997.

Breton, P., *L'Argumentation de la communication*, La Découverte, 1996.

Breton, Philippe, *L'Utopie de la communication. Le mythe du « village planétaire »*, La Découverte, coll. « Essais », 1995.

Candau, J., *Mémoire et Identité*, PUF, 1998.

Chaliand, G., Rageau, J.-P., *Atlas du millénaire : la mort des empires*, Atlas Hachette, 1998.

Claessens, Michel, *La Technique contre la démocratie*, Le Seuil, 1998.

Corbin, A., *L'Avènement des loisirs (1850-1960)*, Aubier, 1995.

Delmas-Marty, M., *Vers un droit commun de l'humanité. Entretien avec P. Petit*, Textuel, 1996.

Durpaire, Jean-Louis, *Internet à l'école en France*, CRDP de Poitou-Charentes, CNDP, 1998.

Enaudeau, C., *Là-bas comme ici. Le paradoxe de la représentation*, Gallimard, 1998.

Ettighoffer, Denis, Blanc, Gérard, *Le Syndrome de Chronos*, Dunod, 1998.

Ferro, M., *L'Information en uniforme : propagande, désinformation, censure et manipulation*, Ramsay, 1991.

Finkielkraut, A., *L'Humanité perdue*, Le Seuil, 1996.

Giddens, Anthony, *Les Conséquences de la modernité*, L'Harmattan, 1994.

Glaser, E., *Le Nouvel Ordre international*, Hachette Littératures, 1998.

Gourevitch, J.-P., *L'Image en politique. De Luther à Internet et de l'affiche au clip*, Hachette Littératures, 1998.

Gréau, J.-L., *Le Capitalisme, malade de sa finance*, Gallimard, 1998.

Guillebaud, Jean-Claude, *La Trahison des lumières. Enquêtes sur le désarroi contemporain*, Le Seuil, 1995.

Hagège, Claude, *L'Homme de paroles : contribution linguistique aux sciences humaines*, Fayard, 1996.

Hagège, Claude, *Le Français, histoire d'un combat*, Éditions Michel Hagège, 1997.

Harvey, Pierre-Léonard, *Cyberespace et communautique. Appropriation, réseaux, groupes virtuels*, Québec, Presses de l'université de Laval, 1995.

Hermès, n° 10, « Espaces publics, traditions et communautés, Les contradictions de l'espace public médiatisé », CNRS Éditions, 1992.

Internet. Les enjeux pour la France, AFTEL, Le Téléphone, 1996.

Jacobi, Daniel, Schiele, Bernard (sous la dir. de), *Vulgariser la science. Le procès de l'ignorance*, Seyssel, Champ Vallon, 1988.

Jeanneret, Y., *Écrire la science. Formes et enjeux de la vulgarisation*, PUF, 1994.

Korzybski, A., *La carte n'est pas le territoire*, Éclat, 1998.

Lacroix, G., *Le Mirage Internet. Enjeux économiques et sociaux*, Vigot, 1997.

Marcuse, H., *Culture et Société*, Minuit, 1970.

Mattelart, Armand, *La Mondialisation de la communication*, PUF, coll. « Que sais-je ? », n° 3181, 1996.

Mattelart, Arnaud, *Histoire de l'utopie planétaire. De la société prophétique à la société globale*, La Découverte, 1999.

Meyer-Bisch, Patrice (sous la dir. de), *La Culture démocratique : un défi pour les écoles*, UNESCO, 1995.

Michel, F. (sous la dir. de), *Tourisme, touristes et société*, L'Harmattan, 1998.

Miège, B., *La Société conquise par la communication*, vol. 2, Grenoble, PUG, 1997.

Mouline, Abdelaziz (sous la dir. de), *Les Alliances stratégiques dans le domaine de l'information*, Economica, 1996.

Neveu, E., *Une société de communication ?* Montchrestien, coll. « Clefs », 1994.

Poinssac, Béatrice, *Internet, l'école buissonnière*, Magnard-Vuibert, coll. « Multimédia », 1998.

Pouts-Lajus, Serge, Riché-Magnier, Marielle, *L'École à l'heure d'Internet*, Nathan Pédagogie, 1998.

Proulx, S. et Vitalis, A. (sous la dir. de), *Vers une citoyenneté simulée. Médias, réseaux et mondialisation*, Apogée, 1998.

Ramonet, I., *Géopolitique du chaos*, Galilée, 1997.

Reich, R., *L'Économie mondialisée*, Dunod, 1993.

Ruellan, Denis, Thierry, Daniel, *Journal local et réseaux informatiques*, L'Harmattan, 1998.

Sauvageau, Florian (sous la dir. de), *Les Politiques culturelles à l'épreuve. La culture entre l'État et le marché*, Institut québécois de recherche sur la culture, 1996.

Sennett, R., *Les Tyrannies de l'intimité*, Le Seuil, 1979.

Sfez, L., *Critique de la communication*, Le Seuil, 1990.

Sicard, Marie-Noëlle, *Entre médias et crises technologiques. Les enjeux communicationnels*, Villeneuve-d'Ascq, Presses universitaires du Septentrion, 1998.

Simeray, A. (sous la dir. de), *L'Internet professionnel : témoignages, expériences, conseils pratiques de la communauté enseignement et recherche*, CNRS Éditions, 1995.

Sirinelli, Pierre, *Industries culturelles et nouvelles techniques*, La Documentation française, 1994.

Stenou, K., *Images de l'autre. La différence, du mythe au préjugé*, Le Seuil, 1998.

Toffler, A. et H., *Guerre et contre-guerre. Survivre à l'aube du XXIᵉ siècle*, Fayard, 1994.

Veltz, P., *Mondialisation, villes et territoires. L'économie d'archipel*, PUF, 1996.

Venne, Michel, *Vie privée et démocratie à l'ère de l'informatique*, Sainte-Foy, Presses de l'Université Laval, 1996.

Vettraineau-Soulard, M.-C., *Les Enjeux culturels d'Internet*, Hachette Éducation, 1998.

Virilio, Paul, *Cybermonde, la politique du pire*, Textuel, 1996.

Virilio, Paul, *La Vitesse de libération*, Galilée, 1995.

Voge, Jean, *Le Complexe de Babel : survivre à l'âge de l'information*, Masson, 1997.

White, P., *Le Village CNN. La crise des agences de presse*, Presses de l'université de Montréal, 1997.

Rapports
Mc Bride, S. *et al.*, *Voix multiples, un seul monde. Rapport de la commission internationale d'étude des problèmes de la communication*, UNESCO/La Documentation française, 1980.

Rapport sur la communication dans le monde, UNESCO, La Documentation française, 1990.

Histoire des techniques de communications
Cette histoire est indispensable pour relativiser les discours sur « la révolution des nouvelles techniques ». D'abord parce qu'elle montre le caractère répétitif de ces discours : ce qui est promis aujourd'hui, l'a souvent déjà été. Ensuite parce qu'elle montre la complexité des liens entre la société, la culture et les techniques. Enfin parce qu'elle illustre le poids des différences entre les pays, dans leurs manières d'accueillir les techniques de communication depuis un siècle. Depuis

trente ans ces travaux sont de plus en plus nombreux, même si, pour le moment, ils n'ont pas réussi encore à nuancer le discours sur « la révolution des nouvelles techniques ».

Balpe, Jean-Pierre, Lelu, Alain, Papy, Fabrice, Saleh, Imad, *Techniques avancées pour l'hypertexte*, Hermès, 1996.

Barbier, Frédéric, Bertho-Lavenir, Catherine, *Histoire des médias : de Diderot à Internet*, Armand Colin, 1996.

Beltan, Alain, Griset, Pascal, *Histoire des techniques aux XIXe et XXe siècles*, Armand Colin, 1990.

Bensaude-Vincent, Bernadette, Rasmussen, Anne, *La Science populaire dans la presse et l'édition, XIXe et XXe siècles*, CNRS Éditions, coll. « Histoire », 1997.

Bertho, C. (sous la dir. de), *Histoire des télécommunications en France*, Toulouse, Érès, 1984.

Bertho, C., *Télégraphes et téléphones, de Valmy au microprocesseur*, Le Livre de Poche, 1981.

Bertho-Lavenir, Catherine, *Les Télécommunications*, Romain Pagès, 1991.

Caron, F., *Les Deux Révolutions industrielles du XXe siècle*, Albin Michel, 1997.

Carré, Patrice A., *Télégraphe. Innovation, technique et société au XIXe siècle*, Le Téléphone, 1996.

Carré, Patrice A., *Téléphone d'un temps perdu. Regards sur l'objet technique*, Éditions du téléphone, 1995.

Chartier, Roger, *L'Ordre des livres. Lecteurs, auteurs, bibliothèques en Europe entre XIVe et XVIIIe siècle*, Alinéa, 1992.

Comte, Hubert, *Les Outils du monde*, La Martinière, 1997.

Desjeux, D. (sous la dir. de), *Anthropologie de l'électricité. Les objets électriques dans la vie quotidienne en France*, L'Harmattan, 1997.

Eiseinstein, Élisabeth, *La Révolution de l'imprimé à l'aube de l'Europe moderne*, La Découverte, 1991.

Ellul, J., *La Technique ou l'enjeu du siècle*, Economica, 1980.

Flichy, P., *Une histoire de la communication moderne. Espace public et vie privée*, La Découverte, 1991.

Friedmann, G., *Ces merveilleux instruments*, Denoël, 1979.

Friedmann, G., *Sept études sur la technologie*, Denoël, 1966.

Goffi, J.-Y., *La Philosophie de la technique*, PUF, coll. « Que sais-je ? », 1988.

Griset, P., *Les Révolutions de la communication au XIXe et XXe siècle*, Hachette, 1991.

Griset, P., *Les Télécommunications transatlantiques de la France : entreprise, technologie et souveraineté : XIXe-XXe siècles*, Rive droite, Institut d'histoire de l'industrie, 1996.

Interférences : deux siècles de communication à distance, Catalogue d'exposition, Cnam, Aihti, 1985.

Jeanneney, Jean-Noël, *Une histoire des médias : des origines à nos jours*, Le Seuil, 1996.

Lafitte, Jacques, *Réflexions sur la science des machines*, Vrin, 1972.

Mathé, Michel, *La Radio*, Milan, 1996.

Mc Luhan, M., *Pour comprendre les médias. Les prolongements technologiques de l'Histoire*, Le Seuil (trad.), 1968.

Montagné, Jean-Claude, *Histoire des moyens de télécommunication : de l'Antiquité à la Seconde Guerre mondiale*, Éd. J.-C. Montagné, 1995.

Pagels, H., *Les Rêves de la raison : l'ordinateur et les sciences de la complexité*, InterÉditions, 1990.

Schaeffer, P., *Machines à communiquer*, t. 1, Le Seuil, 1970.

Chapitre 5

Le désert européen de la communication

Pourquoi parler de l'Europe dans un livre consacré aux affrontements entre anciens et nouveaux médias ? Parce que l'Europe illustre deux problèmes essentiels de la communication : le rôle prédominant des conditions normatives et l'importance des différences.

S'interroger sur les conditions d'intercompréhension des quinze nations de l'Union européenne, et des 370 millions d'habitants qui la composent, c'est d'emblée s'interroger sur le rôle des dimensions autres que la technique. Ce n'est pas en plaçant des ordinateurs et des télévisions interconnectés chez tous les Européens, en supposant même que l'on ait résolu les questions de traduction, que l'on fera avancer la cause européenne.

L'Europe permet de réaliser combien l'enjeu de la communication n'est pas d'ordre technique. Il y a même quelque chose de salutaire à mettre en parallèle le caractère sophistiqué des techniques, et l'incertitude absolue du résultat, à savoir la construction politique de l'Europe. Par rapport à cet immense défi qui oblige à réexaminer l'histoire, les symboles, les représentations, les idéologies, les stéréotypes, la performance des techniques paraît d'un seul coup bien *dérisoire*. La circulation instantanée d'images réelles ou virtuelles, de données personnalisées, d'informations de toute nature, la création d'une économie européenne, la standardisation partielle des modes de vie ne suffiront évidemment pas à créer une quelconque adhésion politique, s'il n'existe pas préalablement un certain désir d'Europe, c'est-à-dire un projet, une volonté politiques. D'un seul coup, les techniques sont ramenées à l'essentiel : leur dépendance à l'égard d'un modèle culturel et d'un projet social.

On est tellement habitué à raisonner sur le rôle des techniques de communication dans le cadre des États-nations, où la question de la volonté de vivre en commun a déjà été résolue même si cela a nécessité plusieurs siècles et beaucoup de violences, que l'on oublie cette condition préalable à celle concernant l'utilité des techniques. Celles-ci ne peuvent rien si les hommes ne souhaitent pas coopérer, ce qui place au centre de la communication, non pas les techniques, mais les modèles culturels et les projets sociaux. De ce point de vue, l'Europe permet tout de suite de retrouver la *hiérarchie* des conditions de la communication car on mesure spontanément le rôle essentiel d'un minimum de langages communs, de valeurs partagées, de symboles, de représentations, de souvenirs. L'avantage du projet politique européen, du point de vue d'une théorie de la communication, est donc de faire apparaître trois caractéristiques essentielles de la communication.

D'abord que le plus important dans la communication n'est pas la technique, mais les conditions culturelles et sociales qui, d'une certaine manière, prédéfinissent les conditions d'échanges. C'est *ensuite* l'importance de ces conditions symboliques et langagières nécessaires à toute intercompréhension sincère et que l'on a trop souvent tendance à oublier tant elles nous paraissent naturelles, car elles sont le plus souvent réunies au sein des États-nations. C'est *enfin* l'importance de la communication normative qui apparaît dès lors que l'on échappe à une vision purement fonctionnelle de la communication.

L'Europe illustre ainsi de façon particulièrement flagrante ce qui est l'enjeu par excellence de la communication, à savoir non pas la gestion des ressemblances, mais au contraire *l'organisation d'une cohabitation respectueuse des différences*. Cet enjeu est évidemment essentiel pour l'Europe qui construit ce projet volontariste : rapprocher 370 millions d'individus que tout sépare et qui ont

Le désert europée[n]

commencé à coop[...]
l'économie, les i[...]
essayent de le fai[...]
se rapprocher sans[...]
de proximité, ou d[...]
de nous séparer ?

L'Europe est d[...]
l'importance du re[...]
chement, donc la [...]
quoi, celle-ci pourr[...]
conduire au résulta[...]
communication en [...]
dans le processus [...]
communication au p[...]
culturelle, et non l'i[...]
cela traduit bien l'i[...]
comme condition [...]
l'Europe est un lieu[...]
théorie de la commun[...]

La dérive de l'idéolo[...]

Autrement dit, ce q[...]
considérable pour le n[...]
de la communication e[...]
on se comprendra mie[...]
techniques. C'est aus[...]
risque d'être confronté[...]
nouvelles techniques. [...]
ment présente au sein [...]
une place encore plus forte au sein de l'Europe : puisque la
communication est plus difficile à mesure que se fait l'intégration politique, pourquoi ne pas espérer trouver dans la
performance des techniques un moyen d'accélérer l'intégration ? Pour l'instant nous n'assistons qu'au balbutiement
de cette idéologie technique, mais on comprend les ravages
qu'elle pourrait provoquer quand on réalisera la fragile équation de la communication en Europe : les difficultés d'inter-

compréhension entre des communautés que l'histoire et les langues séparent depuis toujours, et qui seront de plus en plus visibles au fur et à mesure du développement de l'Europe politique ; l'existence de populations nombreuses qui sont autant de marchés potentiels pour les nouvelles techniques de communication ; la réalité d'une population européenne à haut niveau culturel et éducatif prompte à s'enflammer pour la révolution de la communication... Les conditions sont donc réunies pour que l'Union européenne, dans un de ces contresens dont l'histoire est coutumière, devienne le premier territoire de l'idéologie technique au monde.

Tout cela explique l'optimisme béat et la confiance aveugle envers les nouvelles technologies. Grâce à elles, en effet, les individus pourront entrer en relation les uns avec les autres, et les conflits inextricables entre l'échelle locale, nationale et communautaire disparaîtront. D'aucuns prédisent même que les nouvelles techniques pourront « supprimer » le niveau encombrant des États pour favoriser une Europe des régions ou des villes. Cette difficulté à penser l'articulation entre le local, le national et le communautaire illustre un paradoxe surprenant. On souhaiterait que la notion d'identité nationale n'efface « naturellement », en même temps que l'on prône une « Europe de la diversité ». Mais comment penser cette diversité sans penser les *identités* ? Pour contourner le problème, dépasser l'identité nationale, on rêve de voir émerger, sur le modèle américain, une Europe des communautés culturelles. Mais parler de *multiculturalisme* en important le modèle américain est largement inapproprié à l'Europe. Aux États-Unis, il s'agissait de créer une communauté à partir de millions d'*individus* venus de tous les coins du monde et qui renonçaient à leur identité et à leur langue pour devenir américains. En Europe, il est question de construire un espace politique neuf à partir de peuples souverains qui ne souhaitent nullement abandonner leur identité au profit d'une identité encore incertaine. En outre, l'Europe, contrairement aux États-Unis, n'est pas un territoire fermé. Elle est d'ailleurs appelée à s'étendre puisque l'on est déjà passé de 6 à 9, 12 et 15. L'Europe, pour sa construction politique, se trouve donc dans une situation radicalement nouvelle, à l'égard de laquelle il n'y a aucun modèle. Il s'agit d'une communauté sans principe réel de clôture, obligée d'admettre l'égalité des identités, au travers d'une pluralité de langues et de traditions qui sont autant d'obstacles à une compréhension immédiate. Il est donc largement prématuré de parler de multiculturalisme, même si cela fait moderne. Si l'Europe politique réussit, un multiculturalisme original s'élaborera ; pour le moment, mieux vaut parler plus modestement de cohabitation culturelle. Parler de multiculturalisme suppose non seulement un principe de clôture à la communauté – ce qui n'est déjà pas simple –, mais encore la visibilité et la reconnaissance des principes d'individualités des cultures. Passer trop vite sur ces deux moments essentiels de la constitution de l'Europe que sont l'identification d'un principe de clôture et le repérage des identités culturelles risque de conduire aux impasses du *supranational* [1].

Veut-on un *exemple tangible du poids de l'idéologie technique* dans la naissance de l'Europe politique ? Les moyens financiers considérables consacrés dans la recherche européenne pour tout ce qui concerne les nouvelles techniques de communication. Je ne parle pas de la recherche fondamentale, ni appliquée, ni des politiques industrielles, car il s'agit là d'une guerre gigantesque au niveau mondial, où les Européens doivent être présents. Je parle des moyens financiers pour les recherches en sciences sociales, celles qui essayent d'analyser les conditions de naissance de l'Europe politique. Dès qu'un projet en économie, science politique, sociologie, psychologie, histoire, philosophie comporte une forte composante de nouvelles technologies – et plus encore si il s'agit d'expérimentation des nouvelles techniques de communication –, il est assuré de trouver un financement. Il y a également beaucoup d'argent communautaire pour que les multiples universités, institutions et disciplines se mettent en

---

1. Sur ce point, voir mon article « Du multiculturalisme à la cohabitation culturelle », in *Quelle identité pour l'Europe ? Le multiculturalisme européen*, R. Kastoryano (sous la dir. de), Presses de Sciences-Po, 1998.

réseaux et accèdent aux banques de données. Comme si les communautés scientifiques n'avaient jamais communiqué entre elles, comme s'il suffisait d'interconnecter les laboratoires pour que des recherches comparatives puissent voir le jour. Mais là aussi l'idée domine, un peu calquée sur ce qui se passe en physique, chimie, mathématique et biologie, qu'il suffirait d'accélérer la circulation des informations pour produire plus de connaissances, plus d'intérêt pour les idées d'autrui et pour améliorer la circulation des recherches. Dans un article sur les rapports entre recherche et bibliothèque virtuelle [1], on trouve la prophétie suivante : « Un après-midi sera suffisant pour arpenter une bibliothèque entière. Les virtuoses d'Internet, avec un moteur de recherche suffisamment puissant, pourront même rédiger une thèse en un temps record. Dans le cas de la "littérature grise", ces publications scientifiques dont la durée de vie est très courte et la diffusion restreinte, c'est un progrès considérable. Ainsi, un chercheur basé à Singapour ou à Lima aura accès aux dernières trouvailles dans des spécialités très pointues. Sans avoir à souffrir de l'inflation considérable de cette littérature, il n'aura qu'à "feuilleter" sur Internet, choisir, imprimer et consulter, à tête reposée, le document retenu. » On devrait faire un jour un bêtisier de toutes ces prophéties, annonces, prédictions, qui depuis un demi-siècle encombrent les livres, les rapports officiels, la prospective, les discours des hommes politiques, les propos des bureaux d'études et des sociétés de services qui font payer très cher leurs « prédictions »… C'est oublier un peu vite qu'en sciences sociales, la pensée est indissociable des langues et des mots, lesquels ne peuvent s'échanger « rationnellement », ne serait-ce qu'en raison de la polysémie qui rôde toujours et du poids des cultures. Il n'empêche, le fantasme d'un « savoir européen » constitué par enchantement grâce à l'interconnexion des universités et des centres de recherche continue de fasciner les eurocrates… et de susciter les crédits. Or, comme les universitaires ont toujours besoin d'argent, ils jouent le jeu en oubliant de rappeler que si, au plan européen, les recherches

---

1. *Le Monde* du 13 juin 1998. Cette prophétie reprend, presque mot pour mot, une prédiction antérieure : celle de Vannevar Bush, en 1945.

comparatives, et même tout simplement la coopération scientifique en sciences sociales, sont beaucoup plus difficiles que pour les sciences de la vie ou de la nature, ce n'est pas parce que les universités ne sont pas interconnectées ; c'est parce qu'il est extrêmement difficile de *penser* une autre réalité socioculturelle que la sienne et que les recherches comparatistes prennent énormément de temps. Les mots, les théories, les références culturelles et les traditions sont différentes d'un pays à l'autre, et il faut une volonté réelle pour se comprendre, surtout si l'on est quinze. L'accès plus facile à un grand nombre d'informations sur les uns et les autres ne change rien à la difficulté réelle qui consiste à construire une problématique de comparaison. Les réseaux sont utiles quand on *partage* les mêmes cultures, les mêmes mots, ou bien si les échanges sont limités à des informations financières et économiques. C'est ce qui se passe au niveau économique au plan mondial. On peut faire du « business » d'un bout à l'autre de la planète, car les échanges sont strictement réduits aux intérêts économiques. Et encore, on voit que cela est extrêmement compliqué. Mais dès que l'on sort du strict champ des intérêts, chacun reste attaché à son système de valeurs. C'est évidemment le cas en Europe où les histoires, les symboles, les valeurs, les cultures jouent un rôle déterminant. En tout état de cause, la comparaison, dès que l'on dépasse le parallèle simple de pays à pays, pose des problèmes théoriques et méthodologiques gigantesques qui ne sont nullement résolus par l'interconnexion des réseaux car, encore une fois, ce qui manque ce n'est pas l'information sur les uns ou les autres, mais un cadre commun d'interprétation de la réalité.

Pour revenir à la question du financement des recherches en sciences sociales, on note qu'il y a d'autant plus d'argent que les projets parlent des nouvelles techniques de communication, de « besoins », de « demande sociale », « d'interactions », « de nouveaux rapports sociaux... », de « nouvelles sociabilités », etc. Les équipes de recherche ont là aussi compris le biais : nombreuses sont celles qui ne travaillent pas spécialement sur les nouvelles techniques mais qui ajoutent ce paragraphe à leurs projets pour être assurées de trouver facilement des soutiens. La mode se prolonge même au-delà des

financements. C'est ainsi que sous prétexte que « les nouvelles techniques de communication sont partout », il n'y a
plus un projet sur la ville, le commerce, l'éducation, les loisirs, les services, l'industrialisation, la démocratie locale…
qui ne soit abordé sous l'angle des nouvelles techniques. Au
point qu'un observateur qui débarquerait dans les multiples
comités de financement de la recherche en Europe serait per-
suadé que celle-ci est entièrement convertie au multimédia, à
la communication interactive, au règne du Net, de l'image
virtuelle, du travail à distance. Quand on fait observer aux
décideurs la disproportion existant entre les financements
accordés aux projets de recherche fondamentale et à ceux
dédiés spécifiquement aux nouvelles techniques, la réponse
des eurocrates fuse, imparable : « Il ne faut pas que l'Europe
soit en retard en matière de nouvelle technique. » C'est ainsi
que l'idéologie technique se nourrit d'elle-même, par le haut,
c'est-à-dire par la recherche, créant elle-même le stéréotype :
si la recherche en Europe consacre autant de moyens aux
nouvelles techniques de communication, c'est donc bien
qu'il s'agit de l'enjeu le plus important de l'avenir. Comment
expliquer à tous ceux qui, de bonne foi, voient, dans l'existence de tant de moyens financiers attribués aux nouvelles
techniques, la preuve de l'importance cardinale de celles-ci,
qu'il s'agit beaucoup plus de la *fascination* des élites euro-
cratiques à l'égard du thème de la société de l'information,
que de la réalité d'un enjeu scientifique fondamental partagé
par la communauté des chercheurs ? Et comment expliquer à
ces observateurs de bonne foi que les centaines d'équipes de
recherche qui rajoutent un paragraphe sur les nouvelles techniques dans leurs projets le font moins par conviction que par
opportunisme ?

A contrario, tous les projets qui portent sur la communication interculturelle, les difficultés de constitution de l'espace
public ou de l'Europe politique, sur le rôle des associations
dans la naissance d'un sentiment européen, sur l'analyse du
Parlement ou du Conseil de l'Europe, ou sur l'étude de milliers
de réalisations existant au jour le jour en Europe, toutes ces
recherches ont beaucoup plus de difficultés à obtenir des financements – même si, dans les faits, la proportion des projets

relevant de cette logique « classique » est plus importante que celle des projets consacrés aux nouvelles techniques.

Si l'idéologie technique a envahi à ce point le financement de la recherche en sciences sociales en Europe, on devine la place qu'elle aura demain dans les discours politiques, sociaux, industriels. De bonne foi, les acteurs de l'Europe verront, dans l'attention apportée aux nouvelles techniques, la preuve définitive de leur importance pour l'avenir de l'Europe. On peut même prédire le moment où l'on dira que les nouvelles techniques sont un facteur essentiel de la conscience européenne. Et la boucle sera bouclée... Les nouvelles techniques de communication auront court-circuité l'émergence d'une conscience historique et politique encore en devenir.

Construire l'Europe

Si l'on revient au problème de fond, celui du statut de la communication dans la construction européenne, on remarque *deux atouts* de l'Europe pour aborder la communication du point de vue normatif.

Des traditions culturelles

L'Europe dispose de tous les moyens pour définir une politique de la communication ; elle possède une vieille tradition d'ouverture et d'échanges culturels, une organisation des médias sous le double régime privé-public, une reconnaissance du statut des auteurs, une politique de réglementation et de défense des identités culturelles, une volonté relative d'encadrer les nouvelles techniques par un minimum de réglementation et, d'une manière générale, l'idée qu'il faut orienter le secteur de la communication, pour ne pas le laisser simplement à la dérive des innovations techniques ou des marchés. L'idée d'intérêt public, de règles, de service public, traverse toutes les législations et constitue l'originalité de la position européenne par rapport aux États-Unis, et cela du nord au sud de l'Europe, à l'Est comme à l'Ouest, au-delà des clivages entre les traditions libérales ou socialistes.

Ce fonds commun culturel est un atout indéniable, pour aborder la question d'une politique de la communication, car il n'y a pour le moment au niveau européen ni médias de masses, ni usage commun des nouvelles techniques. Certes, ces deux types de communication existent aux plans nationaux et les médias traversent évidemment les frontières, mais il n'y a pas à proprement parler de politique de la communication au-delà des « livres verts », de la « directive télévision sans frontières » et d'une réglementation favorable, mais encore timide, pour la production audiovisuelle européenne.

En revanche, il existe des *discours européens*, beaucoup plus d'ailleurs du côté de la Commission que du Parlement, très influencés par l'idéologie de la déréglementation. La vraie question pour l'Europe, quand elle réalisera enfin l'enjeu essentiel d'une politique de la communication, sera de savoir si elle veut réellement échapper aux pressions de l'idéologie, de la déréglementation, et au fantasme d'une Europe qui se construirait plus vite grâce à la généralisation des réseaux. L'idéologie technique et celle de la déréglementation sont cousines germaines, et il n'est pas étonnant que le discours du vice-président Al Gore sur « la société de l'information » se retrouve directement relayé au sein de la Commission, notamment, depuis de nombreuses années, par celui de M. Bangeman. Le discours officiel de l'Europe est pour le moment, hélas, de croire que le *triptyque*, globalisation économique, mondialisation des techniques de communication, déréglementation est le symbole du progrès. Or, l'acte de naissance de l'Europe politique existera le jour où les affrontements politiques permettront de casser cette logique réductrice.

Quand les eurocrates auront pris conscience de l'importance cardinale d'une politique de la communication en Europe, ils auront le choix entre deux orientations radicalement différentes : soit s'appuyer sur toute une tradition culturelle, juridique, politique, qui fait prévaloir une approche normative de la communication ; soit poursuivre cette fuite en avant avec la performance des outils comme caution à une simple soumission aux tyrannies de l'idéologie technique. Un bon test sera le discours des hommes politiques européens. Plus ceux-ci feront référence aux nouvelles techniques comme

étant « une chance pour l'Europe politique », plus on constatera l'emprise de cette idéologie technique qui consiste justement à réduire la question de la naissance de l'Europe politique à celle de son taux d'équipement en multimédias...
Plus ils feront référence au contraire à une conception normative de la communication, reliée à la puissance des droits
de l'homme, à l'importance de la réglementation, à une tradition de coopération culturelle, à des principes démocratiques
communs, à une certaine conception de la place de la culture
dans l'espace public et la politique, bref à tout ce qui fait
l'originalité de l'histoire et du présent de l'Europe dans son
rapport à la culture et à la démocratie, plus on comprendra
que les hommes politiques souhaitent construire une autre
politique de la communication. On retrouve du reste les
batailles gigantesques qui sont directement liées à cette question, avec l'AMI, l'exception culturelle, la déréglementation,
les droits d'auteur, le statut du livre et du multimédia. Il est
évident que plus on réduit la communication interculturelle à
une problématique technique, plus les questions de déréglé-
mentation et de circulation des messages et des produits
dominent. Plus on intègre une vision normative de la
communication, plus les questions d'identité, d'idéal et
d'utopie, prennent une place centrale dans la réflexion politique, parce que *la liberté de communication ne doit pas se
transformer en loi de la jungle.*

Le fait de devoir tout penser et de tout orienter sur un
domaine neuf, celui de la communication, permettra très
concrètement de voir ce qui sépare les deux philosophies
normatives et fonctionnelles de la communication. Les
enjeux sont ici au moins aussi importants que pour le
nucléaire, l'environnement, la recherche, la santé. Avec cette
particularité : la coexistence de onze langues pour quinze pays,
en attendant davantage, illustre la difficulté spécifique de la
communication en Europe. La politique européenne dans ce
domaine est donc obligée de prendre immédiatement en compte
ce fait majeur : les Européens coopèrent sans se comprendre,
sans parler la même langue, en passant par l'intermédiaire
d'un anglais forcément basique. L'« incommunication » qui
se trouve au départ de toute politique de la communication
permet de réaliser l'importance des voix, des sons, des langues,

des traditions, des différences, c'est-à-dire de ce que l'on a tendance à oublier, mais qui est néanmoins au cœur de toute politique de la communication.

L'Europe, quelles que soient les formes de communication choisies, illustre l'enjeu de la communication normative, c'est-à-dire les conditions à satisfaire pour essayer de se comprendre puisque l'essentiel, le véhicule de la langue, n'est pas là. Et ce n'est pas parce que le commerce électronique, les échanges bancaires et quelques services peuvent se développer à partir d'un anglais standard que cela constituera pour autant une « communication européenne ». *On peut faire du commerce électronique, et du courrier électronique d'un bout à l'autre de l'Europe, sans que cela crée un sentiment européen...* Il s'agit là de communication fonctionnelle, certes séduisante, mais qui n'a pas grand-chose à voir avec la naissance d'un sentiment européen. En réalité, la *tentation technique* sera proportionnelle à la volonté, ou non, d'aborder la question de l'incommunication qui existe au cœur de l'Europe. L'option normative, à l'opposé, consiste à considérer cette incommunication comme étant le symbole et le défi de ce projet gigantesque. Et au lieu d'y voir un obstacle, le considérer au contraire comme le signe stimulant du travail à entreprendre.

Le pire serait l'absence de débats et de conflits entre ces deux philosophies de la communication. Plus vite apparaîtront des conflits idéologiques et politiques opposant les deux conceptions de la communication en Europe, plus vite on pourra *sortir du vide actuel.* Les élections au Parlement européen sont en principe le lieu où peut s'instaurer un tel débat. D'autant que les mesures concrètes à prendre sur l'exception culturelle, la législation sur les droits d'auteur, la politique culturelle nationale et européenne, la réglementation des nouvelles technologies, et plus généralement tout ce qui concerne le statut des industries culturelles en Europe constituent les points de clivage les plus nets entre ces deux philosophies radicalement antagoniques de la culture et de la communication. Les termes du débat sont posés, encore faut-il que les acteurs en réalisent l'importance cruciale pour la naissance d'une union politique.

Un espace commun ; espace public, espace politique

Le *deuxième* atout intéressant de l'Europe dans le débat qui nous préoccupe est qu'elle constitue un lieu de lecture des différences existant entre *espace commun, espace public, espace politique* et des difficultés à passer de l'un à l'autre. L'Europe est un *espace commun* d'échanges économiques de biens et de services, ce qui est déjà un résultat exceptionnel. Mais cela relève de la logique de l'intérêt et n'est pas de même nature que l'espace public. Plusieurs fois dans l'histoire, de la Grèce à Rome, en passant par les empires du Moyen-Orient et de l'Asie centrale, des espaces communs ont existé, sans qu'il y ait eu néanmoins un espace public. L'*espace public* est une spécificité de l'histoire moderne liée à l'émergence de l'individu, à la liberté de conscience, de parole, et réclame de nombreuses conditions culturelles. Pour débattre librement et contradictoirement, il faut non seulement des langues communes, mais aussi des intérêts communs, des territoires symboliques communs, des expressions publiques, donc la reconnaissance et l'usage d'un principe de publicité. L'Europe n'en est pas là, sauf pour une minorité de chefs d'entreprise et de hauts fonctionnaires. L'*espace politique*, encore différent, est le lieu d'affrontement d'arguments liés au pouvoir, pour sa conquête ou son exercice. Il dépend de conditions culturelles, historiques, juridiques et langagières encore plus rigoureuses. Il n'y a pas d'espace politique européen, sauf peut-être au niveau du Conseil des ministres des États-nations, du Conseil de l'Europe et du Parlement, c'est-à-dire dans des lieux fermés où commencent à se structurer des habitudes de débats. Si elles constituent en soi un progrès démocratique, les élections au Parlement au suffrage universel ne suffisent pas, pour le moment, à constituer un espace politique. Il faut dire aussi qu'il est difficile à un électeur de s'enthousiasmer pour le projet européen. À le regarder, celui-ci est souvent le décalque à grande échelle de l'organisation politique existant au sein de chaque État-nation : on y retrouve les mêmes institutions, le Parlement, la Cour de justice, le gouvernement. Il y a un décalage entre l'innovation juridique existant pour l'Europe économique et la plus grande prudence pour le droit constitutionnel. Comme si l'utopie politique était encore trop largement bridée par l'emprise du modèle de rationalité économique qui a dominé jadis cette construction. Cette rationalité est indispensable, mais elle ne suffit pas. Or l'utopie est d'autant plus difficile à mobiliser qu'elle ne se décrète pas volontairement. La question du temps et de l'échelle de discussion est là encore vitale. De sorte que si, avec la construction européenne, il existe un espace commun, public et politique, c'est chaque fois à une échelle très restreinte, sans commune mesure avec les dimensions de ce qu'ils doivent être à l'échelle de la démocratie de masse des 370 millions d'Européens.

Les différences entre les trois espaces prouvent que l'essentiel n'est pas la circulation de l'information et de la communication, mais la création d'un minimum de conscience commune. Encore une fois, ce n'est pas en équipant les 370 millions de foyers européens de systèmes complets d'information de type Internet, permettant de tout savoir et de tout communiquer sur les enjeux économiques, sociaux et politiques – à supposer que cela soit possible – que l'on augmentera la conscience politique des Européens. L'Europe rappelle toute la différence existant entre les conditions nécessaires à l'émergence d'un intérêt pour un espace politique et la performance des systèmes d'information. Au sein des États-nations, les deux processus ont progressé conjointement au travers d'une histoire, du reste très conflictuelle ; mais on a oublié à la fois la lenteur de ce cheminement et surtout le fait qu'il n'y a pas de loi historique. Or, dès qu'il s'agit de créer un nouvel espace politique, qui plus est sur le mode de la démocratie de masse, on réalise combien les deux logiques de l'information et de la politique non seulement ne sont pas forcément synchrones, mais peuvent même s'opposer. *Un exemple simple* : les antagonismes culturels, liés à l'intégration économique européenne, vont prendre une importance beaucoup plus grande du fait du projet politique. Les fusions d'entreprises au niveau européen vont réveiller de vieux contentieux et poser des problèmes culturels, liés au fait que les traditions de division et d'organisation du travail sont différentes d'un pays à l'autre. C'est la logique même de la constitution d'un espace économique, préalablement à la réalisation d'une Europe politique, qui pose des problèmes culturels. Et la création de l'euro n'y changera rien. Il est même à prévoir que, dans un premier temps, l'euro sera un succès, mais il est également à prévoir que la réaction culturelle, qui ne se situe pas dans le même espace-temps que celui de la logique économique, se manifestera ultérieurement. Et là rien ne garantit que ce court-circuit économique que représente la monnaie unique par rapport à la constitution d'un espace politique ne suscitera pas des réactions très violentes, car la monnaie, au-delà de la logique d'intérêt, touche au plus profond de l'identité culturelle et symbolique. Deux solutions sont possibles : soit le début de l'Europe politique facilite la continuation de l'Europe économique ; soit, au contraire, les débuts nécessairement difficiles de l'Europe politique sur le mode démocratique des 370 millions d'Européens catalysent des réactions très violentes. Il ne faut jamais sous-estimer la profondeur, et l'importance des données culturelles. L'histoire est coutumière de ces conflits où des peuples qui auraient dû coopérer, compte tenu de la logique de leurs *intérêts*, se sont en réalité entredéchirés pour des questions de *valeur*. Contrairement à ce que l'on pense, les hommes se battent davantage pour des valeurs que pour des intérêts, surtout si tout cela se joue à l'échelle d'une démocratie de masse. On l'oublie souvent : la démocratie complique les contradictions liées à la logique économique. Pour revenir à la question très concrète des problèmes culturels liés à la restructuration capitaliste en Europe, on constate déjà que la pénétration des grandes entreprises des pays riches dans les économies moins développées au sein de l'Union et dans les pays proches du Nord et du Sud suscite de réels contentieux ; rien ne dit qu'ils resteront sur le strict plan industriel. Le problème des inégalités économiques prend une tout autre signification quand ces pays *inégaux* sur le plan économique se retrouvent *égaux* pour construire un nouvel espace politique.

L'Europe atteste ainsi la *discontinuité* existant entre les logiques de l'économie, de l'information et de la politique. La naissance de l'Europe politique permet même de voir le décalage quasi ontologique entre, d'une part, la logique économique et, d'autre part, la complexité, la lenteur des processus symboliques, politiques et culturels. Et rien ne serait plus faux, du point de vue de la théorie des rapports entre communication et politique, que de croire les nouvelles techniques aptes à combler cet écart culturel lié aux inégalités économiques et aux contentieux historiques. Il faut du temps pour que les vexations, appréhensions, contentieux, conflits puissent se vivre sur un mode pacifique.

Le rôle de la communication, dans la période actuelle, ne consiste donc pas à faire comme si la phase d'affirmation des différences avait déjà eu lieu. Il est, au contraire, de favoriser l'expression et la confrontation des traditions, des histoires, des cultures, des valeurs et des projets. « Il faut apprivoiser l'histoire » qui a accumulé tant de haines et d'exclusions. Il faut « purger » le passé pour éviter de voir surgir une Europe de la peur [1]. Or la communication va très vite, et de ce point de vue les performances des nouveaux médias induisent plutôt en erreur, car la *rationalité apparente des échanges* qu'ils organisent peut faire croire que sont réglées les questions plus profondes de l'histoire culturelle, lesquelles sont simplement remises à plus tard... Les rapports entre communication et politique face à l'Europe naissante illustrent la faiblesse de la réflexion théorique sur le statut de la communication. S'il y avait davantage d'intérêt pour cette question complexe des rapports entre information, communication, politique, cela se serait vu dans l'existence de travaux et de débats sur la nature des relations entre les trois. Il existe des travaux, notamment au CNRS, sur ces questions. Mais ils n'ont qu'un impact extrêmement faible et ne suscitent pas de débats. On assiste au contraire à un *silence* sur le décalage entre les deux philosophies de la communication, un *silence* sur la nécessité d'affronter ces multiples contentieux culturels et historiques avec toutes les chances d'une fuite en avant prochaine vers l'idéologie technique.

Il y aurait pourtant un travail fécond à entreprendre, qui consisterait à comparer les sociétés. Après tout, repérer les différences culturelles et sociales, c'est à la fois les légi-

---

1. D. Wolton, « L'impatience de l'Europe et les langueurs de la communication », *Le Débat*, n° 71, septembre-octobre 1992 et « L'Europe aux risques de la communication », *Médiaspouvoirs*, n° 33, 1994.

timer, ce qui est conforme à la recherche d'identités, et c'est aussi apprendre à se connaître par la communication. Découvrir la diversité des réponses que les pays de l'Union ont données à des questions identiques sur le travail, la santé, la fonction publique, l'éducation, la recherche, l'aménagement du territoire serait un formidable facteur d'ouverture. Cela intéresserait et rassurerait tout le monde, car chacun découvrirait comment les uns et les autres ont apporté des réponses différentes aux mêmes questions, et surtout cela prouverait que l'on peut avancer ensemble en préservant une certaine diversité. *Plus on va vers le rapprochement politique, plus il faut légitimer et respecter les différences.*

Le domaine bien spécifique de l'éducation nous fournit un exemple intéressant de ce qui peut être fait. Aucun État n'a renoncé à son monopole éducatif, même si chacun admet que l'éducation sera le moyen d'accréditer l'identité européenne, mais tous conviennent du caractère prématuré d'un programme éducatif européen. Justement parce que au travers de l'école se joue une identité nationale. En revanche, fort modestement et fort justement, on institue des échanges (de type Érasmus). Des étudiants partent dans chaque pays, circulent et reviennent, ce qui est exactement le sens de la démarche qu'il faut avoir en communication interculturelle : aller voir, s'apprivoiser à l'autre et revenir. Cela garantit l'ouverture et respecte les identités. D'une manière générale, il faut réévaluer les déplacements physiques des écoliers, des étudiants, et même des adultes, car cela renforce une communication réelle, liée à l'expérience, apparemment plus lente, mais aussi plus authentique. Et rien n'interdirait d'intégrer au plus vite dans les programmes nationaux d'éducation un tiers de programmes de toute nature tournés vers l'histoire, la géographie, les langues des autres pays [1].

Cette réflexion appliquée au domaine qui nous intéresse incite à repenser la place de la radio qui est probablement l'outil de communication le plus libre, le plus ouvert et le

---

1. Pour plus de détails sur ce qui pourrait être fait, voir D. Wolton, *Naissance de l'Europe démocratique, op. cit.*

plus convivial [1]. C'est la technique de communication symbole du XXᵉ siècle, inséparable de toutes les luttes pour la liberté et de toutes les émancipations, comme la presse écrite le fut au XIXᵉ siècle. Il y a d'ailleurs plus de mille radios en Europe de l'Ouest. La télévision apporte évidemment la force de l'image, mais chacun ressent combien cette force est à manier avec délicatesse. L'image est un court-circuit, mais elle crée aussi une illusion de compréhension, comme l'a montré, par exemple, le divorce entre les opinions publiques européennes et arabes lors de la supermédiatisation de la guerre du Golfe.

Cette question des limites à imposer au règne de la télévision justifie l'intérêt d'une *politique européenne de l'audiovisuel*, sans quoi la télévision privée gommera les différences culturelles. Elle réunira les publics autour de ce qui est rentable et transformera quelque 370 millions d'Européens en consommateurs de feuilletons américains et de quelques produits culturels européens. On a déjà eu l'occasion de le dire, moins il y a de règles, plus on standardise pour maximiser les profits. *L'Europe ne maintiendra son identité qu'en protégeant les identités qui la constituent, même si cet impératif est contradictoire avec les lois du marché.* Il faudra donc choisir : la communication doit-elle être ou non gouvernée par le seul marché ? Peut-on imaginer réunir un jour des publics que tout sépare ? S'il est prématuré de parler de télévision européenne, au moins peut-on rappeler l'intérêt qu'il y a, au-delà de l'enjeu essentiel d'Euronews, à maintenir des **chaînes** généralistes de qualité dans tous les pays afin que, par un échange de programmes caractéristiques des styles nationaux, on arrive progressivement à mieux appréhender les spécificités culturelles mutuelles. C'est d'ailleurs ce qu'ont compris les groupes privés de communication européens qui maintiennent des télévisions reflétant l'identité nationale de chaque pays.

----

1. Et sans doute aussi l'un des plus appréciés des grands médias de masse. Une enquête de Médiamétrie (*Le Monde*, 17 avril 1998) fait état de chiffres records d'audience en France : l'audience globale de la radio a ainsi été de 81,4 % pour l'automne 1997, de 80,7 % pour l'hiver 1997, et de 82 % pour le premier trimestre 1998.

Identité, nation, territoire

Un autre problème essentiel de la construction européenne est la question des *rapports entre identité et communication.* À quelles conditions les identités nationales peuvent-elles accepter l'ouverture de leurs frontières vers un nouvel espace politique ? L'incertitude est double, et porte sur l'identité de ce nouvel espace public culturel par rapport aux identités nationales, ainsi que sur la part d'abandon des identités nationales que requiert l'élaboration de la nouvelle identité européenne. Non seulement la structuration de cette nouvelle identité passe par des phases douloureuses d'abandon de souveraineté, mais elle passe aussi par la capacité à structurer de façon suffisamment puissante, et acceptable par les uns et par les autres, cette nouvelle identité. Cette question de l'identité est de toute façon compliquée par le fait que, dans les deux cas, celui des États-nations, comme celui de l'Europe, le modèle dominant est celui de *l'ouverture* et de la *communication*, ce qui ne facilite guère une réflexion sur l'identité. On peut même dire que tout le mouvement culturel depuis la fin de la guerre, et plus encore depuis la chute des régimes communistes, pousse vers l'ouverture, au point qu'on considère comme inadaptée une réflexion sur l'identité alors même que celle-ci devient de plus en plus nécessaire !

Il y a donc une sorte de contradiction entre les trois questions auxquelles est confrontée l'Europe : les identités nationales devront-elles être abandonnées ? Quelle sera la caractéristique de cette nouvelle identité européenne dans un monde qui ne parle que d'ouverture et de dépassement des identités antérieures ? Quelle communication établir avec les aires culturelles proches du Sud et de l'Est qui ont fortement contribué à l'identité européenne antérieure, mais qui pour des raisons liées à la construction de l'Europe depuis cinquante ans ont été maintenues explicitement à l'extérieur de l'Europe ? Ces trois questions conduisent aussi à réfléchir sur la notion de *nation*.

Pourquoi vouloir à tout prix dépasser ce cadre ? Ce n'est pas l'option qu'a choisie, par exemple, l'Europe de l'Est lorsqu'elle s'est « débarrassée » du communisme, en valorisant ces deux concepts essentiels, que sont le *nationalisme et la religion,* dont justement l'Ouest se méfie terriblement ! Ce décalage ne facilite pas la communication entre l'Est et l'Ouest, car, implicitement, l'Europe de l'Ouest persiste à croire que c'est à cause du « retard » de l'Est que ces deux valeurs ont joué un rôle si important... Autrement dit, l'Est se serait moins appuyé sur le nationalisme et la religion si ces pays avaient été « plus modernes ». Ainsi dévalorise-t-on l'expérience de l'autre, ou on l'accepte en la hiérarchisant par rapport à ses propres critères. C'est parce que l'Est n'était pas très « en avance », ni « très moderne » qu'il s'est appuyé sur ces valeurs vaguement rétrogrades. Mais qui a la clef d'interprétation du caractère « moderne » ou « rétrograde » des valeurs ? Du reste, contrairement à ce qu'affirment les mêmes Européens, les conflits nationalistes des ex-pays de l'URSS ne méritent pas pour autant qu'on dévalorise le fait national. D'abord parce que nous ne connaissons pas assez leur histoire pour la juger avec autant de bonne conscience, et aussi parce que l'Ouest « postmoderne » et « postnational » conserve malgré son « avance démocratique » quelques belles plaies nationalistes (Pays basque, Corse, Irlande...) qui lui interdisent une trop bonne conscience.

Oui, il y a un conflit entre nationalisme et Europe. Il est plus honnête de l'admettre, surtout au moment où on le voit ressortir, plutôt que le taxer de « tribal » ou d'« ethnique », car l'identité et le nationalisme ne sont pas un handicap et un obstacle à l'Europe, mais une condition de sa construction.

En effet, pourquoi disqualifier à ce point la *nation* sous prétexte que dans le passé elle a cautionné beaucoup de violences et de guerres ? Comment oublier qu'il y a eu au moins deux sens au mot de nation ? Un qui, de la Révolution française aux années 1880, en fait une valeur progressiste et qui a joué comme un facteur d'émancipation politique en Europe et dans toutes les guerres anticoloniales. Un autre, plus agressif et plus expansionniste à partir des années 1890 jusqu'à la Seconde Guerre mondiale, qui a suscité les guerres de conquête. Pourquoi ne pas comprendre que le second sens est lui-même modifié par le changement de contexte, depuis les années 50 et surtout depuis la fin du communisme, en faveur d'une ouverture globale ? Pourquoi valoriser le patriotisme et dénoncer systématiquement le nationalisme sans voir qu'il a parfois été lié à des combats pour le respect des droits politiques, culturels et démocratiques ? Pourquoi ne pas voir que dans le contexte de « société ouverte » le statut et le rôle du nationalisme changent ? Pourquoi accepter l'identité et refuser la nation ? Pourquoi ce glissement systématique de l'idée d'identité nationale à celle de populisme, de nationalisme, de xénophobie ? C'est comme si on passait automatiquement de l'idée de socialisme à celle de régime communiste, ou de celle de religion à celle d'intégrisme.

Si les partisans de l'Europe « lâchent » la nation, les mouvements réellement réactionnaires reprendront le concept, le souvenir, l'identité, les valeurs avec le risque, cette fois, de réactiver les pires aspects d'exclusion, de haine, de xénophobie et d'antisémitisme latents au sein d'un certain nationalisme. Et c'est seulement à ce moment-là que le nationalisme haineux pourrait se retourner contre l'Europe.

Autrement dit, si un jour le nationalisme xénophobe menace l'Europe, cela sera en bonne partie le révélateur du fait que, antérieurement, celle-ci n'aura pas suffisamment pris à bras-le-corps cette question de l'identité nationale. C'est à une échelle différente ce qui s'est déjà passé avec *l'immigration*. Si l'Europe avait eu le courage de reconnaître le rôle essentiel des quinze millions d'émigrés qui ont directement contribué à la richesse de son économie depuis quarante ans, nous n'aurions pas assisté à la renaissance d'un profond racisme. *Tout ce qui n'est pas assumé publiquement, contradictoirement, dans une démocratie fait retour de manière violente.* Il en est de même avec la nation. Plus on la cantonnera dans l'ordre des valeurs archaïques, plus elle sera l'objet de conflits, alors même que l'intelligence politique est de comprendre qu'elle constitue un pôle de stabilité symbolique essentiel dans un univers où, un peu stupidement, on identifie le progrès à l'ouverture.

Derrière le mot nation s'en profile un autre, tout aussi essentiel, celui de *territoire*. En supprimant les frontières, on réveille cette ancestrale question : *Quel est mon territoire ?* Et le droit au territoire n'est-il pas aussi un des acquis de lutte démocratique ? Pourquoi disqualifier l'importance de cette identité au moment où l'ouverture des frontières, l'homogé-

néisation des modes de vie renforcent le besoin d'être de
« quelque part » ? L'Europe, qui est déjà un espace économique, essaie de devenir un espace politique, et encore plus
difficilement un espace culturel, mais il faudra aussi qu'elle
soit un territoire. Pour l'instant, les territoires sont nationaux,
et si la géographie, donc la géopolitique, ont joué un rôle
considérable dans les affrontements entre Européens depuis
deux siècles, le projet européen, en revanche, n'a pu se développer qu'à condition de mettre les questions territoriales de
côté. Alors même, on s'en souvient, que la Seconde Guerre
mondiale a vu les plus grandes migrations de populations et
les plus violentes rectifications de frontières que l'histoire ait
jamais connues en Europe.

Les liens toujours très compliqués et violents entre territoire et politique qui ont traversé l'histoire de l'Europe,
notamment avec les Empires espagnol, romain-germanique,
austro-hongrois ou ottoman, seront à réexaminer au fur et à
mesure que l'on se rapprochera d'une réelle intégration politique, car il n'y a pas d'espace politique sans un territoire
politique. *La géographie prend ici sa revanche.* Les guerres
de Yougoslavie depuis dix ans le rappellent tragiquement
puisque sur *les mêmes territoires* s'affrontent des histoires
religieuses, culturelles et des traditions, toutes constitutives
de l'Europe et radicalement antagoniques, où les territoires
sont à la fois les symboles et les enjeux des conflits. Si
demain les réseaux peuvent vaincre toutes les distances,
garantir toutes les interactions, ils ne peuvent *rien* pour stabi-
liser le rapport aux territoires. *Si l'espace est le domaine privilégié de la communication, le territoire en est la limite.* On
ne peut donc pas inscrire un projet politique dans la durée
sans examiner la question des frontières.

Deux exemples illustrent ce rapport compliqué au territoire.
Le premier concerne les accords de Schengen qui font de
l'Europe des Quinze un territoire commun. Cela pose des problèmes redoutables pour l'immigration, notamment clandes-
tine, car les traditions des politiques d'immigration diffèrent
selon les pays, favorisant par là même la constitution d'une
sorte d'« armée des ombres » des clandestins de l'Europe –
Maghrébins pour l'essentiel –, qui errent sur ce territoire
« interdit », alors même qu'ils contribuent largement à sa

croissance [1]. Le second exemple renvoie au changement des conditions de la nationalité en Allemagne, laquelle est passée du droit du sol au droit du sang. La pire des erreurs serait de croire ainsi résolue cette question du sol et du territoire. On ne se débarrasse pas d'un problème ancestral grâce à des bons sentiments, des discours politiques ou des lois. Sans quoi l'extrême droite n'aurait pas puisé dans ce problème des ressources puissantes pour sa légitimité...

Histoire et modernité

Si le projet de l'Europe, maintes fois mis en chantier, a pu enfin se réaliser, c'est aussi grâce à la modernité économique. La référence à la seule histoire n'aurait pas suffi à faire triompher ce gigantesque projet. Il a fallu l'alliance de l'histoire, dont on ne parlait jamais mais à laquelle chacun pensait, et de la modernité à laquelle tous s'accrochaient, pour réussir l'Europe. Maintenant que l'on passe de l'Europe économique à l'Europe politique, il va falloir retrouver l'histoire ou, plus précisément, relier les fils, séparés, de l'histoire et de la modernité. Mais l'histoire, ce n'est pas seulement la référence au passé, c'est aussi la *création utopique*. Réinterroger l'histoire, ce n'est pas seulement remettre ses pas dans ceux du passé, ce qui risque de provoquer un immense immobilisme, c'est aussi par ce processus s'autoriser de nouveau à *inventer*. Si l'on ne veut pas que le passé rattrape la modernité et l'immobilise, il faut réintroduire l'histoire dans la modernité. C'est d'une certaine manière la force de cette modernité, c'est-à-dire la réussite de l'Europe économique qui permettra d'assumer progressivement le passé pour s'en *libérer* et pour inventer d'autres utopies politiques. Une nouvelle articulation histoire-modernité est donc indispensable au futur projet européen, et elle permet ainsi de voir le rôle essentiel que peut jouer la communication dans des dimensions qui n'ont rien à voir avec celles des nouvelles techniques.

---

1. Sans compter qu'à ces problèmes d'immigration liés à des facteurs économiques il faut rajouter ceux dus aux récents conflits européens. Selon le HCR (Haut-Commissariat des Nations unies pour les réfugiés), entre 1990 et 1995, l'Europe est passée de moins d'un million de réfugiés à plus de six millions (*Le Monde*, 8 décembre 1998).

Relier histoire et modernité conduit à réexaminer le *rapport langue-culture*. Ici, le casse-tête est considérable car il y a pour le moment plus de dix langues au sein de l'Union, et si d'autres empires dans l'histoire ont intégré, ou dominé plus de cultures et plus de langues, c'est la première fois qu'un projet commun conçoit de respecter la diversité des cultures et des langues. La force de ce projet est évidemment cette ambition culturelle, qui le rattache d'ailleurs à toute la tradition démocratique occidentale, en ce sens qu'il met l'épanouissement de la culture, donc de l'homme, au centre de l'histoire. Mais en même temps, c'est sa faiblesse, car la pluralité des langues est un obstacle insurmontable, aucun citoyen européen ordinaire ne peut facilement maîtriser plus de trois langues. Même si une ou deux langues véhiculaires s'imposent, elles seront incapables d'établir un lien direct avec la culture qui est toujours confrontée à la question de la création, donc de l'expression langagière.

Il n'y a pas de culture sans respect des langues, et il n'y a pas d'Europe politique sans Europe de la culture. Mais comme l'Europe de la culture est confrontée à l'existence d'un nombre extrêmement grand de langues, la difficulté est considérable. Construire l'Europe démocratique c'est assumer la question de la cohabitation culturelle [1], donc celle de la cohabitation des langues. Au-delà d'un anglais basique, il faudra au plus vite réaliser l'importance de la *traduction* dans l'Europe politique. C'est-à-dire admettre que, pour se comprendre, il faut passer massivement par la traduction. Même si celle-ci réclame du temps et crée des lourdeurs, elle est indispensable si l'on veut coopérer en se respectant soi-même. Dans l'Europe démocratique, toutes les langues sont à égalité. Une des plus grandes décisions politiques de l'Europe consisterait à admettre enfin la place centrale des identités langagières dans la communication normative et donc à créer spectaculairement des centaines de milliers d'emplois de traducteurs. Après tout, l'Europe a bien su, de manière plus ou moins légale, plus ou moins élégante, recourir à un nombre croissant d'émigrés pour réussir

---

1. Pour un développement de la cohabitation culturelle, cf. « Europe, la cohabitation culturelle. Le regard croisé des quinze, de l'Est et du Sud », *Hermès*, n° 23-24, CNRS Éditions, 1998.

son projet économique, elle pourrait bien, pour réussir son projet politique, se retourner cette fois-ci sur elle-même et signifier, par la reconnaissance de l'importance normative de la traduction, la valeur qu'elle accorde à la richesse des patrimoines langagiers [1]. Non pas comme aimable trace du passé, mais comme condition vitale du futur. Utopie ? Sûrement moins que de croire possible de réaliser facilement une démocratie de 370 millions d'habitants, la première au monde, à partir de peuples, certes cultivés et intelligents, mais qui en plusieurs siècles ont su tout inventer pour se déchirer avec l'efficacité que l'on sait… Le *traducteur* sera demain l'une des figures emblématiques de l'Europe démocratique, ou alors celle-ci demeurera un vœu pieux.

Ce qui se jouera en Europe du point de vue de la communication normative, c'est-à-dire de la capacité à organiser la cohabitation pacifique entre des systèmes symboliques, langagiers, culturels différents, a en outre une importance cruciale pour le reste du monde. L'Europe est, de ce point de vue, à l'avant-garde d'une évolution que l'on retrouvera demain dans d'autres aires culturelles, en Asie, en Amérique latine, au Proche-Orient, et qui place au *cœur* de tout processus de coopération la question des cultures et des langues.

La globalisation économique, telle qu'on la vit maintenant depuis un demi-siècle, a été le modèle *le plus simple* de coopération, puisqu'il consistait tout simplement à ignorer les identités et les cultures. Celles-ci prennent désormais leur revanche car la mondialisation des marchés, qui n'a que faire de ces questions archaïques, butera plus ou moins violemment sur la puissance de ces irrédentismes. La difficulté du projet européen est d'aller plus loin que cette logique économique pour créer un nouveau cadre politique organisé sur le mode démocratique, et respectueux des différences et des identités.

---

1. On voit cependant régulièrement resurgir le fantasme d'une traduction automatique informatisée, après une histoire, déjà longue de trente ans, qui remplirait à elle seule une bibliothèque. Le dernier en date est le projet UNL (*Universal Network Language*) que finance l'ONU. Ce langage universel de réseau est censé constituer un nouvel espéranto pour le Web. La Commission européenne, elle aussi, investit dans un système informatisé de traduction, plus modeste et nécessitant la compétence d'interprètes professionnels (*Le Monde*, 7 décembre 1998).

C'est en cela que l'Europe met au cœur de son idéal les contraintes de la communication normative. Ces contraintes sont aussi celles de la communauté internationale, notamment de l'ONU. Mais si le monde entier est loin encore d'être régi par le principe d'une organisation sociale et culturelle respectueuse des traditions politiques, l'Europe, elle, est au pied du mur puisque, depuis Maastricht, elle constitue la plus grande démocratie du monde.

De quelle nature sera le lien qui réunira cultures et individus ? Assurément, il dépendra du type de communication qui s'établira. Soit il s'agit d'un lien global qui transcende les différences culturelles et linguistiques et qui fonde lentement l'existence d'une nouvelle identité européenne. Soit il s'agit de liens sectoriaux, par affinités culturelles, langagières, régionales, religieuses… On retrouve ici l'opposition emblématique entre communication généraliste et communication thématique. Si, dans la réalité, les deux sont toujours liées, du point de vue théorique le choix entre les deux est essentiel. L'Europe n'aura pas du tout la même figure si elle se fédère autour d'une identité intégrative, ou si elle se construit par juxtaposition d'identités partielles, qu'elles soient de type régional, culturel ou langagier. Dans les deux cas, on retombe sur les questions centrales de l'identité, de la cohabitation culturelle et du respect de l'altérité.

L'Europe est donc le *lieu de lecture* le plus fascinant des conflits théoriques liés à l'antagonisme entre communication normative et fonctionnelle, et du lien existant entre théorie politique et théorie de la communication. On les retrouvera demain en Amérique avec l'Alena et le Mercosur, ou en Asie avec l'Apec et l'Asean… Ces marchés économiques et demain ces utopies politiques ne pourront pas réussir sans la référence au rôle fondamental que doit jouer la communication normative. C'est-à-dire le rôle des traditions culturelles ; les différences entre espace commun, espace public et espace politique ; les rapports entre identité, nation, territoire ; le réexamen des liens entre histoire et modernité, langue et culture.

On retrouve aujourd'hui, précipité par la problématique européenne, ce qui a mis des siècles à s'élaborer au plan de toute nation, à savoir l'importance d'un *idéal de la communication*. Celui-ci rappelle que l'enjeu n'est jamais de l'ordre du branchement des machines et de l'organisation des réseaux, mais de la volonté politique de mettre en place une certaine coopération entre les peuples. On est loin du Net et des promesses de l'interactivité...

Orientation bibliographique

Celle-ci reflète la réalité, à savoir le peu de réflexion sur les conditions de la communication en Europe. Il y a peu de livres sur la communication interculturelle, le rôle des médias anciens et nouveaux, les conditions de l'intercompréhension, la place des religions, la construction de l'espace public, le problème des langues... Il y a quelques ouvrages sur la directive « télévision sans frontières », ou les plans d'aide à l'industrie audiovisuelle. Les plus nombreux concernent l'histoire, la culture, le projet politique et les traités, éventuellement la question de la nation. Il y a peu d'ouvrages de géopolitique, ou centrés sur les rapports entre l'Union et l'Europe du Sud, et encore beaucoup moins sur l'Europe de l'Est. Par contre, il existe des centaines d'ouvrages sur l'Euro, ce qui confirme le stéréotype selon lequel l'Europe économique conduirait à l'Europe politique...

Allain, Annie, Essama, Gervais (sous la dir. de), *Libre-échange et identité culturelle*, Villeneuve-d'Ascq, Presses universitaires du Septentrion, 1998.

Anderson, B., *L'Imaginaire national. Réflexions sur l'origine et l'essor du nationalisme*, La Découverte, 1996.

Aron, R., *Plaidoyer pour l'Europe décadente*, Robert Laffont, 1977.

Badie, B., *La Fin des territoires*, Fayard, 1995.

Badie, B., *Les Deux États. Pouvoir et société en Occident et en terre d'Islam*, Fayard, 1986.

Badie, B., Sadoun, M. (sous la dir. de), *L'Autre. Études réunies pour A. Grosser*, Presses de FNSP, 1996.

Balibar, E., Wellerstein, J., *Race, nation, classe. Les identités ambiguës*, La Découverte, 1997.

Barret-Ducrocq, F. (sous la dir. de), *Traduire l'Europe*, Payot, 1992.

Basfao, K., Henry, J.-R. (sous la dir. de), *Le Maghreb, l'Europe et la France*, CNRS Éditions, 1991.

Bastaire, J., *Éloge des patries. Anthologie critique*, Éditions universitaires, 1991.

Baubérot, Jean (sous la dir. de), *Religions et laïcité dans l'Europe des Douze*, Syros, 1996.

Bayard, J.-F., *L'Illusion identitaire*, Fayard, 1996.

Bell, Daniel, *The Coming of Post-Industrial Society*, New York, Basic Books, 1973.

Berstein, S., Milza, P. *Histoire de l'Europe contemporaine*, Hatier, 1992.

Bino, O., *L'Europe difficile Histoire politique de la communauté européenne*, Gallimard, 1998.

Bragues, R., *Europe : la voie romaine*, Critérion, 1996

Braudel, F., *L'Europe*, Flammarion, AMG, 1977

Brunet, R., *Territoires de France et d'Europe*, Belin, 1997.

Carpentier, Michel, *La Politique européenne en matière de société de l'information*, séminaire sur les autoroutes de l'information : Les télécommunications pour la société du futur, Santander, université internationale Menandez Pelayo, 1994.

Claval, P., *La Géographie au temps de la chute des murs*, L'Harmattan, 1993.

Compagnon, A., Seebacher, J (sous la dir. de), *L'Esprit de l'Europe*, 3 vol., Flammarion, 1993

Corm, G., *L'Europe et l'Orient, de la balkanisation à la libanisation, histoire d'une modernité inaccomplie*, La Découverte, 1989.

Dacheux, É., *Les Stratégies de communication persuasive dans l'Union européenne*, L'Harmattan, 1994.

Debray, R., *Les Empires contre l'Europe*, Gallimard, 1985.

Delors, J., *Pour entrer dans le XXIᵉ siècle ; le livre blanc de la Commission européenne, croissance, compétitivité, emploi*, Ramsay, 1993.

Delsol, C., Maslowski, M. (sous la dir. de), *Histoire des idées politiques de l'Europe centrale*, PUF, 1998.

Douze Historiens, Hachette, coll. « Histoire de l'Europe », 1992.

Drevet, F., *La Nouvelle Identité de l'Europe*, PUF, 1997.

Duroselle, J.-B., *L'Europe : l'histoire de ses peuples*, Perrin, 1990.

Featherstone, Mike (éd.), *Global Culture. Nationalism, Globalization and Modernity*, Londres, Sage Publications, 1990.

Fontana, J., *L'Europe en procès*, Le Seuil, 1995.

Forum Alternative européenne, *Les Nations et l'Europe. Effacement ou nouvel avenir ?* 1998.

Foucher, M., *Fragments d'Europe*, Fayard, 1993.

Fremont, A., Fremont-Vanacore, A., *Le Nouvel Espace européen*, La Documentation française, 1994.

Frybes, M., Patrick, M., *Après le communisme : mythes et légendes de la Pologne contemporaine*, Bayard, 1996.

Fumaroli, M., *L'État culturel, une religion moderne*, LGF, 1992.

Gaillard, J.-M., Rowley, A., *Histoire du continent européen*, Le Seuil, 1998.

Gellner, E., *Nations et nationalisme*, Payot, 1989.

Gnesotto, N., *La Puissance de l'Europe*, Presses de Sciences-Po, 1998.

Gremion, P., Hassner, P. (sous la dir. de), *Vents d'Est vers l'Europe de l'état de droit*, PUF, 1990.

Grosser, A., *Les Identités difficiles*, Presses de la FNSP, 1996.

Guiomar, J.-Y., *La Nation entre l'histoire et la raison*, La Découverte, 1990.

Hagège, C., *Le Souffle de la langue. Voies et destins des parlers d'Europe*, Odile Jacob, 1992.

Huguenin, J., Martinat, P., *Les Régions entre l'État et l'Europe*, Marabout, Le Monde Éditions, 1998.

Kastoryano, Riva (sous la dir. de), *Quelle identité pour l'Europe ? Le multiculturalisme à l'épreuve*, Presses de Sciences-Po, 1998.

L'Union politique de l'Europe. Jalons et textes, La Documentation française, 1998.

Labasse, J., *L'Europe des régions*, Flammarion, 1991.

Lacoste, Y., *Vive la nation. Destin d'une idée géopolitique*, Fayard, 1998.

Ladmiral, Jean-René, Lipianski, Edmond-Marc, *La Communication interculturelle*, Armand Colin, 1989.

La Serre, F. de, Lequesne, C. (sous la dir. de), *Quelle union pour l'Europe ? L'après-traité d'Amsterdam*, Bruxelles, Complexe, 1998.

Le Cour Grandmaison, O., Withol De Wenden, C. (sous la dir. de), *Les Étrangers dans la cité : expériences européennes*, La Découverte, 1993.

Lecerf, J., *Histoire de l'unité européenne*, vol. 3, Gallimard, coll. « Idées », 1965.

Lemarchand, P. (sous la dir. de), *L'Europe centrale et balkanique*, Complexe, 1995.

Lhomel, E., Schreiber, T. (sous la dir. de), *L'Europe centrale, orientale et balte*, La Documentation française, 1998.

Lloyd, David, Thomas, Paul, *Culture and the State*, Londres, Routledge, 1998.

Magris, C., *Le Mythe et l'empire dans la littérature autrichienne moderne*, Gallimard, coll. « L'Arpenteur », 1991.

McAllister, Mathew, *The Commercialization of American Culture. New Advertising, Control and Democracy*, Thousand Oaks, Sage, 1996.

Michel, B., *Nationalité et nationalisme en Europe centrale aux XIXᵉ et XXᵉ siècles*, Aubier, 1995.

Michel, H., *Les Télévisions en Europe*, PUF, coll. « Que sais-je ? », n° 2719, 1994.

Michel, P., *La Société retrouvée. Politique et religion dans l'Europe soviétisée*, Fayard, 1986.

Monnet, J., *Mémoires*, Fayard, 1977, Le Livre de Poche, rééd. 1988.

Moss, Michael, Jobert, Philippe, *Naissance et mort des entreprises en Europe : XIXᵉ-XXᵉ siècles*, Centre Georges Chevrier pour l'histoire du droit, Dijon, Éditions de l'université de Dijon, 1995.

Muet, Yannick, *Les Géographes et l'Europe : l'idée européenne dans la pensée géopolitique française de 1919 à 1939*, Genève, Institut européen de l'université de Genève, 1996.

Nguyen, E., *Le Nationalisme en Europe. Quête d'identité ou tentation de repli*, Le Monde-Marabout, 1998.

Nowicki, J. (sous la dir. de), *Quels repères pour l'Europe ?* L'Harmattan, 1996.

Obaton, Viviane, *La Promotion de l'identité culturelle européenne depuis 1946*, Genève, Institut européen de l'université de Genève, 1997.

Pastoureau, M., Schmidt, J.-C., *Europe : mémoire et emblème*, L'Épargne, 1990.

Philonenko, A., *L'Archipel de la conscience européenne*, Grasset, 1990.

Pitte, J.-R. (éd.), *Géographie historique et culturelle de l'Europe*, Presses universitaires Paris-Sorbonne, 1995.

Rémond, R., *Religion et société en Europe*, Le Seuil, 1998.

Raison présente, « Quelle Europe ? », n° 124, 4e trimestre 1997.

Rougemont, D. de, *Vingt-huit Siècles d'Europe, la conscience européenne à travers les textes d'Hésiode à nos jours*, Bartillat, 1990.

Rupnik, J., *L'Autre Europe : crise et fin du communisme*, Le Seuil, 1993.

Schnapper, D., *La Communauté des citoyens*, Gallimard, 1994.

Schnapper, D., Mendras, H., *Six Manières d'être Européen*, Gallimard, 1990.

Segalen, M. (sous la dir. de), *L'Autre et le Semblable*, CNRS Éditions, 1989.

Semelin, J. (sous la dir. de), *Quand les dictatures se fissurent... Résistances civiles à l'Est et au Sud*, Desclée de Brouwer, 1995.

Stoetzel, J., *Les Valeurs du temps présent : une enquête européenne*, PUF, 1983.

Taylor, C., *Multiculturalisme. Différence et démocratie*, Aubier, 1994.

Thual, F., *Les Conflits identitaires*, Ellipses/IRIS, 1995.

Todd, E., *L'Invention de l'Europe*, Le Seuil, 1996.

Toulemon, R., *La Construction européenne*, Le Livre de Poche, inédit, 1994.

Utilisateur d'Internet et du Web : Europe-France-Francophonie, Enquête Focus, Observatoire européen des technologies de communication, août 1998.

Viard, J. (sous la dir. de), *La Nation ébranlée*, La Tour-d'Aigues, L'Aube, 1996.

Wieviorka, M., *Une société fragmentée ? Le multiculturalisme en débat*, La Découverte, 1996.

Wihtol de Wenden, Catherine, *La Citoyenneté européenne*, Presses de Sciences-Po, 1997.

Windisch, U., *Les Relations quotidiennes entre Romands et Suisses allemands*, vol. 3, Lausanne, Payot, 1992.

Wolton, D., *Naissance de l'Europe démocratique : la dernière utopie*, Flammarion, coll. « Champs », 1997.

Zweig, S., *Le Monde d'hier. Souvenirs d'un Européen...*, Belfond, 1993.

Conclusion

Dix propositions pour penser les nouveaux médias

La thèse de ce livre est qu'il est urgent de *desserrer l'étau* de la technique sur la communication, car l'essentiel de celle-ci est d'un autre ordre : culturel et social. L'essentiel est la manière dont les hommes communiquent entre eux et comment une société organise ses relations collectives. Si la communication est donc toujours *définie par trois éléments*, technique, culturel et social, et si évidemment la dimension technique change rapidement, surtout depuis un siècle, les deux autres dimensions sont au moins aussi importantes.

Nous sommes en réalité fascinés par cette dimension technique, car les progrès y sont considérables, alors que si l'on regarde le passé on réalise que, pendant des siècles, les changements réels dans l'ordre de la communication ont beaucoup plus été d'ordre culturel et social que technique. Notamment à partir du XVIIᵉ siècle, en Occident, avec la lente évolution en faveur de l'individu, puis la création d'un espace public, et enfin d'un espace politique avec l'émergence de la démocratie au XVIIIᵉ siècle et de la société de masse au XIXᵉ siècle. Dans l'histoire de ce siècle, de nombreux changements ont eu d'importantes conséquences sur la communication : c'est d'abord l'installation de la démocratie de masse, puis l'ouverture des sociétés les unes sur les autres, pour des raisons économiques, mais aussi politiques et culturelles ; c'est aussi la rupture des équilibres familiaux, et des rapports ville-campagne qui modifient considérablement le fonctionnement des rapports sociaux et les représentations

de l'individu et de la collectivité ; c'est enfin la rupture radicale des formes de travail, avec la quasi-disparition des traditions du travail paysan et ouvrier au profit de l'émergence
d'un secteur de service qui domine très largement dans toutes
les sociétés européennes. Ces mutations culturelles et sociales
encore largement inachevées, aux conséquences multiples,
sont au moins aussi importantes que l'extraordinaire révolution des techniques de communication. Mais comme elles
sont *moins visibles* que la révolution technique, et surtout
beaucoup plus controversées, il n'y a pas, à leur égard, ce
discours unanime que l'on observe à l'égard de la révolution
de la communication. On pourrait même se demander s'il n'y
a pas un rapport entre le silence étonnant qui continue
d'accueillir les ruptures radicales concernant le statut des
individus, leur rapport au travail, à la famille, à la politique, à
la ville, à l'éducation et les discours bruyants et laudatifs qui
entourent les nouvelles techniques de communication depuis
une vingtaine d'années. Comme si le caractère discutable des
mutations structurelles, en tout cas violent, trouvait une sorte
de compensation dans la performance technique, apparemment plus favorable aux individus. Comme si la « révolution
de la communication » compensait d'autres révolutions, économiques, sociales et culturelles, beaucoup plus douloureuses. De ce point de vue, une *archéologie de la communication* en Occident permettrait de montrer comment, selon
les époques, les proportions entre les dimensions techniques,
culturelles et sociales ont évolué.

L'histoire de la communication et des théories de la communication montre en effet trois phénomènes. D'abord, une
véritable révolution existe quand il y a *rencontre* entre une
innovation technique et des mutations culturelles et sociales
dans les modèles de communication, ce qui est rare. *Ensuite,*
les trois dimensions sont en interaction, et c'est évidemment
les dimensions sociales et culturelles qui sont les plus importantes, même si encore une fois elles sont en général moins
spectaculaires que les innovations techniques. *Enfin,* et cela
est au cœur des utopies techniques depuis un demi-siècle, les
nouvelles techniques ne suffisent pas à changer la société,
c'est-à-dire à modifier l'organisation sociale et le modèle culturel de la communication. Cela fait cinquante ans, en effet,

que beaucoup voient dans l'installation massive, dans toutes les sphères de la société, de l'informatique, des télécommunications et de l'audiovisuel la cause des changements radicaux et la source d'un vrai progrès.

Ma réponse dans ce livre est simple. Les nouvelles technologies de communication constituent, en effet, une innovation technique ; toutefois, comme le *statut* de la communication dans une société ne dépend pas seulement de la technique mais aussi des dimensions culturelles et sociales, c'est par rapport à cet ensemble de trois caractéristiques qu'il faut évaluer. Pour le moment, les nouvelles technologies, comme du reste les médias de masse, renvoient à la même société, la société individualiste de masse, avec pour les unes et les autres une vocation particulière : les nouvelles techniques présentent l'avantage d'être de plain-pied avec la logique individualiste dominante de notre société ; les médias de masse ont pour eux d'être en phase avec l'autre problématique, celle du grand public et de la démocratie de masse. Une mutation culturelle et sociale de la communication apportera peut-être demain une autre signification aux nouvelles techniques, mais tout cela reste encore incertain. Clairement, cela signifie que les nouvelles techniques ne sont pour le moment ni la condition, ni l'avant-garde de la communication de demain. Elles sont l'autre face, le complément des médias de masse par rapport au modèle de la société individualiste de masse. Les premières insistent sur la dimension individuelle, les secondes sur la dimension collective. Et si demain des ruptures sociales et culturelles venaient donner une autre signification aux nouvelles techniques, il est probable que ce ne serait pas dans le sens de la vision beaucoup trop technique dominant actuellement les réflexions sur le thème de la « société de l'information » ou la « société en réseaux ».

Depuis une bonne vingtaine d'années, la communication est encombrée par ce discours technique tout-puissant. C'est un peu le stéréotype suivant : « La technique est en avance, elle est le progrès ; les individus et les sociétés ont peur, c'est la résistance au changement, la défense des corporatismes ou des situations acquises. Servons-nous des nouvelles techniques dans les services, le commerce, l'administration, l'édu-

cation, la banque... pour faire sauter les verrous et moderniser la société [1]. » Mais la modernité n'a jamais constitué un
projet de société, ou alors cela s'appelle simplement l'adaptation aux changements de tous ordres que produit l'histoire.

C'est donc en prévision d'inévitables contradictions liées à
l'installation massive des nouvelles techniques de communication qu'il est bon de rappeler que celles-ci ne surgissent
pas du néant, n'effacent pas le rôle et l'utilité des autres techniques, notamment celles des médias, et qu'en tout état de
cause si les modèles culturels et sociaux de la communication n'évoluent pas conjointement à l'arrivée des nouvelles
techniques, il y aura, après une phase d'adaptation, des résistances profondes. Si l'outil dans un premier temps crée
l'usage et semble imposer sa loi et son rythme à la société,
celle-ci dans un deuxième temps oblige à reprendre en
compte, de manière plus ou moins pacifique, les dimensions
oubliées. Le problème n'est pas l'arrivée des nouvelles techniques mais ce discours faux selon lequel elles sont l'avenir,
comme les médias de masse seraient le passé. Les deux
médias sont en réalité complémentaires, chacun valorisant
une des deux dimensions caractéristiques de la société individualiste de masse.

Aujourd'hui, *le plus gros danger* concerne le *tropisme
technique* qui voit dans la technique l'essentiel de la communication. Pourquoi ? D'abord, parce que l'ampleur des applications dans les dix ans à venir, dans le travail, les loisirs,
l'éducation, les services, sera telle que de nombreux conflits
sociaux politiques et économiques risquent d'en résulter. Les
deux autres dimensions sociales et culturelles feront alors un
retour plus ou moins pacifique pour compenser cette surdé-
termination. Ensuite, parce que la révolution technique est tellement liée à des intérêts économiques puissants, eux-mêmes
liés au projet de la globalisation de l'économie, qu'il faudra
de plus en plus d'énergie, et de volonté, pour éviter que cette
dimension économique et fonctionnelle de la communication

---

1. Il suffirait de reprendre, comme simple exemple, la plupart des
déclarations des hommes politiques de droite ou de gauche depuis
vingt ans pour retrouver la même stratégie argumentative : les nouvelles technologies comme nouvelles frontières...

ne l'emporte sur la dimension normative. Le risque n'est pas que la dimension normative disparaisse, car elle est consubstantielle à la communication humaine, mais qu'elle soit largement sous-évaluée. Deux choses sont en tout cas certaines : le temps de l'information et de la communication bon marché va disparaître, au moment où les deux connaissent une abondance inégalée dans l'histoire. Le sens de la communication a changé en un siècle. Hier il fallait s'ouvrir, sortir des particularismes locaux et accéder à un certain universalisme. Aujourd'hui, dans un monde où tout est ouvert et en circulation, il faut au contraire préserver les identités collectives et les possibilités du « être ensemble ». Personne ne peut à l'heure actuelle imaginer les conséquences culturelles et sociales qui résulteront de ce changement radical du rapport à la réalité.

Dix points rapides peuvent résumer les principales conclusions de ce livre.

1. *L'enjeu de la communication n'est pas technique, mais concerne la compréhension des relations entre les individus (modèle culturel) et entre ceux-ci et la société (projet social).* C'est le choix entre socialiser et humaniser la technique, ou techniciser la communication. L'essentiel de la communication n'est pas d'ordre technique, mais anthropologique et culturel, et c'est pourquoi la performance des techniques ne peut jamais remplacer la lenteur et les imperfections de la communication humaine. Par contre, cela explique aussi pourquoi on investit régulièrement les techniques de communication, aujourd'hui le Net, hier la télévision ou la radio, de la capacité à résoudre les problèmes de communication humaine et sociale. On parle, par exemple, de la démocratie électronique pour compenser la crise de la participation politique, ou du commerce électronique pour pallier les effets de l'éloignement des centres commerciaux et des difficultés de circulation ; de l'enseignement assisté par ordinateur pour suppléer aux difficultés des enseignants ; du télétravail, etc. *La plupart du temps, on investit la technique de la capacité à résoudre un problème social ou politique.* Cette condensation

est visible de manière spectaculaire dans le thème de « la
société de l'information » où ce sont les techniques d'information qui sont à la fois l'infrastructure scientifique et économique de la société, et le symbole des valeurs les plus
nobles du futur.

Il y a parfois de quoi sourire devant les innombrables travaux de prospective qui dessinent, sans humour, les contours
de cette société radicalement bouleversée par la révolution de
la communication.

2. *Il faut débusquer l'idéologie technique qui réduit la
communication à la technique et qui construit une fausse hiérarchie entre nouveaux et anciens médias.* Ce n'est pas parce
que, demain, les écrans domineront partout, à l'école comme
à la maison, dans le commerce comme dans les loisirs, que la
communication en sera plus aisée. En réalité, plus les techniques
sont performantes, plus on devrait souligner *ce qui les sépare* de
la communication humaine et sociale.

D'où vient la force radicale de l'idéologie technique dans la
communication ? Du fait que la communication, avec toutes
ses aspirations contradictoires, prend *la place des trois autres
grandes valeurs en crise* : *la science, la politique et la religion.* Non seulement ces trois valeurs donnaient un sens à la
société, au temps et à l'histoire, mais elles nourrissaient des
idéologies. Unitaires, elles structuraient les croyances, la
politique, la société. N'est-ce pas ce à quoi on assiste
aujourd'hui avec la communication ? Celle-ci se substitue à
ces autres croyances en crise. Elle touche l'ensemble des rapports sociaux, devient un principe d'organisation et donne
naissance à un discours synthétique qui, de l'individu à la
société, centre tout sur les échanges d'informations. De plus,
la communication paraît moins menaçante que la science,
plus ouverte que la religion, et moins décevante que la politique. Jamais les hommes n'ont été à ce point envahis par
l'idéologie de la communication, et pourtant depuis toujours
ils communiquent. Mais ce qu'ils savaient *aussi* depuis toujours, à savoir que la communication est souvent difficile,
imparfaite et toujours à recommencer, ils ont tendance ici à
l'oublier, la performance des machines suppléant apparemment aux imperfections de la communication sociale. On
troque la crise des valeurs pour la performance des techniques.

Détechniciser la communication devient un impératif catégorique pour *réduire l'aspect enchanteur* des nouvelles techniques et réintroduire des *distances* symboliques. Il ne suffit pas d'avoir vaincu le temps et l'espace – à être trop visibles et trop proches les uns des autres, les hommes pourraient bien en arriver à se battre –, il faut encore recréer des distances pour conserver une liberté.

Détechniciser la communication, c'est *enfin l'humaniser et la socialiser,* c'est résister au fantasme de la rationalisation. Cette tentation est très visible dans la confusion entre la globalisation de l'économie, la mondialisation des techniques de communication *et* l'universalité de la communication. Contrairement à ce que disent les entrepreneurs, ou les hommes politiques, les trois mots ne sont pas synonymes. On retrouve ici la terrible rationalité technique dont de nombreux auteurs du XXe siècle, notamment H. Marcuse ou M. Horkheimer, G. Simondon, L. Mumford et G. Dumézil, ont montré les limites. La rationalité croissante des machines, leurs performances, et leurs rendements ne sont nullement la condition d'une communication humaine et sociale libre ou rationnelle. C'est cela la leçon difficile du progrès technique.

3. *Développer les connaissances pour relativiser l'idéologie technique.* Si les nouvelles techniques constituent un évident progrès technique, cela ne suffit pas à créer un progrès dans l'histoire et les théories de la communication. Tout ce qui est nouveau n'est pas moderne. Tout ce qui est moderne n'est pas meilleur. La problématique de la communication est trop compliquée pour se réduire à la seule performance des techniques, aux promesses des marchands et aux boniments des spécialistes en tout genre. Encore faut-il pouvoir y échapper !... Comment ? C'est le rôle indispensable des *connaissances,* lesquelles peuvent relativiser ces discours et les situer par rapport à des questions plus intéressantes et plus compliquées : la place d'une théorie de la communication dans une société ; l'impact de la communication généralisée sur les rapports sociaux, le travail, le loisir, l'éducation ; l'articulation de plus en plus difficile de l'expérience individuelle avec la multiplication des situations de communication à distance ; le rôle du nombre croissant d'images, réelles ou virtuelles, dans notre expérience quotidienne ; les consé-

quelles d'une omniprésence de l'information, dont la vitesse de circulation est supérieure à toute capacité de métabolisation personnelle ; les risques d'une segmentation croissante des marchés de l'information et de la communication où la satisfaction des demandes individuelles renforce en réalité les inégalités culturelles. La liste est infinie puisque le *déca lage* est considérable entre la vitesse de changement des techniques, leur impact sur la vie individuelle et collective, et la lenteur d'évolution des modèles culturels. Pour sortir de ce cercle, il *faudrait sortir la communication* de la technique, rappeler qu'il s'agit d'abord de valeurs liées aux idéaux les plus profonds de la culture occidentale. Si ces valeurs ont joué un rôle essentiel dans le lent mouvement d'ouverture de nos sociétés, lesquelles ont rejeté les hiérarchies, les ordres, les structures militaires, religieuses, aristocratiques, et permis progressivement l'émergence de cette « société des individus [1] » dont nous sommes les héritiers, ce n'est pas pour finir dans l'utopie d'une quelconque « cybersociété ». Quant à l'information si nécessaire pour prendre un peu de distance, elle ne devrait pas se réduire au simple récit des derniers événements du Meccano industriel et financier. Après tout, aucun journaliste ne ravale la recherche, l'aéronautique, la défense, la santé ou l'éducation à la seule logique industrielle, pourquoi le faire pour la communication ?

Cette importance *théorique de la communication est d'ailleurs au cœur de la plupart des problèmes anthropologiques contemporains* : le rapport entre liberté individuelle et égalité sociale ; le lien social dans une société compliquée où coexistent l'individualisation, l'égalitarisme et le communautarisme ; les rapports entre identité et communication dans un univers culturel qui s'enrichit avec la seconde en se méfiant de la première ; la question de l'autre devenu omniprésent par l'intermédiaire des techniques, sans être pour autant plus acceptable. La communication n'est jamais une question simple, car elle *condense* la plupart des questions philosophiques, sociales et anthropologiques de la société et de toute théorie sociale.

---

1. L'expression est de N. Élias. Cf. *La Société des individus*, Le Seuil, 1991.

4. *Les médias généralistes et les nouvelles techniques sont complémentaires du point de vue d'une théorie de la communication, car ils renvoient au même modèle, celui de la société individualiste de masse.* Chacune des deux techniques insiste sur des dimensions différentes, individuelles pour les nouvelles techniques, collectives pour les médias de masse. Leur rôle est distinct, et la force des médias interactifs est d'être en phase avec le profond mouvement d'individualisation s'appuyant sur la liberté individuelle qui fut pendant des siècles l'horizon de l'émancipation. Mais s'il fallait une hiérarchie, celle-ci se ferait finalement au profit des médias généralistes, car ils contribuent au lien social et à la cohésion culturelle dans des sociétés ouvertes, assez hiérarchisées et inégalitaires. Oui, dans ces conditions, à la banalisation des nouvelles techniques qui se fera avec la généralisation des services et la baisse continue de leur prix. Non à la diabolisation des médias généralistes qui prennent en charge cette question, de plus en plus compliquée, du « être ensemble » dans des sociétés ouvertes. La force, la difficulté et la grandeur des médias généralistes consistent justement à dépasser la loi naturelle de toute communication : s'intéresser à ce qui vous intéresse déjà. Les médias de masse, par l'intermédiaire de leurs programmes, suscitent évidemment l'insatisfaction, puisque l'on trouve de tout et pas seulement ce que l'on y cherche, mais *ils sont aussi l'occasion d'accéder à autre chose*, auquel l'on n'avait pas pensé, a priori. C'est dans cette double fonction : figure de l'hétérogénéité sociale *et* capacité à intéresser quelqu'un au-delà de son centre naturel d'intérêt, que les médias généralistes jouent un rôle essentiel de lien social. La force de la presse écrite généraliste, de la radio et de la télévision, est de réunir, pour une durée toujours limitée, des publics que tout sépare. On le voit à chaque événement sportif ou politique d'envergure. C'est cela la grandeur des médias de masse : tenir les deux bouts de la chaîne, la dimension individuelle et la dimension collective.

Les médias généralistes nationaux jouent d'ailleurs continuellement un rôle considérable dans ce *double* mouvement d'ouverture et de maintien d'un minimum de cohésion. C'est par eux que les publics découvrent le monde et conservent le sentiment d'appartenir à une communauté. C'est ainsi que, grâce aux antennes paraboliques, les millions de travailleurs étrangers en Europe restent reliés à leurs pays.

5. Il faut sans cesse rappeler l'importance d'une *offre de qualité de la part des médias généralistes. Le progrès ne se situe pas exclusivement du côté de la logique de la demande à l'œuvre dans les nouvelles techniques.*

La logique de l'offre est un véritable défi, non pas technique, mais culturel car elle consiste, et l'on retrouve ici l'ambition du *concept de grand public*, à offrir au plus grand nombre une gamme de produits de communication la plus large possible. De sorte que toutes les différences culturelles et sociales trouvent là une occasion de satisfaction. Si les nouvelles techniques sont complémentaires en répondant à une demande individualisée et interactive, elles ne peuvent se substituer au rôle des médias généralistes, car elles en restent à l'échelle individuelle. Ce fantasme du « one to one » présenté comme un progrès correspond en réalité au degré zéro de toute société, puisque toute société cherche au contraire à dépasser l'égoïsme naturel du « one to one », trop facilement appelé « liberté individuelle », pour bâtir un principe de solidarité et de collectivité. Le « one to one », c'est-à-dire l'ajustement le plus individuel possible entre l'offre et la demande, relève de la performance technique, et non du défi culturel et social. Sa généralisation serait même une régression par rapport à l'histoire politique qui depuis des siècles essaie d'éviter, notamment en démocratie, le repli des individus sur eux-mêmes. Le « one to one », présenté comme l'idéal de la communication, est justement ce à quoi il faut échapper, car il induit une segmentation des messages en fonction des publics, avec à la clé un coût de plus en plus cher de l'information et, partant, un renforcement des inégalités sociales et culturelles. *La pure logique de la demande aboutit à une communication à deux vitesses et à deux prix*, bas de gamme et gratuite pour le bon peuple ; chère et haut de gamme pour les milieux favorisés. Orienter, c'est redire que la communication, comme l'information, ne sont pas des marchandises comme les autres, parce qu'elles se définissent d'abord par des valeurs.

6. *Il n'y a pas de rationalité commune aux trois logiques de l'émetteur, du message et du récepteur.* La preuve en est

que, en dépit de leur puissance considérable, les médias, depuis un demi-siècle, n'ont pas provoqué la standardisation des opinions et des idées, crainte à juste titre par les travaux de l'école de Francfort. Certes, les messages ont une influence, mais l'étude des conditions de réception permet aussi de comprendre que le même message, envoyé au monde entier, n'est pas reçu de manière identique dans les différents pays. Le public développe un sens de plus en plus critique à mesure qu'il est exposé à un nombre croissant d'informations. La logique du récepteur n'est pas totalement induite par l'intention de l'émetteur et par la logique du message. L'intelligence accordée au public pour la politique – postulat qui est la base de la légitimité démocratique au travers du vote – doit pouvoir être présupposée dans l'ordre de la communication. C'est d'ailleurs la compréhension des processus du récepteur qui est le sujet de recherche le plus compliqué, et hélas le moins étudié. On s'intéresse plus aux stratégies de l'émetteur, au message, qu'aux conditions de la réception, réduites trop souvent à la problématique de l'influence. Pourtant, chacun, à l'échelle de son expérience, constate combien il filtre les messages qu'il reçoit. *Recevoir ne signifie pas adhérer.* Cette résistance du récepteur est positive, mais peut être aussi négative quand elle consiste à refuser ce qui le dérange dans ses schémas habituels. On le voit tous les jours dans la presse. Nombre de sujets d'information proposés par les journalistes pour éclairer le public et le mettre en garde peuvent se révéler contre-performants, car les journalistes disent aux publics des choses qui dérangent leurs schémas. Cette *résistance de la réception* est donc à la fois ce qui protège de la manipulation, mais aussi ce qui peut être un frein au changement. Dans le cas très compliqué de *l'élargissement* considérable de la communication auquel nous assistons depuis un demi-siècle, la complexité de la réception est néanmoins un facteur positif pour résister aux multiples déséquilibres que crée pour *chacun d'entre nous* cette exposition quotidienne, et quasiment continue maintenant, à tous les vents de l'histoire, et à tous les événements du monde vingt-quatre heures sur vingt-quatre. D'autant que les informations sur le monde étaient adressées hier aux publics *nationaux*, qui partageaient une communauté de valeurs, alors que la mondialisation de l'information fait que chacun voit tout, sait tout, de partout. Heureusement il existe la contrepartie suivante : l'hétérogénéité dans les réceptions. On le voit tous les jours avec CNN qui n'est pas une chaîne d'information mondiale, mais seulement une chaîne américaine, qui donne le point de vue américain sur le monde. Et qui suscite, de plus en plus, des réactions négatives de la part des peuples qui ne partagent pas cette vision du monde. Encore ne s'agit-il que d'informations, et non de cultures, de valeurs, de religions. La mondialisation de la communication, contrairement à ce qui est dit, va *radicaliser les différences des perceptions*, liées elles-mêmes aux identités culturelles. Plus il y a d'information et de communication, plus le contexte de réception joue un rôle central. Ce qui permet une fois de plus de rappeler l'importance *d'un cadre national* pour la communication, c'est-à-dire pour la réception. Respecter le récepteur, c'est respecter les identités nationales, et ne pas confondre la mondialisation des marchés de la communication avec le fait que les récepteurs appartiennent toujours à des identités culturelles et nationales.

Au niveau international, les mêmes déclarations ont un impact radicalement différent selon l'endroit où vous vous trouvez pour les recevoir. Prenons un exemple concret : la communication de l'Union européenne. Tous les jours, la commission exécutive fait un point presse auprès des journalistes accrédités à Bruxelles. Les informations sont *les mêmes* et concernent la vie de l'Europe. Il est toujours intéressant de voir comme *chaque* correspondant *adapte* ces informations, décisions, analyses, en fonction de *son* contexte national. Les mêmes informations, délivrées à Bruxelles, seront codées en fonction des connaissances que les différents correspondants ont des quinze contextes nationaux.

Enfin, rappeler le rôle essentiel, mais peu maîtrisable, de la réception permet aussi de souligner combien la problématique de la communication dépasse celle de l'information. Beaucoup d'auteurs, essayistes, journalistes, « préfèrent » l'information qui a un côté plus limité, plus libre, plus modeste, plus rationnel et ils manifestent leur méfiance à l'égard de la réception qui paraît trop compliquée et encombrée d'affects.

Les journalistes sont d'ailleurs les premiers à opposer le travail « sérieux » de l'information, qui serait de leur compétence, à la communication qui serait plutôt de l'ordre du commerce. L'information serait du « bon côté », de la recherche de la vérité, de l'idéal démocratique, de l'objectivité, tandis que la communication serait du « mauvais côté », celui des affects, du commerce, des combines, de la volonté de manipulation. Depuis une vingtaine d'années, on assiste ainsi à la montée au paradis de l'information, et à la descente aux enfers de la communication.

Il faudra revenir au plus vite sur cette *amputation théorique*, car non seulement il n'y a jamais d'information sans communication, mais c'est plutôt la communication qui donne son sens à l'information, dans un processus de construction du sens aux effets inattendus, parce que incontrôlés. Si seulement il pouvait y avoir une information sans communication, une information sans public, une information sans récepteur…

7. *La communication à distance ne remplacera pas la communication humaine directe.* Plus les hommes peuvent communiquer par des moyens sophistiqués, interactifs, plus ils ont envie de se rencontrer ; le défi de la communication technique ne se substitue pas au besoin de la communication directe. Si, dans un premier temps, on a pu croire qu'en rationalisant la communication, on réduirait les déplacements, les coûts, le temps, et la fatigue, on s'aperçoit aujourd'hui que les hommes ont surtout besoin de se rencontrer directement. Il suffit d'observer les chefs d'État. Tous les moyens de communication à distance existent pour qu'ils n'aient pas à se déplacer. Pourtant, ils ne cessent de voyager d'un bout à l'autre de l'année, d'un pays à l'autre, alors que ces déplacements sont toujours lourds, fatigants et encombrés de protocole. Pourquoi se déplacent-ils alors ? Justement parce que les problèmes devenant mondiaux, les risques de plus en plus grands, et les équilibres de plus en plus fragiles, les responsables politiques demandent à *se voir*, à se parler, pour retrouver, et éprouver, la dimension humaine de la politique et de l'histoire. Cela est vrai aussi pour les chefs d'entreprise : le besoin d'aller voir soi-même dépasse l'efficacité de la communication à distance. Il y a d'ailleurs là un para-

doxe. Le progrès technique ne cesse de *réduire* les intermédiaires pour permettre une communication directe, chaque terminal donnant accès au plus grand nombre possible d'images, de services, d'informations, de contacts. Et, progressivement, on redécouvre l'importance des *intermédiaires*. Si l'on peut accéder à tout directement, chacun réalise qu'il ne peut pas tout faire tout seul. Les compétences et le savoir de chacun sont limités, et plus les communications sont faciles, plus, au contraire, on réalise en accédant à « tout » que l'on a besoin d'intermédiaires, de *passeurs* pour nous aider à circuler dans des continents immenses de savoirs, de données, de connaissances. L'idée d'une information et d'une connaissance « directe » est un fantasme dangereux. D'ailleurs, l'idéal de la démocratie ne vise jamais à supprimer les intermédiaires, mais au contraire à leur faire *mieux* assurer leur rôle. Il n'y a pas d'information sans l'intermédiaire des journalistes, et documentalistes. Avec l'explosion de la communication, on redécouvre une des lois les plus anciennes de l'anthropologie : la compréhension mutuelle est limitée. Le problème principal n'est du reste pas exactement la capacité de compréhension, mais la question de *l'intérêt : jusqu'où peut-on s'intéresser au reste du monde ?* La proximité ne suffit pas à créer l'intérêt, elle peut même générer un malaise, voire un rejet. *Le village global est une réalité technique, il n'est pas une réalité sociale et culturelle.*

8. *Il est souhaitable d'inscrire au plus tôt les nouvelles techniques de communication dans la longue histoire des techniques.* À trop vouloir singulariser ces techniques, on oublie qu'elles appartiennent à une histoire fort ancienne, qui fut à la fois une histoire d'émancipation, mais aussi de rationalisation, de bureaucratisation, parfois génératrice de nouvelles inégalités. En effet, si les techniques ont pu maîtriser la nature et la matière, elles l'ont toujours fait au prix de changements économiques et sociaux et de déséquilibres que personne n'avait mesurés. Bref, *il y a toujours un prix à payer au progrès*. La plupart du temps, une nouvelle technique résout un problème antérieur, mais en crée d'autres, et l'on a trop souvent tendance à omettre ce second aspect.

On le voit aujourd'hui pour l'automatisation des services, des banques, des trains… Après avoir supprimé les hommes, au profit de machines plus efficaces, on constate une profonde déshumanisation et le besoin urgent de les réintroduire dans le commerce, les trains, les services. Et demain dans l'éducation, après avoir voulu compléter, et parfois remplacer les professeurs par des terminaux intelligents et interactifs, on constatera le même processus. Des chercheurs en sciences sociales, depuis maintenant plus de trente ans, tirent la sonnette d'alarme face aux risques de cette *déshumanisation* de la société, sous prétexte que la plupart des tâches peuvent être faites par des robots. Nous tirons cette sonnette d'alarme, mais personne ne veut entendre, parce que cela ne fait pas « moderne ».

Remettre en perspective historique les techniques est aussi un moyen de mieux comprendre l'ambivalence que nous avons à l'égard de la communication. *Au plan individuel*, chacun la recherche car il n'y a de vie que dans l'échange ; même si cette expérience de la communication est souvent douloureuse, un peu ratée, et pleine de contresens, elle demeure constitutive de l'expérience humaine et, surtout depuis deux siècles, elle est, au premier chef, un des symboles de la liberté et de l'égalité. Au panthéon des valeurs de l'émancipation individuelle, la communication occupe une place centrale. Mais au *plan collectif*, tout change. La communication fait peur. On s'en méfie, et l'on a vite fait de l'assimiler à une tentative d'influence, voire de manipulation, la communication politique étant emblématique de ce soupçon. On retrouve en creux le même paradoxe en ce qui concerne les techniques de communication. Autant les médias de masse ont eu mauvaise presse depuis les années 30, autant les nouvelles techniques ont été parées de toutes les vertus. Et on leur accorde toutes les qualités refusées aux médias de masse : individualisation du choix, comportement actif, intelligence dans la consommation, liberté… Pourtant, les réseaux sont placés sous la stricte obédience technique, économique et culturelle des États-Unis.

9. *Il faut se méfier du « multibranchement »*. Non à l'homme qui, avec ses différents portables, ses courriers électroniques, ses fax et autres services prochainement commercialisés, sera sans cesse joignable. Sous prétexte que ses « responsabilités » l'obligent en permanence à l'être. Il suffit

de voir déjà l'esclavage que représente le téléphone portable
par l'intermédiaire duquel l'on se fait appeler de n'importe
où, par n'importe qui, pour n'importe quel motif, pour com
prendre ce qu'est *l'aliénation du branchement*. Pourquoi
l'homme, enfin libre, accepte-t-il de se laisser enchaîner par
les mille fils invisibles de la communication ? Comme si,
libre, il ne supportait pas cette liberté et souhaitait par l'intermédiaire de la technique rester assujetti, n'échapper à personne et perdre ainsi la liberté qu'il réclame par ailleurs. *Le
contresens consiste à confondre interaction et communication.* Ce n'est pas parce que l'on passe sa vie en interaction
que l'on communique, sans parler de ceux qui, après s'être
équipés de la parfaite panoplie du « multibranché », consta
tent avec angoisse que personne ne cherche jamais à les
joindre. Quel est ce besoin d'être constamment connecté ?
Ce sont les machines qui se branchent, pas les hommes. Le
défi de la communication n'est pas du côté de la connexion,
qui suppose résolu le problème des différences, mais du côté
de la cohabitation, c'est-à-dire de la capacité à gérer ces différences. Bref, la course aux nouvelles techniques sera éter-
nellement frustrante car l'enjeu de la communication n'est
jamais du côté de la performance technique mais du côté de
l'épreuve de *l'autre*. C'est pourquoi il faut au bout d'un
moment éteindre les ordinateurs et sortir dehors. Sortir de la
communication pour éprouver les *difficultés de l'expérience*
et de la rencontre d'autrui. Cet autre, qui est bien autre chose
que le partenaire de l'interaction technique. Le décalage reste
ontologique entre la performance des machines et la
complexité de la communication humaine. C'est pour cela
qu'aujourd'hui *le thème de la société de communication* est
une illusion. Plus il y a de communication, moins on se
comprend, même si nos sociétés sont bardées de techniques,
du haut en bas de la société, de la vie privée à la vie publique,
du berceau à la vieillesse.

En revanche, une des raisons profondes du succès des nouvelles techniques vient du fait que, étant plus individualisées,
elles sont apparemment plus contrôlables. En gros, la communication serait moins « risquée » avec les médias thématiques qu'avec les médias généralistes. Cela est faux pour deux
raisons : le nombre de canaux étant plus élevé, c'est autant de

risques supplémentaires d'interprétations ; les messages étant plus thématiques, il n'y a plus le rééquilibrage par l'échelle du grand public.

Le paradoxe des vingt-cinq dernières années est donc le suivant : les médias de masse ont toujours suscité une réelle méfiance, car on craignait leur influence. En réalité, celle-ci était infiniment plus maîtrisable que dans l'espace multimédiatique de demain. Le volume même des médias thématiques, et demain des multimédias, introduit des *facteurs de désordre*, et donc des risques potentiels, beaucoup plus considérables qu'avec les seuls médias généralistes. Le « multimédiatique » ne protège pas plus la liberté que ne la menaçaient les médias de masse. C'est même peut-être le contraire.

10. *Si la « communauté internationale » est une réalité en constante construction, la « mondialisation de la communication » ne saurait en être le symbole.* L'idée de communauté internationale renvoie à l'idéal démocratique, affiché comme horizon de l'ONU après la Seconde Guerre mondiale, et qui vise justement à organiser la cohabitation pacifique de systèmes politiques, de valeurs et de religions différents, alors que la mondialisation de la communication renvoie à la communication fonctionnelle. Rien de plus faux que l'idée *dominante* selon laquelle la mondialisation des techniques, hier les médias de masse, aujourd'hui les nouvelles techniques de communication, est le moyen pour réussir cette communauté internationale. Elles en sont bien sûr une condition nécessaire, aucune coopération n'étant possible sans un minimum de moyens techniques qui permettent l'interaction et la circulation de l'information, mais cette coopération minimaliste laisse de côté *l'autre* sens essentiel, *normatif*, qui concerne les conditions de rapprochement et d'intercompréhension, c'est-à-dire les deux autres dimensions, culturelle et sociale, de la communication. Sauver l'idéal normatif de la communauté internationale, c'est redire tout ce qui la sépare de la globalisation. La globalisation renvoie à l'économie et à la logique de l'intérêt ; l'idée de communication renvoie aux valeurs, à l'idéal d'universalisme et à la recherche d'une authentique intercompréhension entre ces deux systèmes de valeurs. Pour le dire autrement, l'interdépendance économique n'est ni l'équivalent ni la condition de la communication et de la

solidarité ; c'est même souvent le contraire. Échanger des
bases de données ou des images ne suffit pas à créer de la
communication, surtout entre des pays qui appartiennent à
des aires géographiques et culturelles différentes. Plus il y a
de communication au plan mondial, plus il faut respecter
certaines distances pour rendre cette mondialisation de la
communication supportable. Et la principale distance
s'appelle *le respect des identités collectives*. Dans un monde
ouvert, en interdépendance constante, l'identité n'est plus
l'obstacle à la communication ; elle en est la condition.

Plus ambitieux encore est le projet politique de *l'Europe*.
S'il est plus limité que l'ONU parce qu'il ne concerne que
370 millions d'individus, il est, du point de vue de l'ambi
tion, beaucoup plus difficile car il suppose l'adhésion des
peuples. *La cohabitation culturelle est demain la condition
vitale du succès du projet européen* car plus l'économie, la
politique, les cultures vont se rapprocher, plus les différences
seront visibles, plus il faudra les respecter, et plus il faudra
d'efforts mutuels pour se tolérer et accepter de coopérer. De
ce point de vue, l'horizon de la communication dans une
perspective démocratique normative n'est pas le dépassement
des différences, mais la recherche d'un moyen pour mieux
les gérer.

Cela nécessite de faire deux démarches *simultanées* : res
pecter les identités *et* développer un projet plus large qui
transcende les différences.

Tel est sans doute un des paradoxes les plus forts, en conclu
sion, de cette analyse de la « révolution de la communi
cation » : face à l'emprise technique, aux dangers d'une mon
dialisation de la communication, facteur de déstabilisation
et de fragilité, le recours à la dimension normative de la
communication est sans doute le meilleur antidote. Cela
permet un retour vers ce qui fut l'*origine* de la communica
tion comme valeur d'émancipation aux XVIIe et XVIIIe siècles,
et qui a peu à voir avec la performance des machines.

Je conclurai enfin par trois remarques qui illustrent la
complexité anthropologique de tout ce qui tourne autour de
la communication.

La première concerne la *fascination de l'Occident* pour les
techniques, fascination qui ne cesse d'augmenter à mesure

que s'améliorent les performances des outils. Par exemple, l'idée d'un terminal *commun* pour la télévision et pour les nouveaux services, hier impensable, est aujourd'hui parfaitement concevable d'un point de vue technique. Les *frontières* naguère indépassables entre les services de l'informatique, les télécommunications et l'audiovisuel sont donc aujourd'hui franchies. Cette intégration technique fascine, comme si elle préfigurait une intégration des contenus. Comme si la performance technique supprimait les *différences de contenu* : superbe exemple de l'idéologie technique. C'est exactement le contraire qui devrait se produire. Plus les techniques permettent de tout mettre en ligne, plus ce qui est intéressant à comprendre concerne ce qui continue de distinguer les différentes activités de communication. Plus les techniques sont performantes, plus ce sont les contenus qui restent complexes, mystérieux. Ils sont les vraies frontières à la communication. On se trompe donc de combat et d'objet de fascination.

La deuxième remarque concerne les « bruits » de la communication qui font partie intégrante de la société. Imagine-t-on la rupture introduite par le fracas du chemin de fer dans les campagnes alors qu'il n'y avait jusqu'alors que le bruit du travail des hommes ou le murmure de la nature ? Puis il y eut le bruit du moteur des premiers avions dans le ciel, tout aussi inimaginable, comme le fut sans doute, par l'intermédiaire du téléphone, la voix de celui que l'on entendait alors qu'il était si loin qu'on ne le voyait plus. L'autre rupture considérable fut l'arrivée de la TSF à domicile. En quelques secondes, en tournant les boutons, on accédait aux sons du monde entier. Le cinéma parlant fut une grande nouveauté, mais il ne concernait qu'un petit nombre de spectateurs rassemblés dans un lieu fermé. De même, si l'arrivée de la télévision fut une révolution, ce fut plus pour l'image que pour le son qui avait déjà franchi la barrière du domicile. L'autre rupture, celle que nous connaissons depuis une trentaine d'années, est sans doute le chuintement des doigts courant sur le clavier de l'ordinateur. Un bruit ? Un demi-silence, en tout cas une sensation extraordinaire qui mêle le sentiment de toute-puissance, de vitesse et de discrétion. Superbe symbole de la modernité que celui de ce délicieux glissement des doigts sur le clavier. Pourtant, à mieux écouter, un autre bruit lancinant, presque obsédant dès qu'on le repère, et pourtant à peine perceptible, perturbe et encombre la performance de cette danse des doigts et des mots. C'est celui du ventilateur qui refroidit l'ordinateur. Étrange contraste : à lui tout seul, il rappelle combien, en matière de communication, le plus moderne côtoie le plus archaïque, le plus séduisant le moins agréable. Cette dualité indépassable, et contradictoire, des deux sons n'est-elle pas simplement une métaphore des deux dimensions de cette communication ? Humaine et technique, performante et archaïque, bruyante et silencieuse. On inventera bien sûr des ventilateurs silencieux. Mais là n'est pas l'essentiel, car il y aura toujours un « bruit » inattendu qui accompagnera le bruit du clavier pour rappeler qu'en matière de communication, il n'y a jamais de rationalité complète. Le plus moderne a souvent besoin du plus archaïque…

La troisième remarque concerne la hiérarchie « naturelle » entre les nouvelles techniques et les médias de masse.

Dans les techniques, la hiérarchie se fait classiquement dans cet ordre : le téléphone, la radio, la télévision, l'ordinateur, les nouveaux médias. Elle reflète l'histoire du progrès des techniques : celles d'aujourd'hui sont « meilleures » que celles d'hier. Cette hiérarchie est-elle si exacte ? Du point de vue de l'usager, de la communication de millions d'individus, n'est-ce pas plutôt *le téléphone et la radio* ? Ne sont-ils pas les deux grandes techniques du XXᵉ siècle même si leurs performances n'ont pas la pureté des autres ? Dès que l'on voyage, on réalise les décalages considérables entre les références constantes au « village global » et les immenses difficultés de communication entre les peuples. Mais on réalise tout aussi rapidement que le téléphone et la radio sont sans aucun doute les seules techniques qui, par leur efficacité et par l'étendue de leurs services, offrent une certaine vision de l'*universalité* de la communication. Peut-être parce qu'elles renvoient au son et à la voix, alors que l'on a cru depuis l'arrivée de l'image fixe, puis animée, que celle-ci était plus universelle que le son. Surtout, le téléphone et la radio rapprochent les individus à partir du sens qui signe notre entrée dans le monde : la voix humaine. La force du téléphone et de la radio vient de cette capacité à transcender leur dimension technique, pour rappeler l'importance du son et de la voix dans tout échange. Et si la musique est depuis longtemps la seule communication réellement universelle reliant les continents malgré la diversité des langues, c'est parce que au travers de l'entrelacement des mots et des rythmes, les hommes partagent quelque chose qui leur est commun. Le téléphone et la radio, ces deux médias « anciens », rappellent ainsi que l'essentiel de leur rôle concerne l'aide modeste, mais indispensable, qu'ils apportent aux hommes pour mieux se comprendre. Essayer de « s'entendre », à défaut de « se voir ».

Glossaire

Communauté

Selon *Le Robert*, la communauté est « un groupe social caractérisé par le fait de vivre ensemble, de posséder des biens communs, d'avoir des intérêts, un but commun ». L'idée de communauté suppose réunies la visée commune d'un bien, l'existence de normes et d'une forme déterminée de solidarité entre ses membres. Le principal concepteur de la notion de communauté fut le sociologue allemand Tönnies. Les ethnologues définissent la communauté comme « une unité sociale restreinte, vivant en économie partiellement fermée sur un territoire dont elle tire l'essentiel de sa subsistance. Elle soumet ses membres à des disciplines collectives dans une sorte de tension constante vers le maintien de sa cohésion et la pérennisation de son existence [1] ». Si l'on élargit cette façon de voir à l'échelle de la société, il est clair pour Raymond Boudon et François Bourricaud que la communauté devient une relation complexe « puisqu'elle associe d'une manière très fragile des sentiments et des attitudes hétérogènes ; elle est apprise, puisque c'est seulement grâce à un processus de socialisation qui n'est jamais achevé que nous apprenons à participer à des communautés solidaires. Elle n'est jamais pure, puisque des liens communautaires sont associés à des situations de calcul, de conflit, ou même de violence. C'est pourquoi, plutôt que de communauté, il paraît préférable de parler de "communalisation" et de chercher comment se constituent et se maintiennent certaines "solidarités diffuses [2]" ». Un des domaines où le processus de communalisation est le mieux appréhendable est celui des communautés religieuses, qui forment ce que M. Weber appelait des « communautés émotionnelles ». La charge affective que requiert l'idée d'organisation communautaire est en effet essentielle. C'est pourquoi R. Boudon et F. Bourricaud concluent leurs propos en soulignant que « lorsque la survie d'un groupe devient pour ses membres un objectif opposable à leurs yeux aux objectifs individuels qu'ils se considèrent autorisés à poursuivre, on dira que ce groupement peut constituer une communauté, ou qu'il est en voie de communalisation [3] ».

Communication

Que faut-il entendre par communication ? Essentiellement quatre phénomènes complémentaires qui vont bien au delà du terme courant, identifié aux médias.

La communication est d'abord l'idéal d'expression et d'échange qui est à l'origine de la culture occidentale, et par la suite de la démocratie. Elle présuppose l'existence d'individus libres et égaux. On devine les terribles batailles, menées depuis le XVIIIᵉ siècle, pour asseoir ces concepts inséparables du concept de modernité.

C'est aussi l'ensemble des médias de masse qui, de la presse à la radio et à la télévision, ont considérablement bouleversé en un siècle les rapports entre la communication et la société.

C'est également l'ensemble des nouvelles techniques de communication, qui, à partir de l'informatique, des télécommunications, de l'audiovisuel et de leur interconnexion, viennent en moins d'un demi siècle de modifier au niveau mondial les conditions d'échange, mais aussi de pouvoir.

C'est enfin les valeurs, symboles et représentations qui organisent le fonctionnement de l'espace public des démocraties de masse, et plus généralement de la communauté internationale à travers l'information, les médias, les sondages, l'argumentation et la rhétorique. C'est-à-dire tout ce qui permet aux collectivités de se représenter, d'entrer en relation les unes avec les autres, et d'agir sur le monde.

Ces quatre caractéristiques de la communication désignent donc aussi bien la communication directe que la communication médiatisée par les techniques, les normes et les valeurs qui la promeuvent, autant que les symboles et les représentations qui animent les rapports sociaux.

De ce point de vue, il n'y a pas de différence fondamentale entre information et communication ; les deux appartiennent au même système de référence lié à la modernité, à l'Occident et à la démocratie. Si l'information a pour objet de mettre en forme le monde, de rendre compte des événements, des faits, et de contribuer directement au fonctionnement des sociétés complexes, elle est inséparable de la communication qui, au-delà de l'idéal normatif d'échange et d'interaction, constitue le moyen de diffuser ces informations et de construire les représentations. Les deux sont inséparables.

Par communication, il faut donc entendre l'ensemble des techniques, de la télévision aux nouveaux médias, et leur implication économique, sociale et culturelle. Mais aussi les valeurs culturelles, les représentations et les symboles liés au fonctionnement de la société ouverte et de la démocratie.

Ce sont les quatre caractéristiques de la communication.

Les deux sens de la communication (voir définition suivante) sont la communication normative et la communication fonctionnelle qui ne recoupent pas communication humaine et communication technique. Il peut y avoir parfois plus de communication normative dans une communication médiatisée par une technique que dans une communication humaine directe. Et inversement.

Ces deux sens de la communication se retrouvent dans les trois types de communication existant dans une société : la communication directe, la communication technique, la communication sociale et politique.

Par ailleurs, les formes et les modalités de la communication évoluent dans le temps. Les trois dimensions de la communication à chaque époque sont : un système technique ; un modèle culturel, c'est-à-dire le type de relations existant entre les individus, et entre ceux-ci et la société ; le projet qui sous-tend l'organisation économique technique et juridique de l'ensemble des techniques et procédés. Tout le problème de l'idéologie technique à l'œuvre dans les nouvelles techniques de communication est de surdéterminer la dimension technique, et de sous-évaluer l'importance des données culturelles et sociales. Voire de croire que le changement technique est le principal facteur de changement, le modèle culturel et le projet social étant considérés comme seconds.

L'angle choisi dans ce livre n'est donc pas la technique, mais la technique liée à la société. C'est par rapport à une conception anthropologique de la communication que sont finalement classées les quatre positions théoriques concernant la communication, que j'avais dégagées dans *Penser la communication*.

Ces quatre positions théoriques correspondent à une conception des rapports entre communication et société, à travers quatre sous-ensembles : l'individu, la démocratie, l'économie, la technique. Chacune des quatre positions implique donc un certain rapport de l'individu à la technique, à l'économie et à la démocratie. C'est en cela qu'une vision de l'information et de la communication recèle souvent une théorie implicite ou explicite de la société et des individus au sein de celle-ci. C'est en cela aussi qu'il n'y a pas de position « naturelle » sur la communication, aussi bien en ce qui concerne l'image, la réception, la télévision, les nouvelles technologies… Pourquoi ? Parce que la dimension anthropologique de la communication renvoie toujours à une vision du monde.

Les quatre positions concernant les rapports entre communication et société sont :
– les thuriféraires ;
– les critiques ;
– les empiristes critiques ;
– les sceptiques nihilistes.

Pour plus de détails, voir le chapitre 3 : « Les recherches », in *Penser la communication*, *op. cit.*

Communication normative et fonctionnelle

La communication est toujours un échange entre un émetteur, un message et un récepteur. Les deux significations du mot expliquent la cohabitation permanente entre le sens normatif et le sens fonctionnel.

Étymologiquement, ce mot signifie « mettre en commun, partager » (*communicare*, 1361, lat.). C'est le sens de *partage* qui renvoie à ce que nous attendons tous de la communication : partager quelque chose avec quelqu'un. Mais le second sens plus récent apparu à partir du XVIIᵉ siècle renvoie à l'idée de *diffusion*, et sera en écho avec le développement de la librairie, puis de la presse. Bien sûr, diffuser sera conçu afin de partager, mais progressivement, avec le volume de documents et d'informations diffusées, les deux sens se dissocieront. La *diffusion* ne sera plus naturellement la condition du partage.

C'est la même différence entre communication normative et communication fonctionnelle. La *communication normative* renvoie à l'idéal de partage. La *communication fonctionnelle* s'est beaucoup plus développée depuis un siècle avec les supports de l'écrit, du son, de l'image et des données informatiques. Elle renvoie plus aux nécessités d'échanges au sein de sociétés complexes, à la division du travail et à l'ouverture des sociétés les unes sur les autres. Dès qu'il y a spécialisation des activités, il y a échange, donc développement de communications fonctionnelles qui remplissent une *fonction pratique* sans avoir pour autant d'autres significations. Mais, simultanément, la société occidentale continue de valoriser l'idéal du partage. On comprend que le développement de la communication fonctionnelle se fasse en référence à la communication normative. Tels sont les deux sens quasiment ontologiquement liés de la communication, mais évidemment contradictoires puisque les conditions d'un réel partage s'éloignent au fur et à mesure qu'il s'agit de la communication d'un grand nombre de biens et de services à destination d'un grand nombre de personnes qui ne partagent pas forcément les mêmes valeurs.

Cette ambiguïté de la communication se retrouve avec l'*information*. Information a deux sens. Le premier renvoie à l'étymologie (*informare*, 1190, lat.), qui signifie « donner une forme ; façonner ; ordonner ; donner une signification ». Le second, plus tardif (1450), signifie mettre au courant quelqu'un de quelque chose. Et c'est à partir de celui-ci que le lien se fera entre information et événement. L'information consistera à rapporter l'événement, c'est-à-dire tout ce qui perturbe et modifie la réalité. On arrive alors au double sens d'information. C'est à la fois ce qui met en forme ; qui donne un sens, qui organise le réel, *et en même temps* c'est le récit de ce qui surgit, et perturbe l'ordre. Cette ambiguïté de l'information est un écho à celle de la communication.

Communication politique

Au départ, la communication politique a désigné l'étude de la communication du gouvernement vers l'électorat, puis l'échange des discours politiques entre la majorité et l'opposition. Ensuite le domaine s'est élargi à l'étude du rôle des médias dans la formation de l'opinion publique, puis à l'influence des sondages sur la vie politique. Aujourd'hui, elle englobe l'étude du rôle de la communication dans la vie politique au sens large en intégrant aussi bien les médias que les

sondages, le marketing politique et la publicité avec un intérêt particulier pour les périodes électorales. À la limite, la communication politique désigne toute communication qui a pour objet la politique !...
Cette définition, *trop extensive*, a cependant l'avantage de prendre en compte les deux grandes caractéristiques de la politique contemporaine : l'élargissement de la sphère politique et la place croissante accordée à la communication, avec le poids des médias et de l'opinion publique à travers des sondages.

Je préfère une définition plus restrictive. La communication politique est « l'espace où s'échangent les discours contradictoires des trois acteurs qui ont la légitimité à s'exprimer publiquement sur la politique et qui sont les hommes politiques [5], les journalistes et l'opinion publique à travers des sondages ». Cette définition insiste sur l'idée *d'interaction* de discours tenus par des acteurs qui n'ont ni le même statut ni la même légitimité mais qui, de par leurs positions respectives dans l'espace public, constituent en réalité la condition de fonctionnement de la démocratie de masse.

Le concept de communication politique, pour sa part, est confronté à deux limites : d'une part les *rapports entre expression et action* ; la part croissante que prend la *logique représentative* comme moyen de réguler les flots de communication nombreux et hétérogènes d'autre part. Ces deux limites sont directement liées au concept *d'égalité des opinions* au sein de la communication politique. Il est évident que *sans* ces deux conditions théoriques (le droit à l'expression et l'égalité) le modèle démocratique ne serait pas confronté à ces limites. Il faut donc être prudent dans l'analyse et la critique, et bien garder à l'esprit qu'il s'agit des contradictions d'un *tout petit nombre* de démocraties dans le monde. Celles qui bénéficient de toutes les libertés. Ce sont les seules qui, pour la première fois dans l'histoire, reconnaissent le droit à l'expression *et* l'égalité des opinions. Les dérives, erreurs et limites du fonctionnement de l'espace public, et de la communication politique, ne doivent donc pas faire oublier leur caractère récent, et le fait qu'elles sont liées à des situations éminemment favorables, dans l'histoire politique [6]. La communication politique reste le « moteur » de l'espace public.

Culture

Le mot est immense, les références innombrables. Il s'agit ici de le situer par rapport à la communication.

1) *Les trois sens du mot*

Le sens classique *français* renvoie à l'idée de création, d'œuvre. Il suppose une capacité de définition de ce qui, à un moment donné, est considéré comme patrimoine, savoir, création et connaissance, étant entendu que les définitions évoluent dans le temps. Le sens *allemand* est proche de l'idée de civilisation et intègre les valeurs, les représentations, les symboles et le patrimoine, tels qu'ils sont partagés par une communauté à un moment de son histoire. Le sens *anglo-saxon* est

plus anthropologique et prend en compte les manières de vivre, les
styles, les savoirs quotidiens, les images et les mythes.

Hier, la question était finalement l'opposition entre *culture d'élite* et
culture populaire. Quand on parlait de culture, il était question de la
première, dans les œuvres, comme dans les goûts, l'éducation ou la
communication. Quant à la culture populaire, il s'agissait de celle du
plus grand nombre mais sans réelle « valeur culturelle ». Il faudra
attendre le XIXe siècle et la lutte des classes pour valoriser cette culture
populaire. En un siècle, cette situation s'est considérablement modi-
fiée. Aujourd'hui, il n'y a plus *deux* cultures, d'élite et populaire, mais
quatre : culture d'élite, grand public, populaire et particularisante
(minorités ethniques ou religieuses…). Le grand changement est
l'apparition de cette culture *moyenne, grand public, majoritaire,
générale* [7], en tout cas celle qui est la plus nombreuse dans nos
sociétés, celle à laquelle chacun appartient de *toute façon*, même s'il
adhère *par ailleurs* à une autre forme culturelle. La cause du surgissement de cette culture moyenne grand public résulte de la conjonction
de *trois* facteurs. *D'abord* la démocratisation, qui a élargi le cercle des
publics cultivés et favorisé cette culture grand public, avec notamment
la mise sur pied de politiques culturelles dont les grands musées de
masse sont le plus beau symbole (le Louvre, le Centre Pompidou, La
Villette). *Ensuite* l'élévation du niveau culturel par l'éducation. *Enfin*
la société de consommation et l'entrée de la culture dans l'ère de
l'industrie. Ainsi s'est créée cette culture grand public, que les médias,
à leur tour, ont favorisée et distribuée. Le résultat est une *contradiction
typique de la société individualiste de masse* où existent simultanément une culture qui valorise l'individu et une culture du grand
nombre. Conséquence ? On assiste à une diversification réelle des cultures, et à leur légitimation, en même temps qu'à un désintérêt à
l'égard de la culture de masse qui est pourtant un acquis récent et fragile de très nombreuses décennies de luttes.

2) *De deux à quatre formes de culture*

La *culture* « *d'élite* ». Hier elle était naturellement en position
dominante ; elle se sent dépossédée de cette place hégémonique par le
surgissement de cette culture moyenne liée à la consommation, au
développement des loisirs, des voyages et de « l'industrie culturelle ».

La *culture moyenne*. Elle a ses propres normes, valeurs et barrières
et se situe moins en position d'infériorité à l'égard de la culture d'élite
que la culture populaire d'hier. La nouveauté est cette culture du grand
nombre qui traduit tous les mouvements d'émancipation politique,
économique, sociaux survenus depuis plus d'un demi-siècle. Elle
occupe en volume la place de la culture populaire d'hier, la légitimité
en plus. C'est à la fois la musique, le cinéma, la publicité, les médias,
les voyages, la télévision, la mode, les styles de vie et de consommation. C'est la culture moderne, l'air du temps, qui suscite le sentiment
d'appartenir à son époque, d'être « dans le coup ». De ne pas être
exclu. Elle est une des forces essentielles du lien social.

La *culture populaire* se trouve, elle, décalée, partagée par beaucoup moins d'individus qu'il y a cinquante ans, du fait de mutations sociales, de la diminution de la population paysanne et ouvrière, de l'urbanisation massive, et de la croissance de la culture moyenne. Liée hier à un projet politique, souvent de gauche, elle subit aujourd'hui, dans ses formes idéologiques, le reflux de toute la problématique de la classe ouvrière et de la dévalorisation des milieux populaires.

Les *cultures particulières*. Hier incluses dans la culture populaire, elles ont tendance à se distinguer au nom du droit à la différence (femmes, régions, minorités…). Sans atteindre des volumes considérables, elles mettent cependant en cause la culture *populaire* au sens où celle-ci n'a plus le monopole de la légitimité populaire. Ni le pouvoir d'intégration symbolique, qu'elle avait hier.

Les cultures particulières, au nom de ce « droit à la différence », réduisent la référence universelle qu'avait la culture populaire. Celle-ci, hier, unifiait les milieux. Aujourd'hui, non seulement les distances sociales sont plus grandes, non seulement la classe moyenne et la culture moyenne ont pris la place et la légitimité de la culture populaire, mais en outre celle-ci est un peu cantonnée dans la gestion et la valorisation des patrimoines populaires. En effet, les cultures particulières, fières de leur différence, souhaitent se *distinguer* autant de la culture moyenne que de la culture populaire. En ce sens, il y a un réel éclatement des cultures. En fait, les quatre formes de culture *cohabitent et s'interpénètrent*, grâce notamment au rôle essentiel des médias. On peut même dire qu'une bonne partie de la population est « *multiculturelle* », au sens où chacun appartient successivement, et parfois même simultanément, à plusieurs de ces formes de culture. D'autant que la culture d'élite, quoi qu'elle dise, s'est beaucoup ouverte à la communication et que la culture de masse se différencie elle-même tout autant que la culture populaire. Enfin, beaucoup se sentent intéressés par la montée de ces cultures particulières, liées au mouvement d'affirmation des communautés. Le paradoxe est que les rapports de force entre ces quatre formes de culture sont assez visibles grâce aux médias, en même temps que leur visibilité rend finalement leur cohabitation plus aisée… On fait comme si la « lutte des cultures » était pour demain au sein des démocraties, alors qu'en réalité il n'y a jamais eu autant de *tolérance* à l'égard des différentes formes de culture, ni de *visibilité* d'ailleurs, et ni, probablement, de *cohabitation*, voire parfois *d'interpénétration*… Et cela grâce aux médias généralistes qui, en assurant une certaine visibilité à ces cultures, contribuent *aussi* à leur cohabitation. La référence à l'idée de *citoyen multiculturel* ne signifie pas l'instauration d'un multiculturalisme. Celui-ci est impossible dans les faits. Cela traduit l'idée que, dans la réalité, un individu accède, notamment par les médias, à plusieurs formes de culture, ou en tout cas *sait* qu'elles existent. Ce qui est la *grande différence* par rapport à hier où chacun restait *dans* son milieu culturel. Si les barrières culturelles demeurent, elles sont néanmoins plus visibles, ce qui est déjà un progrès.

L'*acculturation* renvoie aux modifications qui affectent deux cultures en contact. Le *multiculturalisme* renvoie à la coexistence sur le même territoire de cultures différentes [8].

Espace public

Notion souvent ignorée des dictionnaires, l'espace public est pourtant au cœur du fonctionnement démocratique. J. Habermas l'a repris à E. Kant qui en est probablement l'auteur, et en a popularisé l'usage dans l'analyse politique depuis les années 70. Il le définit comme la sphère intermédiaire qui s'est constituée historiquement, au moment des Lumières, entre la société civile et l'État. C'est le lieu, accessible à tous les citoyens, où un public s'assemble pour formuler une opinion publique. L'échange discursif de positions raisonnables sur les problèmes d'intérêts généraux permet de dégager une opinion publique. Cette « publicité » est un moyen de pression à la disposition des citoyens pour contrer le pouvoir de l'État. Mais Habermas considère que l'apparition de l'État-providence a perverti ce mécanisme de concertation démocratique. Avec d'autres, j'essaie au contraire de caractériser et de comprendre le rôle de l'espace public dans une démocratie de masse. C'est-à-dire un espace beaucoup plus large qu'autrefois, avec un nombre beaucoup plus grand de sujets débattus, un nombre beaucoup plus grand d'acteurs intervenant publiquement, une omniprésence de l'information, des sondages, du marketing et de la communication.

Il s'agit d'un espace symbolique où s'opposent et se répondent les discours, la plupart contradictoires, tenus par les différents acteurs politiques, sociaux, religieux, culturels, intellectuels, composant une société. C'est donc avant tout un espace symbolique, qui requiert du temps pour se former, un vocabulaire et des valeurs communes, une reconnaissance mutuelle des légitimités ; une vision suffisamment proche des choses pour discuter, s'opposer, délibérer. On ne décrète pas l'existence d'un espace public comme on organise des élections. On en constate l'existence. L'espace public ne relève pas de l'ordre de la volonté. Il symbolise simplement la réalité d'une démocratie en action, ou l'expression contradictoire des informations, des opinions, des intérêts et des idéologies. Il constitue le lien politique reliant des millions de citoyens anonymes, en leur donnant le sentiment de participer effectivement à la politique. Si l'on peut volontairement instituer la liberté d'opinion, la liberté de la presse, la publicité des décisions politiques, cela ne suffit pas à créer un espace public. Il faut rappeler que le modèle démocratique pluraliste qui, depuis les années 80, est l'objet d'un consensus en Europe, comme il ne le fut jamais dans l'histoire, a été considéré entre 1930 et aujourd'hui, et surtout entre 1947 et 1977 avec le poids du marxisme, la guerre froide et les oppositions idéologiques, comme un concept de « droite ». On opposait la démocratie « formelle » bourgeoise à la démocratie « réelle » plus ou moins socialiste. Et dans cette bataille idéologique âpre, personne ne parlait d'espace public. Les mots dominants du vocabulaire politique étaient : pouvoir, conflits, contradiction, intérêts de classe, aliénation, idéologie.

L'espace public suppose au contraire l'existence d'individus plus ou moins autonomes, capables de se faire leur opinion, non « aliénés aux discours dominants », croyant aux idées et à l'argumentation, et pas seulement à l'affrontement physique. Cette idée de construction des opinions par l'intermédiaire des informations et des valeurs, puis de leurs discussions, suppose aussi que les individus soient relativement autonomes à l'égard des partis politiques pour se faire leur propre opinion. En un mot, avec le concept d'espace public, c'est la légitimité des mots qui s'impose contre celle des coups, des avant-gardes et des sujets de l'histoire. C'est l'idée d'une argumentation possible contre le règne de la violence libératrice, l'idée d'une reconnaissance de l'autre, et non sa réduction au statut de « sujet aliéné ». Mais l'espace public est devenu un mot à la mode pour une autre raison, moins politique que sociologique, les deux se renforçant et n'étant pas sans lien l'un avec l'autre. L'espace public est aussi l'aboutissement du mouvement d'émancipation qui a consisté à valoriser la liberté individuelle, et tout ce qui est public, contre ce qui était « privé », identifié au domaine des interdits d'autrefois, et aux traditions. Défendre le privé, c'était finalement défendre les règles, les conventions, les traditions ; c'était être conservateur. Il s'est ainsi opéré une rencontre entre deux mouvements relativement différents : celui en faveur de la liberté individuelle, donc d'une certaine capacité à afficher publiquement ce que l'on est, et le mouvement démocratique, qui lui aussi favorisait l'idée de publicité contre celle de secret et d'interdit. Des deux côtés, ce qui était « public » fut valorisé.

Il faut distinguer l'espace commun, l'espace public et l'espace politique.

L'espace commun est le premier espace. Il est symbolisé par les échanges commerciaux, avec l'équivalent universel de la monnaie comme moyen de compenser l'hétérogénéité des langues. Mais chacun sait aussi qu'avec le commerce, comme l'ont prouvé Venise, la Ligue hanséatique et, avant les Arméniens, les Phéniciens et bien d'autres, ce ne sont pas seulement les biens et les services qui s'échangent, mais aussi des signes, des symboles, qui progressivement tissent un espace de familiarité, voire de sécurité. Le mot « commun » apparaît au IXe siècle, venant du latin *communis*, et il est lié à l'idée de communal et de communauté. Un espace commun est à la fois physique, défini par un territoire, et symbolique, défini par des réseaux de solidarité.

L'espace public est au départ un espace physique ; celui de la rue, de la place, du commerce et des échanges. C'est seulement à partir des XVIe et XVIIe siècles que cet espace physique devient symbolique avec la séparation du sacré et du temporel et la progressive reconnaissance du statut de la personne et de l'individu face à la monarchie et au clergé. Ce mouvement prend facilement deux siècles. C'est en effet la redéfinition du privé qui permet, en contrepoint, à l'espace public de se dessiner et de s'affirmer. Le mot public apparaît au XIIIe siècle, du

latin *publicus* ; ce qui concerne « tout le monde ». Public renvoie à
« rendre public », à publier, du latin *publicare*. Cela suppose un élargissement de l'espace commun et l'attribution d'une valeur normative
à ce qui est accessible à tous. Dans le passage du commun au public,
se lit ce qui deviendra par la suite la caractéristique de la démocratie, à
savoir la valorisation du nombre, le complément, en quelque sorte, du
principe de liberté.

L'espace public est évidemment la condition de naissance de
l'*espace politique*, qui est le plus « petit » des trois espaces au sens de
ce qui y circule. Dans cet espace, il ne s'agit ni de discuter ni de délibérer, mais de décider et d'agir. Il y a toujours eu un espace politique.
Simplement, la spécificité de la politique moderne démocratique
réside dans l'élargissement de l'espace politique, au fur et à mesure du
mouvement de démocratisation. Le mot émerge entre le XIIIe et le
XIVe siècle, venant du latin *politicus*, et empruntant au mot grec *poli-
tikos* l'idée essentielle de l'art de gérer les affaires de la cité. Il existe
alors non seulement un enjeu supplémentaire par rapport à l'espace
public, qui est le pouvoir, mais aussi un principe de clôture plus strict
lié aux limites territoriales sur lesquelles s'exercent la souveraineté et
l'autorité.

Pour simplifier : l'espace *commun* concerne la circulation et
l'expression ; l'espace *public*, la discussion ; l'espace *politique*, la
décision. Pourquoi insister sur la différence de nature entre ces trois
espaces, qui naturellement sont synchrones dans le fonctionnement
quotidien ? Parce que cela permet de réintroduire le phénomène essentiel du temps, dans le passage du commun au public et du public au
politique [9].

Identité

Selon *Le Robert*, l'identité est « le caractère de ce qui demeure identique à soi-même ». Cette définition cache en fait deux acceptions, que
met en évidence P.-J. Labarrière dans le *Dictionnaire des notions philosophiques*. « Caractère de ce qui est identique, qu'il s'agisse du rapport de continuité et de permanence qu'un être entretient avec lui-
même au travers de la variation de ses conditions d'existence et de ses
états, ou de la relation qui fait que deux réalités, différentes sous de
multiples aspects, sont cependant semblables et même équivalentes
sous tel ou tel rapport [10]. » L'identité culturelle désignera alors « le
fait, pour une réalité, d'être égale ou similaire à une autre dans le partage d'une même essence [11] ». La notion d'identité est utilisée aussi
bien en psychologie qu'en anthropologie. Pour le psychosociologue
Pierre Tap, l'identité personnelle concerne, en un sens restreint, « le
sentiment d'identité, c'est-à-dire le fait que l'individu se perçoit le
même, reste le même dans le temps ». En un sens plus large, elle
s'apparente « au système de sentiments et de représentations par
lequel le sujet se singularise. Mon identité c'est donc ce qui me rend
semblable à moi-même et différent des autres ; c'est ce par quoi je me
sens exister aussi bien en mes personnages (propriétés, fonctions et

rôles sociaux) qu'en mes actes de personne (signification, valeurs, orientations). Mon identité, c'est ce par quoi je me définis et me connais, ce par quoi je me sens accepté et reconnu comme tel par autrui [12] ».

Pour l'anthropologie, Nicole Sindzingre écrit : « La question de l'identité est inséparable de l'individuation, c'est-à-dire de la différenciation de classes ou d'éléments de classes de même niveau. Pour identifier un ou plusieurs êtres à d'autres, il faut bien les distinguer de tout ce qu'ils ne sont pas ; et à l'inverse, pour appréhender un être singulier, il faut bien supposer son identité historique [13]. » En fait, l'identité est un concept qui permet de définir le résultat de l'activité de constitution du moi. L'identité est une synthèse du moi soumis à différentes aspirations et temporalités, à différentes stratégies et relations sociales. « L'identité est un système de représentations, de sentiments et de stratégies, organisé pour la défense conservatrice de son objet (le "être soi-même"), mais aussi pour son contrôle, sa mobilisation projective et sa mobilité idéalisante (le "devenir soi-même"). L'identité est un système structuré, différencié, à la fois ancré dans une temporalité passée (les racines, la permanence), dans une coordination des conduites actuelles et dans une perspective légitimée (projet, idéaux, valeurs). Elle coordonne des identités multiples associées à la personne (identité corporelle, caractérielle...) ou au groupe (rôles, statuts...) [14]. » Tous ces éléments de définition renvoient pour l'essentiel à une dimension individuelle de l'identité. Le passage à l'identité collective étant justement un des problèmes auquel la sociologie ne peut apporter de réponse claire [15].

Une chose est certaine, la référence du mot a changé en un siècle. Hier dans un univers d'ordre, l'identité renvoyait à la stabilité, à la tradition, à la similitude. C'est en cela que le mouvement d'ouverture culturel et politique s'est *opposé* à l'identité. Celle-ci était du côté du pouvoir, du conservatisme, tandis que le progrès se caractérisait par l'ouverture, la communication, le changement, la remise en cause de l'ordre antérieur et de ses identités. Aujourd'hui le mot change de sens, parce que le contexte lui-même a changé.

Dans un univers ouvert, où tout circule pour des raisons à la fois fonctionnelles et normatives, l'identité n'a plus la même signification de référence à la stabilité et à l'ordre. Il s'agit d'une identité dynamique. D'ailleurs, même dans un univers plus stable, l'identité était déjà dynamique, se constituant par apports successifs. Mais c'est encore plus vrai aujourd'hui. L'identité d'aujourd'hui est dynamique, au sens où dans un mouvement constant de construction et déconstruction, d'évolution des repères, des symboles et des représentations, elle essaie au contraire de préserver un minimum de *repères stables*. L'identité dynamique d'aujourd'hui n'est pas l'obstacle au mouvement ou à l'ouverture, elle en est la condition, au sens où sans un minimum de repères et de stabilité aucune identité individuelle et collective n'est possible. Si un certain nombre d'identités ne sont pas respectées et visibles, la communication, qui accélère les mises en rapport, sera perçue comme un facteur de désordre et de déstabilisation, suscitant alors un phénomène de rejet à son endroit.

L'identité dynamique d'aujourd'hui est la condition de la communication, c'est-à-dire le moyen d'éviter une réaction, cette fois-ci violente, contre une communication envahissante et destructrice.

Individu

La notion d'individu est complexe. *Le Robert* fournit deux éléments. L'approche psychologique définit l'individu comme « l'être humain en tant qu'unité et identité extérieures biologiques ; en tant qu'être particulier, différent de tous les autres ». L'approche sociologique, écrit Lalande, considère l'individu comme « l'unité dont se composent les sociétés [16] ». Aucune de ces définitions n'est évidente en soi. La première est le fruit d'un long travail historique, débuté sous l'Antiquité, repris par les théologiens du Moyen Âge et achevé lors de la Réforme et de la Renaissance. En effet, avant cela, écrit Bernard Valade, l'individu ne possédait pas d'identité propre. « Au sein de la société chrétienne, l'homme n'est pas en relation immédiate avec lui-même. Il explique sa situation par tout ce qui dépasse le personnel et l'individuel. [...] Si l'être individuel du chrétien acquiert la dignité d'un être permanent, indestructible, c'est dans sa relation à Dieu, c'est-à-dire dans sa participation à la Personnalité divine, que prend forme sa personne [17]. » L'individu et, dans son prolongement théologique, la personne, constituent l'une des originalités les plus fortes de la philosophie et de la civilisation occidentales. La Renaissance a rompu avec cette conception holiste de la société et de la personnalité. Puis les Lumières ont valorisé l'individu en tant qu'être distinct – non soumis aux contraintes des groupes familiaux et sociaux qui encadraient sa vie – et protégé par des règles juridiques écrites. Comme Karl Polanyi l'a montré, l'avènement de l'économie marchande a achevé ce processus. « Le modèle économique fournit les paramètres du modèle social : la société est conçue sous forme de rapports d'échanges entre propriétaires libres et indépendants ; elle est réputée, préposée à la protection des droits de l'individu sur sa personne et sur ses biens, ainsi qu'au respect de l'ordre dans toutes les transactions [18]. » À partir de cette conception de l'individu, la Révolution française a posé que chaque homme possède des droits naturels inaliénables, du seul fait qu'il est individu. Indépendamment donc de tout rapport à la collectivité dans laquelle il est inséré. Et c'est l'individu qui, par le consentement qu'il donne, lors de la formation du contrat social fondateur, devient la source de tout pouvoir. Le XIXe siècle a vu s'étendre les droits reconnus à l'individu, avec l'acquisition de certains droits politiques dont l'extension progressive du suffrage universel. Puis le préambule de la Constitution de 1946 a affirmé solennellement l'existence de droits sociaux, comme celui du droit à une retraite payée ou à un travail.

Modernisation

Le terme de modernisation est a priori connoté positivement. *Le Robert* la définit ainsi : « L'action d'organiser d'une manière conforme aux besoins, et aux moyens modernes. » La sociologie évolutionniste a toujours considéré la modernisation comme *le* processus de transformation des sociétés entrant dans l'ère industrielle, étape nécessaire et indispensable pour accéder au développement économique, à la démocratie, à la prospérité. En fait, cette sociologie a été battue en brèche par la critique de l'universalité de tels processus. On a préféré utiliser le terme de modernisation pour étudier les stratégies suivies par les pays en développement, pour arriver à la construction d'une société moderne « à l'occidentale ». Le rejet de la première conception, finalement historiciste, a « abouti à construire la modernisation, non plus comme la résultante d'une loi d'évolution, mais comme un mode de réutilisation et de redéfinition des structures traditionnelles pour faire face aux espaces de la modernité [19] ». Étant entendu que « la modernisation est très rarement un processus de changement planifié et contrôlé [20] ».

Raymond Boudon et François Bourricaud caractérisent la modernisation comme un processus à trois faces : *mobilisation*, *différenciation*, *laïcisation*. « Le premier terme est emprunté à K. Deutsch, qui a relevé un certain nombre d'indicateurs permettant d'apprécier l'aisance et la rapidité avec lesquelles les biens, les personnes, les informations circulent à l'intérieur d'une même société [21]. » La mobilisation signifie en fait l'instauration de la libre circulation entre les individus : déplacements de populations, circulation des savoirs, transferts de qualifications, autonomie vis-à-vis de la sphère parentale, etc.

La modernisation implique également un renouvellement du mode de division du travail social. « Des institutions comme la bureaucratie, et surtout l'entreprise, sont modernes, en ce sens qu'elles prétendent distinguer, au moins en théorie, les individus selon la contribution qu'ils apportent à une tâche socialement valorisée, plutôt que selon leurs origines et leurs affiliations familiales et locales [22]. » Enfin, la laïcisation implique « une séparation instituée entre l'Église (et aussi l'État) et, d'autre part, les institutions de recherche et d'enseignement [23] ».

Modernité

« L'adjectif moderne, à partir duquel a été forgé au XIXᵉ siècle le terme modernité, désigne ce qui appartient à une époque récente. Il peut avoir le sens d'actuel, de contemporain et s'oppose à ancien, à antique. Depuis la querelle des Anciens et des Modernes, au XVIIᵉ siècle, ce terme est chargé d'une connotation positive. Les tenants du moderne partent du présupposé d'un progrès de l'humanité [24]. » La modernité, au niveau socio-historique, désigne, selon Gérard Guest, « le fait historique majeur qui affecte, à la fin du Moyen Âge et à l'origine de la Renaissance, toutes les formes de culture et toutes les formes d'existence en Europe. L'homme européen

y fonde – par opposition à l'homme médiéval – ses formes de vie propres, en un nouveau partage de la référence à la tradition. Ce partage
est rendu possible par la constitution d'une mémoire historique, philo-
logique et herméneutique, et la référence au progrès, que rendent possible l'essor des sciences et des techniques, l'évolution accélérée du
mouvement des forces productives au service d'une maîtrise sans précédent des processus naturels. Il est aussi rendu possible par l'édifica-
tion politique de l'État moderne, la référence philosophique aux
valeurs de l'humanisme et de la raison [25]. »

Alain Touraine décrit les différents éléments philosophico-poli-
tiques qui composent cette modernité : une révolution de l'homme
éclairé contre la tradition ; la sacralisation de la société ; la soumission
à la loi naturelle de la raison. La modernisation dans son acception
occidentale est « l'œuvre de la raison elle-même, et donc surtout de la
science, de la technologie et de l'éducation, et les politiques sociales
de modernisation ne doivent pas avoir d'autre but que de dégager la
route de la raison en supprimant les réglementations, les défenses cor-
poratistes ou les barrières douanières, en créant la sécurité et la prévi-
sibilité dont l'entrepreneur a besoin et en formant des gestionnaires et
des opérateurs compétents et consciencieux. [...] L'Occident a donc
vécu et pensé la modernité comme une révolution. La raison ne
connaît aucun acquis ; elle fait au contraire table rase des croyances et
des formes d'organisation sociale et politique qui ne reposent pas sur
une démonstration de type scientifique [26]. » De plus, la modernité
engendre, du fait de la sécularisation, une nouvelle pensée politique
qui remplace Dieu par la Société comme principe de jugement moral.
« L'idée que la société est source de valeurs, que le bien est ce qui est
utile à la société et le mal ce qui nuit à son intégration et à son efficacité, est un élément essentiel de l'idéologie de la modernité. Pour ne
plus se soumettre à la loi du père, il faut la remplacer par l'intérêt des
frères et soumettre l'individu à l'intérêt de la collectivité [27]. » Enfin,
« la pensée moderniste affirme que les êtres humains appartiennent à
un monde gouverné par des lois naturelles que la raison découvre et
auxquelles elle est elle-même soumise. Et elle identifie le peuple, la
nation, à un corps social qui fonctionne lui aussi selon des lois naturelles et qui doit se débarrasser des formes d'organisation et de domination irrationnelles qui cherchent frauduleusement à se faire légitimer par le recours à une révélation ou à une décision supra-
humaine [28]. »

La modernité est d'abord un outillage critique. Les armes de la critique se retourneront donc contre elle. G. Guest décrit la modernité
comme « l'époque de l'interprétation de l'interprétation [29] ». (Voir le
développement des travaux d'herméneutique de Gadamer, la critique
logique du langage de Wittgenstein, etc.) De nombreux penseurs, le
plus radical étant Nietzsche, dénonceront les méfaits de l'idéologie
moderniste. Freud provoqua une remise en cause radicale de l'idéal de
l'homme comme être de raison. Puis l'école de Francfort où les travaux de Michel Foucault mirent en évidence combien la modernité

était antinomique avec l'idée de progrès du bien-être, en soulignant les processus d'aliénation engendrés par les sociétés modernes. Le dépérissement de l'idéologie et des pratiques modernistes, notamment dans la création esthétique, a donné naissance au concept de postmodernisme ou de postmodernité. Jean-François Lyotard la considère comme une « hypermodernité » au sens où les avant-gardes s'épuisent d'elles-mêmes dans leur quête incessante de la modernité [30]. La postmodernité signifie surtout la disparition de tout modèle de société, les acteurs sont tournés vers eux-mêmes, vers la satisfaction de leurs besoins narcissiques, l'identité sociale est fournie par ce que l'on consomme, plutôt que par ce que l'on est. La postmodernité renvoie à une société sans histoire, au sens où il n'y a plus de grands projets et où l'autoréflexion, voire l'autodérision, remplace toute perspective historicisante [31].

Nouveaux médias

Par *nouveaux médias*, on désigne généralement les médias issus du rapprochement entre les techniques de l'informatique, des télécommunications et de l'audiovisuel. C'est la numérisation de l'information qui rend cette convergence possible. La plupart du temps, il s'agit de supports en réseau (ordinateur, terminal téléphonique ou téléviseur). Mais il peut s'agir de médias autonomes comme les cédéroms. Les applications des nouveaux médias peuvent concerner quatre principaux domaines : les loisirs, les services, le travail et l'éducation. On trouvera, p. 13 de ce livre, la définition des termes suivants : Internet, Intranet, hypertexte et Web.

Sciences de la communication

Les sciences de la communication ont pour objet l'étude de la communication, mais il n'y a pas *une* science de la communication puisque la communication fait appel à plusieurs disciplines. La communication est plutôt un *objet* de connaissance interdisciplinaire, au carrefour des disciplines traditionnelles et des savoirs récents liés à une formidable expansion. On peut distinguer trois pôles dans les sciences de la communication.

Le premier pôle, à l'interface des neurosciences et des sciences cognitives, étudie la communication dans ses rapports avec le cerveau : perception ; mémoire ; traitement de l'image et du langage.

Le deuxième pôle, à l'interface des sciences cognitives et des sciences physiques pour l'ingénieur, est centré sur les problèmes de communication entre l'homme et les machines.

Le troisième pôle, centré sur les sciences de l'homme et de la société, étudie la communication entre les individus et les collectivités, ainsi que l'impact des techniques de communication sur le fonctionnement de la société.

Dix disciplines sont ici mobilisées : philosophie ; économie ; droit ; science politique ; histoire ; anthropologie ; psycholinguistique ; géographie ; sociologie ; linguistique. C'est en cela que les sciences de la communication sont par nature *interdisciplinaires*, la dimension inéluctablement anthropologique de la communication empêchant tout réductionnisme disciplinaire. La communication est probablement une des activités humaines à partir desquelles l'homme a le moins de distance, puisqu'elle est directement constitutive de son rapport au monde.

Société civile

La notion de société civile est ambiguë. Elle a connu dans son histoire un renversement complet de sens. De l'Antiquité au XVIIe siècle, la société civile est opposée à l'État de nature, elle signifie toute société politiquement organisée. Venant du latin, les termes *civitas*, *societas civilis* ou encore *res publica* resteront longtemps synonymes. Ce n'est qu'après la Révolution française et la conception unitaire de l'État notion imposée par elle que la notion de société civile est opposée à l'État, pour signifier ce qui relève du domaine privé, de la société sans l'État. Des traces de cette ambiguïté demeurent dans le vocabulaire. Les adjectifs « civil » et « civique » ont la même racine. Pourtant, les droits civiques concernent celui qui s'associe au pouvoir de l'État et participe à la communauté politique, alors que les droits civils définissent les obligations qui régissent les rapports entre individus dans leur vie privée. « Le concept de société civile trouve sa formulation systématique en 1821 dans *Les Principes de la philosophie du droit* de Hegel. En introduisant ce concept, Hegel prenait acte du changement le plus significatif de la modernité politique : la séparation de la "vie civile" et de la "vie politique", de la société et de l'État ; changement concomitant à la révolution industrielle (montée de la culture bourgeoise, importance et autonomie accrue de la sphère économique) et politiquement consacré par l'effondrement de l'Ancien Régime [32] ».

Aujourd'hui, Dominique Colas propose une définition opératoire de la société civile. « Elle désigne la vie sociale organisée selon sa propre logique, notamment associative, qui assurerait la dynamique économique, culturelle et politique [33]. »

Les variations historiques du concept montrent bien à quel point la société civile est une notion conflictuelle et idéologique. De nos jours, elle est réapparue, à la suite de la crise de l'État-providence, et elle est investie de multiples connotations positives. Elle s'apparente alors, selon François Rangeon, à un mythe politique. « Avant d'être un concept ou une idée, la société civile évoque d'abord un ensemble de valeurs positives : l'autonomie, la responsabilité, la prise en charge par les individus eux-mêmes de leurs propres problèmes. Par sa dimension collective, la société civile semble échapper aux dangers de l'individualisme et inciter à la solidarité. Par sa dimension civile, elle évoque l'émancipation de la tutelle étatique, mais aussi des valeurs plus affectives telles que l'intimité, la familiarité, etc. On s'explique ainsi la réactivation récente du couple société civile-État [34]. »

Société individualiste de masse

J'ai construit ce mot pour rendre compte de l'originalité de la société contemporaine où cohabitent deux données structurelles, toutes deux normatives mais contradictoires : la valorisation de l'individu, au nom des valeurs de la philosophie libérale et de la modernité ; la valorisation du grand nombre, au nom de la lutte politique en faveur de l'égalité. L'économie de marché ayant assuré le passage de l'un à l'autre, en élargissant sans cesse les marchés, jusqu'à l'instauration de la société de consommation de masse où nous retrouvons les deux dimensions, du choix individuel et de la production en grand nombre. La société individualiste de masse est en permanence obligée de gérer ces deux dimensions antinomiques : l'*individu* et la *masse*, toutes les deux liées aux grandes traditions démocratiques européennes mais qui bousculent les équilibres socioculturels antérieurs. Contrairement aux thèses de l'école de Francfort, je ne tire pas les mêmes conclusions pessimistes de cette réalité de la société de masse. L'individu peut être dominé, mais pas altéré, il conserve une capacité critique. Si le constat est le même, les conséquences sont différentes.

La *crise du lien social* résulte de la difficulté à trouver un nouvel équilibre au sein de ce modèle de société. Les liens primaires, liés à la famille, au village, au métier, ont disparu, et les liens sociaux, liés aux solidarités de classes et d'appartenance religieuse et sociale, se sont aussi affaissés. Résultat, il n'y a plus grand-chose entre la masse et l'individu, entre le nombre et les personnes. Plus beaucoup de liens. C'est dans ce contexte d'absence de relais socioculturels entre le niveau de l'expérience individuelle et celui de l'échelle collective que se situe l'intérêt de la télévision. Elle offre justement un lien structurant entre ces échelles et ces espaces. Aucune des références unitaires qui, hier, organisaient l'espace symbolique de nos sociétés n'est aujourd'hui stable. Partout dominent des dualités contradictoires dont la conséquence est une certaine fragilisation des rapports sociaux. Il y a, on l'a vu, le couple individu-masse aux finalités évidemment contradictoires ; l'opposition égalité-hiérarchie, où l'existence de l'égalité n'exclut nullement la réalité d'une société assez immobile et hiérarchique ; le conflit ouverture-fermeture, lié au fait que l'ouverture et la communication deviennent les références d'une société sans grand projet depuis la chute de l'idéal communiste ; le décalage entre l'élévation générale du niveau des connaissances et la réalité massive d'un chômage disqualifiant… Le tout dans un contexte d'éclatement des structures familiales ; de déséquilibres liés aux mouvements d'émancipation des femmes ; de crise des modèles du travail où les identités paysannes et ouvrières ont disparu au profit d'un tertiaire protéiforme ; de la difficulté à faire du milieu urbain un cadre de vie acceptable… Le tribut à la liberté est cher payé, comme est cher payé l'avènement de la société de masse, au nom de l'égalité. Mutations d'autant plus difficiles à intégrer que par ailleurs les citoyens, grâce aux médias, sont projetés vers le monde extérieur. Chacun de sa cuisine, ou de sa salle à manger, fait plusieurs fois par jour le tour du

monde avec la télévision. Et pour parfaire le paysage, n'oublions pas
que cette affirmation des *droits* s'accompagne d'un refus des hiérarchies, des codes et des règles imposés par les multiples institutions
que sont la famille, l'école, l'armée, l'Église... Chacun parle plus de
ses droits que de ses devoirs. Chacun est *libre*, même si le résultat est
celui d'une discrète mais obsédante solitude, expliquant là aussi le
retour de cette problématique du lien social [35].

Tradition

La tradition à l'origine du mot a un sens religieux. *Le Robert* la
définit comme « une doctrine ou une pratique, religieuse ou morale,
transmise de siècle en siècle, par la parole ou par l'exemple ». Puis,
dans le domaine de la connaissance, des mœurs, des arts, etc., c'est
« une manière, ou un ensemble de manières, de penser, de faire ou
d'agir, qui est un héritage du passé ». La tradition est donc un produit
passé mais qui a une actualité. Le *Dictionnaire ethnologique* donne
ainsi la définition suivante : « Ce qui d'un passé persiste dans le présent où elle est transmise et demeure agissante et acceptée par ceux
qui la reçoivent et qui, à leur tour, au fil des générations, la
transmettent [36]. » La tradition n'est donc plus perçue par les sciences
sociales comme un archaïsme qui s'imposerait aux individus. Elle
apparaît comme un apprentissage, et donc comme une réappropria-
tion. R. Boudon et F. Bourricaud affirment clairement : « La tradition
n'est pas un passé irréductible à la raison et à la réflexion, qui nous
contraint de tout son poids, c'est un *processus* par lequel se constitue
une expérience vivante et adaptable. [...] L'inculcation ne peut être
tenue pour un processus d'ajustement strictement mécanique. [...] Le
moins qu'on puisse faire ici, c'est, avec Piaget, de parler non seulement *d'adaptation* à un modèle, mais d'assimilation dudit modèle, qui
se trouve ainsi affecté, et éventuellement redéfini, dans tels ou tels cas
de ses traits, par l'effort de l'apprenti [37]. » La tradition a été redécou-
verte par la sociologie historique. En effet, comme l'écrit Bertrand
Badie, « loin d'être un point de départ dont se détachent les sociétés à
mesure qu'elles se modernisent, la tradition apparaît au contraire
comme un support essentiel du changement social [38] ». L'étude du
développement des nations, depuis Tocqueville, a aussi permis de
montrer qu'aucune société ne changeait radicalement. Chaque phase
de changement comporte des éléments de stabilité, ou politiques, ou
culturels, ou sociaux, sur lesquels s'appuyer pour initier les mouvements nouveaux. « En redécouvrant ces éléments de permanence, la
sociologie historique réévalue le concept de tradition pour en faire
ainsi une composante active de la modernisation, structurant la stratégie des élites et organisant la modernité en fonction d'une reprise ou
d'une conservation des structures professionnelles [39]. »

Notes bibliographiques

1. J.-F. Gossiaux, « Communauté », in P. Bonte et M. Izard, *Dictionnaire de l'ethnologie et de l'anthropologie*, PUF, 1991.

2. R. Boudon et F. Bourricaud, « Communauté », in *Dictionnaire critique de la sociologie*, PUF, 1982, p. 75.

3. *Ibid.*, p. 76. Sur la distinction entre « communauté » et « société », voir F. Tönnies, *Communauté et société*, Retz, 1978 (éd. originale allemande, 1887).

4. Pour les références bibliographiques, se reporter à la bibliographie « classique », à la fin de l'introduction générale et à la bibliographie des trois premiers chapitres.

5. Il faut entendre « acteur politique » au sens large. C'est naturellement les hommes politiques élus, qui sont par l'élection le cœur du modèle démocratique, mais c'est aussi les acteurs politiques, syndicalistes, associatifs qui s'engagent dans la lutte politique, avec pour enjeu la prise et l'exercice du pouvoir.

6. Pour la communication politique, se reporter à : *Hermès*, n° 15, « Argumentation et rhétorique I », CNRS Éditions, 1995 ; *Hermès*, n° 16, « Argumentation et rhétorique II », CNRS Éditions, 1995 ; *Hermès*, n°s 17-18, « Communication et politique », CNRS Éditions, 1995 ; *L'Année sociologique*, « Argumentation et sciences sociales », PUF, t. 1, 1994 et t. 2, 1995 ; D. Swanson et D. Nimmo, *New Direction in Political Communication*, Londres, Sage, 1990.

7. La bibliographie sur cette question essentielle de la *culture grand public* est faible, en tout cas inversement proportionnelle à l'importance du problème. Des travaux ont été faits dans les années 60-70, mais peu ensuite du fait de la domination de l'approche critique qui n'était pas loin de voir, dans cette culture, la forme la plus sophistiquée de l'aliénation... Et, depuis, l'éclatement de cette culture grand public en autant de cultures spécifiques a, là aussi, été considéré comme un progrès...

8. Cf. H. Arendt, *La Crise de la culture*, Gallimard (trad.), coll. « Idées », 1972 ; R. Badie, « Culture politique », in *Encyclopédie philosophique universelle. Les Notions philosophiques*, vol. 1, PUF, 1990 ; F. Balle, « Culture de masse », *ibid.* ; R. Boudon et F. Bourricaud, « Culture et culturalisme », in *Dictionnaire critique de la sociologie, op. cit.* ; C. Camilleri et M. Cohen-Henrique, *Chocs des cultures : concepts et enjeux pratiques*, L'Harmattan, 1989 ; J. Caune, *Culture et communication : convergences théoriques et lieux de méditation*, PUG, Grenoble, 1995 ; M. de Certeau, *La Culture au pluriel*, Christian Bourgois, 1980 ; J. Galaty et J. Leavitt, « Culture », in *Dictionnaire de l'ethnologie et de l'anthropologie*, PUF, 1991 ; P. Henriot, « Sens de la culture », in *Encyclopédie philosophique universelle. Les Notions philosophiques*, vol. 1, *op. cit.* ; P. Kaufman, « Culture et civilisation », in *Encyclopædia Universalis*, 1980 ; W. Lepenies, *Les Trois Cultures. Entre science et littérature, l'avène-*

ment de la sociologie, Ed. de la MSH, 1990 (éd. originale, 1988) ;
R. Linton, *Le Fondement culturel de la personnalité*, Dunod (trad.),
1980 ; P. Meyer-Bisch (sous la dir. de), *Les Droits culturels. Une caté-
gorie sous-développée des droits de l'homme*, Ed. de l'université de
Fribourg, Centre interdisciplinaire des droits de l'homme, Fribourg,
1993 ; E. Morin, « Culture de masse », in *Encyclopædia Universalis*,
1980 ; C. de Rivière, « Culture », in *Encyclopédie philosophique universelle. Les Notions philosophiques*, vol. 1, *op. cit.* ; Y. Schemeil,
« Les cultures politiques », in *Traité de sciences politiques*, sous la dir.
de M. Grawitz et J. Leca, PUF, 1985 ; G. Simmel, La *Tragédie de la
culture et autres essais*, Rivages, 1988.

9. Cf. J. Habermas, *L'Espace public*, Payot, 1978 ; *Hermès*, n° 4,
« Le nouvel espace public », CNRS Éditions, 1989 ; *Hermès*, n° 10,
« Espaces publics, traditions et communautés », *ibid.*, 1989 ; *Hermès*,
n°s 13-14, « Espaces publics en images », *ibid.*, 1989 ; *Réseaux*, n° 71,
« Médias, identité, culture des sentiments », CNET, mai juin 1995 ;
Réseaux, n° 66, « Service public, service universel », CNET, juillet-
août 1994.

10. P.-J. Labarrière, « Identité », in *Encyclopédie philosophique
universelle. Les Notions philosophiques*, vol. 2, *op. cit.*, p. 1208.

11. O. Clain, « Identité culturelle », *ibid.*, p. 1211.

12. P. Tap, « Identité : psychologie », in *Encyclopædia Universalis*,
vol. 9, 1985, p. 756. Sur ce sujet, voir également C. Lévi-Strauss
(séminaire dirigé par), *L'Identité*, Grasset, 1977.

13. N. Sindzingre, « Identité : anthropologie », « Identité », in *Encyclopædia Universalis*, vol. 9, 1985, p. 757.

14. J.-P. Codol et P. Tap, *Revue internationale de psychologie
sociale*. Numéro sur : « Dynamique personnelle et identités sociales »
« Dynamique », n° 2, 1988, p. 169.

15. Sur ces questions, une bonne introduction est le livre de
C. Camilleri *et al.*, *Stratégies identitaires*, PUF, 1990.

16. Pour une synthèse sur ce problème, voir N. Elias, *La Société des
individus*, Fayard, 1991. Voir également sur l'« individualisme
méthodologique », R. Boudon, *La Logique du social*, Hachette, 1979.

17. B. Valade, « L'individu », in *Encyclopædia Universalis*, 1985,
« Symposium », p. 681.

18. *Ibid.*, p. 683.

19. B. Badie, « Modernisation », in *Encyclopédie philosophique universelle. Les Notions philosophiques*, vol. 2, *op. cit.*, p. 1653.

20. R. Boudon et F. Bourricaud, « Modernisation », in *Dictionnaire
critique de la sociologie*, *op. cit.*, p. 369.

21. *Ibid.*, p. 364.

22. *Ibid.*, p. 366.

23. *Ibid.*, p. 367.

24. N. Blumenkranz, « Modernité (esthétique) », in *Encyclopédie
philosophique universelle. Les Notions philosophiques*, vol. 2, *op. cit.*,
p. 1658.

25. G. Guest, « Modernité », *ibid.*, p. 1655.

26. A. Touraine, *Critique de la modernité*, Fayard, 1992, p. 25.

27. *Ibid.*, p. 30.

28. *Ibid.*, p. 49.

29. G. Guest, « Modernité », *op. cit.*, p. 1657.

30. J.-F. Lyotard, *La Condition postmoderne*, Minuit, 1979.

31. Sur la question de la modernité appliquée à l'Europe, voir notamment : P. Ory, « Modernisme et culture de masse » et A. Compagnon, « Fin de l'hégémonie culturelle européenne », in *Esprit de l'Europe*, Flammarion, 1993 ; G. Vattimo, *La Fin de la modernité : nihilisme et herméneutique dans la culture postmoderne*, Le Seuil, 1987 ; G. Vattimo, *La Société transparente*, Desclée de Brouwer, 1990.

32. R. Gervais, « Civile (société) », in *Encyclopédie philosophique universelle. Les Notions philosophiques*, vol. 2, *op. cit.*, p. 325.

33. D. Colas, « Société civile », in O. Duhamel et Y. Meny, *Dictionnaire constitutionnel*, PUF, 1992. Pour plus de détails, voir D. Colas, *Le Glaive et le Fléau. Généalogie du fanatisme et de la société civile*, Grasset, 1992.

34. F. Rangeon, « Société civile : histoire d'un mot », in CURAPP, *La Société civile*, PUF, 1986, pp. 9-32.

35. Cf. N. Elias, *La Société des individus*, Fayard, 1991 ; *Hermès*, n° 2, « Masses et politique », CNRS Éditions, 1988 ; *Hermès*, nos 5-6, « Individus et politique », 1988 ; *Hermès*, n° 19, « Voies et impasses de la démocratisation », 1996 ; M. Horkheimer et T.W. Adorno, *La Dialectique de la raison*, Gallimard, coll. « Tel », 1974 ; H. Marcuse, *L'Homme unidimensionnel*, Minuit, 1964 ; A. Renaut, *L'Individu*, Hatier, 1995 ; C. Taylor, *Multiculturalisme. Différence et démocratie*, Aubier, 1994.

36. J. Pouillon, « Tradition », in P. Bonte et M. Izard, *Dictionnaire de l'ethnologie et de l'anthropologie*, PUF, 1991.

37. R. Boudon et F. Bourricaut, « Tradition », in *Dictionnaire critique de la sociologie*, *op. cit.*, p. 576.

38. B. Badie, « Traditions », in *Encyclopédie philosophique universelle. Les Notions philosophiques*, vol. 2, *op. cit.*, p. 2627.

39. *Ibid.* Sur la notion de tradition, voir également É. Hobsbwam, *L'Invention de la tradition*, Gallimard, 1992.

Remerciements

Je remercie chaleureusement tous ceux qui m'ont aidé pour ce livre. Madeleine Fix pour la réalisation du manuscrit, avec la collaboration de Solange Lecathelinais. Michèle Ballinger et Igor Babou pour la documentation et la bibliographie. Sophie Berlin, Éric Dacheux, Philippe Lemoine et Yves Winkin pour la lecture critique du manuscrit. Et tous les amis avec lesquels j'ai échangé sur ce sujet depuis des années.

Table

CET OUVRAGE
A ÉTÉ TRANSCODÉ
ET ACHEVÉ D'IMPRIMER
SUR ROTO-PAGE
PAR L'IMPRIMERIE FLOCH
À MAYENNE EN MARS 1999

N° d'éd. FU180702. N° d'impr. 45897.
D. L. : mars 1999.
(Imprimé en France)